科学家学术成长资料采集工程
国科学院院士传记丛书

冰蹟索隐 止于至善

蔡启瑞 传

廖代伟 郭启宗
蔡俊修 黄桂玉 等◎著

1913年	1929年	1950年	1956年	1978年	1980年	1999年
出生于福建同安	考入厦门大学预科	获美国俄亥俄州立大学博士学位	担任厦门大学化学系教授	获全国科学大会奖	当选中国科学院学部委员	获何梁何利基金科学与技术进步奖

老科学家学术成长资料采集工程
中国科学院院士传记丛书

探赜索隐 止于至善

蔡启瑞传

廖代伟 郭启宗 蔡俊修 黄桂玉 ◎著

中国科学技术出版社
上海交通大学出版社

图书在版编目（CIP）数据

探赜索隐　止于至善：蔡启瑞传／廖代伟，郭启宗，蔡俊修，黄桂玉著．—北京：中国科学技术出版社，2015.1

（老科学家学术成长资料采集工程　中国科学院院士传记丛书）

ISBN 978-7-5046-6721-2

Ⅰ.①探… Ⅱ.①廖… Ⅲ.①蔡启瑞－传记 Ⅳ.① K826.13

中国版本图书馆 CIP 数据核字（2014）第 233628 号

出版人	苏　青　韩建民
责任编辑	周晓慧　刘赫铮
责任校对	王勤杰
责任印制	张建农
版式设计	中文天地

出　　版	中国科学技术出版社　上海交通大学出版社
发　　行	科学普及出版社发行部
地　　址	北京市海淀区中关村南大街16号
邮　　编	100081
发行电话	010-62173865
传　　真	010-62179148
网　　址	http://www.cspbooks.com.cn

开　　本	787mm×1092mm　1/16
字　　数	250千字
印　　张	16.5
彩　　插	2
版　　次	2015年1月第1版
印　　次	2015年1月第1次印刷
印　　刷	北京华联印刷有限公司
书　　号	ISBN 978-7-5046-6721-2／K·157
定　　价	48.00元

（凡购买本社图书，如有缺页、倒页、脱页者，本社发行部负责调换）

老科学家学术成长资料采集工程
领导小组专家委员会

主　任：杜祥琬
委　员：（以姓氏拼音为序）
　　　　巴德年　陈佳洱　胡启恒　李振声
　　　　王礼恒　王春法　张　勤

老科学家学术成长资料采集工程
丛书组织机构

特邀顾问（以姓氏拼音为序）
　　　　樊洪业　方　新　齐　让　谢克昌

编委会
主　编：王春法　张　藜
编　委：（以姓氏拼音为序）
　　　　艾素珍　董庆九　胡化凯　黄竞跃　韩建民
　　　　廖育群　吕瑞花　刘晓勘　林兆谦　秦德继
　　　　任福君　苏　青　王扬宗　夏　强　杨建荣
　　　　张柏春　张大庆　张　剑　张九辰　周德进

编委会办公室
主　任：许向阳　张利洁
副主任：许　慧　刘佩英
成　员：（以姓氏拼音为序）
　　　　崔宇红　董亚峥　冯　勤　何素兴　韩　颖
　　　　李　梅　罗兴波　刘　洋　刘如溪　沈林苣
　　　　王晓琴　王传超　徐　捷　肖　潇　言　挺
　　　　余　君　张海新　张佳静

老科学家学术成长资料采集工程简介

老科学家学术成长资料采集工程（以下简称"采集工程"）是根据国务院领导同志的指示精神，由国家科教领导小组于2010年正式启动，中国科协牵头，联合中组部、教育部、科技部、工信部、财政部、文化部、国资委、解放军总政治部、中国科学院、中国工程院、国家自然科学基金委员会等11部委共同实施的一项抢救性工程，旨在通过实物采集、口述访谈、录音录像等方法，把反映老科学家学术成长历程的关键事件、重要节点、师承关系等各方面的资料保存下来，为深入研究科技人才成长规律，宣传优秀科技人物提供第一手资料和原始素材。按照国务院批准的《老科学家学术成长资料采集工程实施方案》，采集工程一期拟完成300位老科学家学术成长资料的采集工作。

采集工程是一项开创性工作。为确保采集工作规范科学，启动之初即成立了由中国科协主要领导任组长、12个部委分管领导任成员的领导小组，负责采集工程的宏观指导和重要政策措施制定，同时成立领导小组专家委员会负责采集原则确定、采集名单审定和学术咨询，委托中国科学技术史学会承担具体组织和业务指导工作，建立专门的馆藏基地确保采集资料的永久性收藏和提供使用，并研究制定了《采集工作流程》、《采集工作规范》等一系列基础文件，作为采集人员的工作指南。截止2014年底，已启动304位老科学家的学术成长资料采集工作，获得手稿、书信等实物原件资料52093件，数字化资料137471件，视频资料183878分钟，音频资料224825分钟，具有重要的史料价值。

采集工程的成果目前主要有三种体现形式，一是建设一套系统的"老科学家学术成长资料数据库"（本丛书简称"采集工程数据库"），提供学术研究和弘扬科学精神、宣传科学家之用；二是编辑制作科学家专题资料片系列，以视频形式播出；三是研究撰写客观反映老科学家学术成长经历的研究报告，以学术传记的形式，与中国科学院、中国工程院联合出版。随着采集工程的不断拓展和深入，将有更多形式的采集成果问世，为社会公众了解老科学家的感人事迹，探索科技人才成长规律，研究中国科技事业的发展历程提供客观翔实的史料支撑。

总序一

中国科学技术协会主席　韩启德

老科学家是共和国建设的重要参与者，也是新中国科技发展历史的亲历者和见证者，他们的学术成长历程生动反映了近现代中国科技事业与科技教育的进展，本身就是新中国科技发展历史的重要组成部分。针对近年来老科学家相继辞世、学术成长资料大量散失的突出问题，中国科协于2009年向国务院提出抢救老科学家学术成长资料的建议，受到国务院领导同志的高度重视和充分肯定，并明确责成中国科协牵头，联合相关部门共同组织实施。根据国务院批复的《老科学家学术成长资料采集工程实施方案》，中国科协联合中组部、教育部、科技部、工业和信息化部、财政部、文化部、国资委、解放军总政治部、中国科学院、中国工程院、国家自然科学基金委员会等11部委共同组成领导小组，从2010年开始组织实施老科学家学术成长资料采集工程。

老科学家学术成长资料采集是一项系统工程，通过文献与口述资料的搜集和整理、录音录像、实物采集等形式，把反映老科学家求学历程、师承关系、科研活动、学术成就等学术成长中关键节点和重要事件的口述资料、实物资料和音像资料完整系统地保存下来，对于充实新中国科技发展的历史文献，理清我国科技界学术传承脉络，探索我国科技发展规律和科技人才成长规律，弘扬我国科技工作者求真务实、无私奉献的精神，在全社会营造爱科学、学科学、用科学的良好氛围，是一件很有意义的事情。采集工程把重点放在年龄在80岁以上、学术成长经历丰富的两院院士，以及虽然不是两院院士、但在我国科技事业发展中作出突出贡献的老科技工作者，充分体现了党和国家对老科学家的关心和爱护。

自2010年启动实施以来，采集工程以对历史负责、对国家负责、对科技事业负责的精神，开展了一系列工作，获得大量反映老科学家学术成长历程的文字资料、实物资料和音视频资料，其中有一些资料具有很高的史料价值和学术价值，弥足珍贵。

以传记丛书的形式把采集工程的成果展现给社会公众，是采集工程的目标之一，也是社会各界的共同期待。在我看来，这些传记丛书大都是在充分挖掘档案和书信等各种文献资料、与口述访谈相互印证校核、严密考证的基础之上形成的，内中还有许多很有价值的照片、手稿影印件等珍贵图片，基本做到了图文并茂，语言生动，既体现了历史的鲜活，又立体化地刻画了人物，较好地实现了真实性、专业性、可读性的有机统一。通过这套传记丛书，学者能够获得更加丰富扎实的文献依据，公众能够更加系统深入地了解老一辈科学家的成就、贡献、经历和品格，青少年可以更真实地了解科学家、了解科技活动，进而充分激发对科学家职业的浓厚兴趣。

借此机会，向所有接受采集的老科学家及其亲属朋友，向参与采集工程的工作人员和单位，表示衷心感谢。真诚希望这套丛书能够得到学术界的认可和读者的喜爱，希望采集工程能够得到更广泛的关注和支持。我期待并相信，随着时间的流逝，采集工程的成果将以更加丰富多样的形式呈现给社会公众，采集工程的意义也将越来越彰显于天下。

是为序。

总序二

中国科学院院长 白春礼

由国家科教领导小组直接启动，中国科学技术协会和中国科学院等12个部门和单位共同组织实施的老科学家学术成长资料采集工程，是国务院交办的一项重要任务，也是中国科技界的一件大事。值此采集工程传记丛书出版之际，我向采集工程的顺利实施表示热烈祝贺，向参与采集工程的老科学家和工作人员表示衷心感谢！

按照国务院批准实施的《老科学家学术成长资料采集工程实施方案》，开展这一工作的主要目的就是要通过录音录像、实物采集等多种方式，把反映老科学家学术成长历史的重要资料保存下来，丰富新中国科技发展的历史资料，推动形成新中国的学术传统，激发科技工作者的创新热情和创造活力，在全社会营造爱科学、学科学、用科学的良好氛围。通过实施采集工程，系统搜集、整理反映这些老科学家学术成长历程的关键事件、重要节点、学术传承关系等的各类文献、实物和音视频资料，并结合不同时期的社会发展和国际相关学科领域的发展背景加以梳理和研究，不仅有利于深入了解新中国科学发展的进程特别是老科学家所在学科的发展脉络，而且有利于发现老科学家成长成才中的关键人物、关键事件、关键因素，探索和把握高层次人才培养规律和创新人才成长规律，更有利于理清我国科技界学术传承脉络，深入了解我国科学传统的形成过程，在全社会范围内宣传弘扬老科学家的科学思想、卓越贡献和高尚品质，推动社会主义科学文化和创新文化建设。从这个意义上说，采集工程不仅是一项文化工程，更是一项严肃认真的学术建设工作。

中国科学院是科技事业的国家队，也是凝聚和团结广大院士的大家庭。早在1955年，中国科学院选举产生了第一批学部委员，1993年国务院决定中国科学院学部委员改称中国科学院院士。半个多世纪以来，从学部委员到院士，经历了一个艰难的制度化进程，在我国科学事业发展史上书写了浓墨重彩的一笔。在目前已接受采集的老科学家中，有很大一部分即是上个世纪80、90年代当选的中国科学院学部委员、院士，其中既有学科领域的奠基人和开拓者，也有作出过重大科学成就的著名科学家，更有毕生在专门学科领域默默耕耘的一流学者。作为声誉卓著的学术带头人，他们以发展科技、服务国家、造福人民为己任，求真务实、开拓创新，为我国经济建设、社会发展、科技进步和国家安全作出了重要贡献；作为杰出的科学教育家，他们着力培养、大力提携青年人才，在弘扬科学精神、倡树科学理念方面书写了可歌可泣的光辉篇章。他们的学术成就和成长经历既是新中国科技发展的一个缩影，也是国家和社会的宝贵财富。通过采集工程为老科学家树碑立传，不仅对老科学家们的成就和贡献是一份肯定和安慰，也使我们多年的夙愿得偿！

鲁迅说过，"跨过那站着的前人"。过去的辉煌历史是老一辈科学家铸就的，新的历史篇章需要我们来谱写。衷心希望广大科技工作者能够通过"采集工程"的这套老科学家传记丛书和院士丛书等类似著作，深入具体地了解和学习老一辈科学家学术成长历程中的感人事迹和优秀品质；继承和弘扬老一辈科学家求真务实、勇于创新的科学精神，不畏艰险、勇攀高峰的探索精神，团结协作、淡泊名利的团队精神，报效祖国、服务社会的奉献精神，在推动科技发展和创新型国家建设的广阔道路上取得更辉煌的成绩。

总序三

中国工程院院长　周　济

由中国科协联合相关部门共同组织实施的老科学家学术成长资料采集工程，是一项经国务院批准开展的弘扬老一辈科技专家崇高精神、加强科学道德建设的重要工作，也是我国科技界的共同责任。中国工程院作为采集工程领导小组的成员单位，能够直接参与此项工作，深感责任重大、意义非凡。

在新的历史时期，科学技术作为第一生产力，已经日益成为经济社会发展的主要驱动力。科技工作者作为先进生产力的开拓者和先进文化的传播者，在推动科学技术进步和科技事业发展方面发挥着关键的决定的作用。

新中国成立以来，特别是改革开放30多年来，我们国家的工程科技取得了伟大的历史性成就，为祖国的现代化事业作出了巨大的历史性贡献。两弹一星、三峡工程、高速铁路、载人航天、杂交水稻、载人深潜、超级计算机……一项项重大工程为社会主义事业的蓬勃发展和祖国富强书写了浓墨重彩的篇章。

这些伟大的重大工程成就，凝聚和倾注了以钱学森、朱光亚、周光召、侯祥麟、袁隆平等为代表的一代又一代科技专家们的心血和智慧。他们克服重重困难，攻克无数技术难关，潜心开展科技研究，致力推动创新发展，为实现我国工程科技水平大幅提升和国家综合实力显著增强作出了杰出贡献。他们热爱祖国，忠于人民，自觉把个人事业融入到国家建设大局之中，为实现国家富强而不断奋斗；他们求真务实，勇于创新，用科技为中华民族的伟大复兴铸就了辉煌；他们治学严谨，鞠躬尽瘁，具有崇高的科学精神和科学道德，是我们后代学习的楷模。科学家们的一生是一本珍贵的教科书，他们坚定的理想信念和淡泊名利的崇高品格是中华民族自强不息精神的宝贵财富，永远值得后人铭记和敬仰。

通过实施采集工程，把反映老科学家学术成长经历的重要文字资料、实物资料和音像资料保存下来，把他们卓越的技术成就和可贵的精神品质记录下来，并编辑出版他们的学术传记，对于进一步宣传他们为我国科技发展和民族进步作出的不朽功勋，引导青年科技工作者学习继承他们的可贵精神和优秀品质，不断攀登世界科技高峰，推动在全社会弘扬科学精神，营造爱科学、讲科学、学科学、用科学的良好氛围，无疑有着十分重要的意义。

中国工程院是我国工程科技界的最高荣誉性、咨询性学术机构，集中了一大批成就卓著、德高望重的老科技专家。以各种形式把他们的学术成长经历留存下来，为后人提供启迪，为社会提供借鉴，为共和国的科技发展留下一份珍贵资料。这是我们的愿望和责任，也是科技界和全社会的共同期待。

周济

蔡启瑞

采集小组访谈厦门大学催化所蔡启瑞的同事
（2012年11月21日，厦门大学化学楼办公室，左起：黄桂玉、陈德安、傅锦坤、张藩贤、廖代伟、郭启宗、许翩翩、曾金龙）

采集小组访谈蔡启瑞所在院系领导刘正坤
（2012年11月13日，刘正坤家中，左：黄桂玉；中：郭启宗；右：厦门大学化学系原党总支书记刘正坤）

序

我们的父亲蔡启瑞教授生长在厦门市近郊区，乡亲几乎是清一色的庄稼汉；他母亲不识字，父亲过早病殁越南，时年不足30岁，致使这对父子竟从未谋面。在这样的家境下能够蜕变为日后的大学问家实属罕见，促成这桩小概率事件的若干因素值得提及。

首先，家父从中学到大学，都得益于爱国华侨陈嘉庚创办的集美中学和厦门大学，还屡获助学奖金。嘉庚先生倾资办学，让穷人的孩子也能够完成学业，并树立起自强不息的人生准绳。其次，蔡启瑞学成并在母校供职之际，正逢卢沟桥事变爆发、抗战烽火全面点燃；其时萨本栋校长接手厦大，使这所东南一隅的山城学校涅槃为"加尔各答以东第一大学"，可以说，萨校长的治学艺术、学术造诣和人格魅力深深地影响着几代厦门大学莘莘学子，包括蔡启瑞这样的教育新兵。再次，初登教坛，蔡启瑞即当上了傅鹰教授的助手；傅先生乃早期"海归"，师从美国著名胶体学家，经历了量子力学、量子化学的兴起和走向成熟，也就是说，20世纪30年代初期正是化学学科从传统实验统计深化为内在结构的探测和理论化的关键时期，傅提醒他的年轻助手紧跟学科的发展步伐，尽显名师风范。还有，亦师亦友的卢嘉锡早几年毕业，且很快考取"庚款"赴英，相互间的激励作用不言而喻；日后他们又与唐敖庆教授联袂对化学模拟生物固氮发起冲击，谱写了科坛一段佳话。最后略表我们的叔祖父，他是祖父亡故后家庭的主要支撑；1931年我们的父亲刚进入大学，这位新加坡的小糕点商为感念兄嫂在"唐山"老家的有效操持，特在分家协议中拨付了一千五百大洋；该款项对这个孤儿寡母家庭宛如雪中送炭，对家父顺利完成学业更是举足轻重。

1947年蔡启瑞入选公费生赴美，出国前的十年教历，他辅导和讲授了化学学科的众多分支课程；加上在俄亥俄州立大学OSU专攻有机合成的博士学位论文，和尔后六年结构化学的博士后和副研究员生涯，让他涉猎化学学科的方方面面，为日后的深入发展奠定了厚实基础。

蔡启瑞1956年回到阔别9年的祖国，继续从事晶格能和极化率演算的教学。当时我国的能源、材料工业正冉冉升起，此时家父作出了重大抉择，决心易辙于催化研究。这既合乎国家的急需，也充满着中年改行的自信，总以在化学学科二十载的纵横驰骋，当可应对紧接着的融汇交错。当时我国尚缺石油，且定电石乙炔为化学工业又一原料路线，60年代创建未久的厦大催化团队就沿着乙炔合成苯、乙炔水合制乙醛的路径出发了。那时还有教育部委办的催化讨论班，时局催人向前。凭借于晶体结构和基础化学的多年积累，厦大催化团队在合成苯和制乙醛催化剂上相继达到工业中试的水准，年产数百吨的厦门冰醋酸厂也正常运转着；更总结出了配位催化活化机制和能量关系的系统理论，局面大好。

正当初战告捷，"文化大革命"风暴席卷大地，各项工作难免受影响。不过，机缘总是垂青于有准备的人。70年代初，唐敖庆院士响应周恩来总理应加强基础研究的号召，联合卢嘉锡、蔡启瑞，各自从擅长的量化、结构化学和催化化学出发，共同"围剿"化学模拟生物固氮这样的科技难题。其实配位催化同样覆盖了化学模拟生物固氮，后者的深化和补充可丰富配位催化的内涵。对极其稳定的分子氮，活性中心的结构、分子氮的配位形式、活化过程中怎样降低能垒，如何使它的活化更省力、更符合能量原则，等等，无不甚具挑战，加上生物酶的神奇作用，倍添课题的难度；尤其当我国的仪器设备和检测手段还相对落后时，是否会有力不从心之虞？

应该说，科技顶峰的攀登不免时常伴随着遗憾，比如，火爆一时的天然气甲烷氧化制烯烃的全球大攻关，阶段性成果接二连三，却没有跨过产业化的门槛。当然，课题完成得好与坏，并不全以是否产业化为前提。化学模拟生物固氮提出和解决了不在少数的科学命题，包括氮分子是如何配位络合到钼铁硫中心的，单端基以及斜端基加侧基甚至平躺的配位需要什么样的结构条件，对络合活化的影响如何，这样的络合活化到底以缔合为主，抑或解离式占优，能否检测，等等，还将生物酶固氮与非酶实用铁基催化剂固氮成氨进行了关联，提出了工业合成氨改进提高的合理途径。这些在国家自然科学奖励委员会办公室编撰的《1987年国家自然科学奖获奖项目简介》中对蔡启瑞团队于铁催化剂作用下固氮成氨研究方面所取得的成果进行了仔细评介。

对氮分子活化的研究容易使人联想到 CO 的行为，它们都有 14 个电子，前者同核，具有三重键，后者异核，以类三重键相连；还因为 CO 的活化牵涉我国优势煤炭能源资源的优化利用，不容回避。家父从 1982 年全国人大会上提交"关于统一规划发展可燃性矿物资源综合利用技术"提案开始；接着，1986 年与彭少逸院士商讨组建"C_1 化学的基础研究"国家自然科学基金重大项目协作团队；1997 年再托彭委员在全国政协会上转交"发展煤气化综合洁净利用；发展甲醇汽车和甲醇燃料电池"的提案，核心是建议我国尽可能绕过工业化国家燃化工业数十年来过分依靠石油为原料的老路，而及时迳走煤、油、气并举，燃、化、塑结合，优化和洁净利用我国化石燃料资源的途径。还在 2000 年的 21 世纪新一代煤化工技术发展研讨会，以及 2002 年的国际煤化工及煤转化高新技术研讨会上，作了内容相近的发言。看得出家父对我国能源资源的战略部署一直念念不忘。

他不仅提建议，也在学术研究上极尽所能。仅以合成气制乙醇的机理研究为例。国际同行们多以为，制乙醇经历的是乙烯酮或乙酰基的中间体，这些是所谓的 C_2 物种，距离最终产物只一步之遥；它们的前驱体，即 C_1 品种又该是什么呢？厦大团队主张第一步中间体应该是由缔合而来、仅含一个碳的甲酰基 HCO，为此不仅有能量的分析，还由独特 CH_3I 捕获剂诱导和检出乙酰基；并设计了簇合物 $Fe_2(\mu\text{-}CH_2)(CO)_8/SiO_2$ 代替催化剂进行相同的反应和捕获,该模型物不会转化簇合物中的 CO 成 HCO 或 CH_2,但是在合成气气氛下,同样得到乙醇,可见只要有卡宾基的存在(这里它来自上述的簇合物),在合成气氛围下,羰基化和逐步加氢的反应路线就畅通着。这样一来,具有贵金属主催成分和助催剂强相作用催化剂促进下的合成气制乙醇,经历的就是甲酰基,氢解成亚甲基 CH_{2-},再与 CO 耦合得乙烯酮,继而加氢成乙酰基,最后得到乙醇。为了使上述机理充分可信,他们除了理论分析外,还使用了捕获法、同位素示踪、簇合物模型反应,又借助配位吸附模式的对称性与红外、拉曼活性的对应和互补关系,以及同位素取代与频率位移的依存,使反应中间物种的检测得以顺利实现。另外,既然第一个中间体 HCO 的生成能力可以调节,那么,该催化剂活性的提高就有了方向,这是催化机理研究的又一收获。该结果被国际杂志评为近年来我国碳一化学研究最重要的进展之一,荣获 1995 年国家自然科学奖三等奖。

可见,为了完成好一道合成乙醇的机理命题,搬出了晶体学、化学捕获、同位素置换、现场光谱学等一干知识和技能,形象体现了"止于至善"的厦大校训。这样的实例还见诸不少相关报道。

如果说唐、卢、蔡的化学模拟生物固氮合作攻关,获取的是理论化学、结构化学和催化科学联手的成功经验,那么,集中催化科学、电化学和量子化学优势组建的固体表面物理化学国家重点实验室,汇聚的正是相关学科领军人蔡启瑞、田昭武和张乾二等的集体智慧;该实验室多次获评国家 A 级优秀实验室。如今催化科学、能源技术和化学工程协同出击的醇醚酯工程实验室又奏出另一曲重点突出、相辅相成的科技交响。所有这些,无不浸透了蔡启瑞先生的心血和汗水,我们由衷地祝福它们取得更大成功。

综观家父至今的系统工作,可以用"配位催化"概括之,先是乙炔的三聚和水合,再就是化学模拟生物固氮,以及铁催化剂作用下的固氮成氨,接着是合成气制甲醇、乙醇,所有这些都可以用"配位活化"贯穿起来;另一个足以起串联作用的词汇是"创新"。蔡启瑞不赞成人云亦云,也就是说,即使读的书再多,如果没有属于自己的真知灼见,实亦枉然。

"工欲善其事，必先利其器"，这里的善事可比作创新，利器者则如同上述的十八般武艺，蔡先生在他指导的若干重大课题中，大胆设想，认真求证的实例不在少数，而准确求证靠的就是厚实的基础，和与时俱进的新知识与技能。

另一方面，即使有了"创新"的强烈意识和令人欣慰的成果，且不缺乏"利其器"的过硬专业知识技能，也不可对"力不从心"掉以轻心。在固氮研究处于高潮期的上个世纪七八十年代，投稿外刊尚未成为风尚，致使自家独到见解的交流和传播打了折扣；还因为对有难度课题的宣传鼓动稍欠力度，不免让青年学子望而却步；如果任凭这些隐患潜伏，势必影响质优团队的战斗力和持续性。

"探赜索隐老而弥笃，立志创新志且益坚"，这是卢嘉锡对老友蔡启瑞的评价，唐敖庆则以"学如流水行云，德比松劲柏青"赞誉；20 世纪 80 年代中叶，斯坦福大学霍奇逊教授列席两场催化研究生学位论文答辩后，在给联合国教科文组织的报告中说：厦大硕士生的水平让他始料未及，他们可以媲美国际上任何优秀大学。中外著名学者的中肯点评给出了妥帖的参照。

这些是蔡启瑞院士创造的主要财富，我们为之自豪！

　　　　　　　　　　　　　　　蔡俊修　陈笃慧　蔡维真　许元泽
　　　　　　　　　　　　　　　蔡维理　陈惠平　蔡小平　钟传建
　　　　　　　　　　　　　　　　　　　　　　　2013 年 12 月

目 录

老科学家学术成长资料采集工程简介

总序一 ··韩启德

总序二 ··白春礼

总序三 ··周　济

序 ························蔡俊修　陈笃慧　蔡维真　许元泽
　　　　　　　　　　　蔡维理　陈惠平　蔡小平　钟传建

导　言 ··· 1

| 第一章 | 坎坷求学 ··· 9

　　马巷蔡氏之后 ··· 9
　　孤儿寡母艰难度日 ·· 11

辗转三所小学 ……………………………………………… 13
先入中华中学再转集美中学 ………………………………… 14
刚入厦大病休两年 …………………………………………… 19
厦大化学系第十二届毕业 …………………………………… 21
同窗好友 ……………………………………………………… 23

第二章 厦大任教 … 26

喜结良缘 ……………………………………………………… 26
厦大助教三年 ………………………………………………… 28
厦大讲师七年 ………………………………………………… 32
厦大（长汀校区）八年教职 ………………………………… 34

第三章 留美十年 … 40

选派赴美深造 ………………………………………………… 40
获美国俄亥俄州立大学博士学位 …………………………… 46
师承三位导师 ………………………………………………… 48
博士后研究铯氧化物晶体结构 ……………………………… 51
冲破阻力越洋回国 …………………………………………… 52

第四章 回国初期 … 55

回到厦大 ……………………………………………………… 55
自降职级第一人 ……………………………………………… 57
深入钛酸钡晶体极化现象研究 ……………………………… 59
创建中国高校第一个催化教研室 …………………………… 64
申请加入中国共产党 ………………………………………… 66
提出络合活化催化作用理论概念 …………………………… 68

| 第五章 | 应用催化十年 ································· 71

　　研发负载型氧化锌和氧化铌两种新催化剂 ············ 71
　　"文化大革命"期间下厂坚持科研 ·················· 78
　　引进研发三十烷醇生产技术 ······················ 80
　　唐－卢－蔡联袂领导化学模拟生物固氮研究 ·········· 81
　　痛失慈母 ································· 83

| 第六章 | 病魔难阻科学攀登路 ························· 86

　　六十五岁续扬帆科学征途 ······················· 86
　　推动物理化学研究所的设立 ······················ 88
　　当选中国科学院化学部学部委员 ·················· 89
　　成为首批物理化学学科博士生指导教师 ·············· 91
　　推动固体表面物理化学国家重点实验室的设立 ········· 95
　　担任物理化学博士后流动站合作导师 ················ 97
　　推动醇醚酯化工清洁生产国家工程实验室的设立 ······· 99
　　分子催化研究的奠基者 ························ 101

| 第七章 | 领军催化科学研究五十五年 ······················ 107

　　提出固氮酶的多核原子簇活性中心模型 ·············· 107
　　提出合成氨催化反应机理的创新见解 ················ 113
　　领导碳一化学研究 ··························· 121
　　丰富和发展配位催化理论概念 ···················· 126
　　发展分子催化研究方法 ························ 131
　　提出优化利用化石燃料资源创建能源化工先进体系的
　　　主张 ································· 133
　　推动催化学科建设 ··························· 135
　　促进国际催化学术交流 ························ 138

　　　　身教言传培养研究生 …………………………………… 142
　　　　重视基础与应用相结合 ………………………………… 149

| 第八章 | 百岁人品，一代楷模 ………………………………… 151

　　　　中国心 ……………………………………………………… 151
　　　　心系民生 …………………………………………………… 152
　　　　正直无私 …………………………………………………… 154
　　　　一生最爱实验室 …………………………………………… 156
　　　　爱才育才 …………………………………………………… 157
　　　　幸福家庭 …………………………………………………… 160

| 第九章 | 老而弥笃，壮心不已 ………………………………… 162

　　　　八十岁学电脑 ……………………………………………… 162
　　　　止于至善 …………………………………………………… 164
　　　　德高望重 …………………………………………………… 167

结　语　自强不息，止于至善 ……………………………………… 171

附录一　蔡启瑞年表 ………………………………………………… 189

附录二　蔡启瑞主要论著目录 ……………………………………… 218

参考文献 ……………………………………………………………… 225

后　记 ………………………………………………………………… 228

图片目录

图 1-1　马巷地理位置图···10
图 1-2　蔡家位于马巷五谷市 49 号的祖屋·······················10
图 1-3　蔡启瑞的父亲蔡炎德···11
图 1-4　马巷中心小学··13
图 1-5　1928 年秋集美中学各项成绩优良得奖者纪念照·······15
图 1-6　华侨领袖陈嘉庚···16
图 1-7　高中时期的蔡启瑞···18
图 1-8　20 世纪 20 年代建设的化学楼、生物楼···············19
图 1-9　蔡启瑞的学士照···21
图 1-10　蔡启瑞的本科毕业论文·····································22
图 1-11　张怀朴···22
图 1-12　1938 年，蔡启瑞与大学同窗挚友陈泗传等合影·······24
图 2-1　傅鹰··29
图 2-2　民国时期，蔡启瑞指导的本科生毕业论文············33
图 2-3　厦门大学长汀校园平面示意图······························34
图 2-4　长汀校园嘉庚堂···35
图 2-5　萨本栋··36
图 3-1　50 年代，蔡启瑞在俄亥俄州立大学校园与友人合影·······41
图 3-2　1947 年俄亥俄州立大学 Mcpherson 实验室鸟瞰图······42
图 3-3　留美时期的蔡启瑞于俄亥俄州立大学实验室··········45
图 3-4　1950 年 3 月，俄亥俄州立大学毕业典礼················46
图 3-5　蔡启瑞的博士学位证书·······································47
图 3-6　蔡启瑞的博士学位论文封面································48

图 3-7	Edward Mack, Jr.	51
图 3-8	Preston M. Harris	51
图 3-9	Melvin S. Newman	51
图 4-1	王亚南	56
图 4-2	50 年代，蔡启瑞指导黄开辉进行催化实验	58
图 4-3	蔡启瑞与学生周泰锦	59
图 4-4	1969 年 12 月，催化教研室全体成员合影	65
图 4-5	刘正坤	68
图 4-6	1964 年，蔡启瑞发表论文《络合活化催化作用》	70
图 5-1	1959 年，蔡启瑞在厦门橡胶厂做技术指导	72
图 5-2	70 年代初，蔡启瑞在厦大科学楼实验室指导学生科研工作	75
图 5-3	1973 年，唐敖庆、卢嘉锡、蔡启瑞齐聚厦门讨论化学模拟生物固氮	83
图 5-4	蔡启瑞的母亲陈软	84
图 5-5	1973 年春，蔡启瑞伉俪携孙子、孙女于厦大校园漫步	85
图 6-1	蔡启瑞的中国科学院化学部学部委员证书	90
图 6-2	蔡启瑞指导博士生科研工作	92
图 6-3	蔡启瑞与 1982 年献血的驻厦海军战士合影	95
图 6-4	厦门大学物理化学专业四位院士在国重实验室合影	96
图 6-5	1986 年 11 月，庆祝卢嘉锡、蔡启瑞教授从事化学工作五十年大会合影	98
图 6-6	2008 年 1 月，蔡启瑞出席国家发改委委托召开的"醇醚酯化工清洁生产国家工程实验室"立项投资评审会并与参会专家合影	100
图 6-7	1994 年 1 月，庆贺蔡启瑞教授八秩华诞暨催化和相关学科学术研讨会	102
图 6-8	1994 年 1 月 7 日，庆贺蔡启瑞八秩华诞学术讨论会来宾、代表合影	102
图 6-9	1999 年，《今日化学》系列讲座第一讲	103
图 7-1	1984 年，蔡启瑞与唐敖庆、卢嘉锡于福州合影	108
图 7-2	固氮酶催化活性中心模型的演进图示	112

图 7-3　离子型双促进 Fe 催化剂 α-Fe（111）或（211）面台阶活性位上 N_2 的多核配位活化及相应部分加氢过渡态中间物种 μ_7-NNH（ω_{3+1}, ω'_2）或 μ_6-NNH（ω_3, ω'_2）的生成模型 …… 120

图 7-4　离子型碱促进 BaO-Ru/MgO 催化剂 Ru（0001）B5- 台阶活性位上 N_2 的多核配位活化及部分加氢过渡态物种 μ_5-NNH（ω'_3, ω'_2）或 μ_7-NNH（ω'_3, ω'_2）（包括 Ru_7 和 Ru_8）的生成模型 …… 120

图 7-5　80 年代末，蔡启瑞与山西煤化所彭少逸教授、大连化物所林励吾教授等"一碳化学基础研究"项目组部分成员合影 …… 125

图 7-6　"络合催化理论的研究"获 1982 年全国自然科学奖三等奖 …… 131

图 7-7　1965 年，蔡启瑞与卢嘉锡及催化讨论班学员合影 …… 135

图 7-8　1981 年，蔡启瑞等访问麻省理工学院 …… 140

图 7-9　1988 年，蔡启瑞参加第九届国际催化会议 …… 141

图 7-10　蔡启瑞与他的研究生们 …… 143

图 8-1　1998 年，蔡启瑞作"化石燃料优化利用"的报告 …… 153

图 8-2　全家福 …… 161

图 9-1　蔡启瑞晚年学电脑绘制化学结构图 …… 163

导 言

传主简介

蔡启瑞先生，1913年12月3日（农历十一月初六）出生于福建省同安县（今厦门市翔安区）马巷镇五甲尾一个华侨店员家庭，现为厦门大学教授，曾任厦门大学副校长、学术委员会主任等，1980年当选为中国科学院学部委员（1994年改称中国科学院院士）。蔡启瑞是著名的物理化学家，中国分子催化科学研究与配位催化理论的奠基者、开拓者和领军者。

1937年，蔡启瑞毕业于厦门大学化学系，获理学士学位，后留校任教。1940年晋升为讲师，担任过有机化学、分析化学、物理化学和无机化学等化学各分支学科的教学任务。1947年赴美留学，从事化学动力学和物理有机化学领域的研究，1950年获美国俄亥俄州立大学化学领域的哲学博士学位，后在该校从事晶体结构化学方向的博士后研究，并获聘为副研究员。

1956年，蔡启瑞回国后在厦门大学任教至今。开展了钛酸钡晶体和$\alpha\text{-TiCl}_3$晶体的极化能、晶格能和晶体场分裂等课题的研究；指导研发了负载型氧化锌和氧化铌两种新催化剂，为乙炔路线制合成橡胶单体解决了关键技术问题；提出配位活化等四种配位催化作用效应；对酶促生物固氮、金属催化 N₂ 加氢与金属催化 CO 加氢这三类重要反应进行广泛关联与精确示异，从某些类型离子晶体极化情况和极化能的系统研究出发，推广到反应过渡态出现极化情况的研究，提出偶极－离子相互作用是离子型助催剂的作用本质等新见解，为百年来争论不休的氨合成机理提供了合理解答，为 CO 加氢离子型助催剂的选择指出方向；灵活运用原位化学捕获、同位素示踪、模型反应、原位分子光谱和量子化学计算，发展了分子催化研究方法；巧妙利用固氮酶底物的竞争抑制为化学探针，获得乙炔高顺式加氘的笼内配位模式，推断出固氮酶反应中 M 簇笼中心不可能有原子 x 存在；碳一化学方面，提出铑与 B 族氧化物复合催化剂上合成气制乙醇的亚甲基－乙烯醛机理，指出因醛与烯醇的结构互变异构动态平衡，进一步加氢碳链不会再长。

蔡启瑞提倡锐意创新、细心求是、跨学科大协作团队精神。为中国开创催化科学基础和应用研究作出了卓越贡献，培养和熏陶了大批催化人才。

蔡启瑞一生平和朴实、谦逊礼让、学风正派、为人正直、淡泊名利，是学术界公认的德高望重学术大师。"学如流水行云，德比松劲柏青"、"探赜索隐老而弥笃，立志创新志且益坚"，这些科教界名流的题词嘉勉等是对蔡启瑞学识和师德的赞许，是对蔡启瑞的大胆假设、小心求证、不迷信权威、勇于创新的科学研究素质的评价，是对蔡启瑞学术道德和为人风范的写照。

在蔡启瑞百岁高寿的 2013 年 4 月 6 日，厦门大学在 92 周年校庆庆典上，将首次设立的厦门大学最高奖"南强杰出贡献奖"颁给了蔡启瑞，以表彰蔡启瑞为国家和人民以及学校和科学所作出的卓越贡献，颁奖辞赞曰："蔡启瑞先生，中国科学院院士，德高望重的物理化学家、分子催化专家。在他心里，国家民族为重，个人利益为轻。为了祖国的召唤，他执意回国；为了国家的需要，他毅然转行。催化学科，他是奠基人；物化研究，他是引领者；工科发展，他是开拓者。他呕心沥血，携手攀登，他在厦大领衔创建了中国高校第一个催化教研室、厦大第一个国家重点实验室、福建省首个国家工程实验室，圆了几代人梦寐以求的'化学梦'，奠定了厦大化学学科的一流地位。他为人平和，谦逊礼让，如清泉般透彻。他以身作则，提携后辈，像泰山般厚道。古人赞曰：'仁者寿！'先生以百岁的实践证明古人之云然也！"

采集工作

在中国科协和教育部老科学家学术成长资料采集工程领导小组的领导下，2012年4月，厦门大学由学校、厦大科协、科技处、党委宣传部和化学化工学院的有关领导、教师和工作人员等组建了厦门大学老科学家学术成长资料采集小组，负责厦门大学化学化工学院四位老科学家的学术成长资料采集工作。蔡启瑞先生的学术成长资料采集工程工作在2012年5月启动，经过初步资料的调研和采集、实际参与采集工作的人员配备和学校配套经费申请等前期准备，于2012年9月正式签署项目任务书，从而正式拉开了蔡启瑞学术成长资料采集工程的序幕，采集工作计划在2013年10月完成。

蔡启瑞学术成长资料采集小组由具有化学（物理化学/催化科学）、中文、历史和专业影视等相关背景的人员组成，实际承担采集的具体工作。

根据老科学家学术成长资料采集工程领导小组要求，采集内容以蔡启瑞的成长经历为主线，重点采集蔡启瑞的求学经历、师承关系、教学科研工作经历、学术成就、学术成长过程的关键节点和学术交往等方面。

采集范围从口述、音视频和实物等方面进行采集，特别是实物中的传记类、手稿类、信件类、档案类、照片、著作类、论文类、同行学术评价类、证书证章类、图纸类及其他学习、工作、生活用品等各方面。在采集工作正式开始时，99岁高龄的蔡启瑞先生已因身体不适，住院一年多了。虽然躺在病床上的蔡启瑞心中还惦记着他未竟的科学研究事业，但遵照医嘱和亲属的意见，采集小组不能跟蔡启瑞谈及采集工程的事，也不能让他亲自审定本传记，以免影响他康复，因此直接采访几乎完全不可能，只能较多地依靠间接访谈；而在间接访谈的对象中也有部分年事已高，采访不便，难度相当大。

采集小组到厦门大学人事处档案室、厦门大学档案馆、厦门大学图书馆、集美中学档案馆、马巷中心小学校史室、同安区文史馆等单位采集了各种档案资料，包括蔡启瑞的家庭出身、求学经历、科研活动、任职、获奖等材料，以及本人和有关组织撰写的自传和鉴定材料等，并在征得蔡启瑞本人或家属同意后，到蔡启瑞家里和办公室收集有关的实物资料和音视频资料。特别是采集小组首次采集到蔡启瑞作为厦门大学第12届毕业生，在张怀朴教授指导下于1937年6月11日完成的厦门大学理学士学位论文《硝酸锌和硝酸镉水解的量电法测定》（Electrometric Determination of the Hydrolysis of Zinc and Cadmium Nitrates）。

采集小组根据查阅档案资料和家藏实物资料的情况，特别是档案资料、实物资料相对不足的部分，做好间接采访的准备工作，采访对象包括蔡启瑞的子女、亲属朋友、同事同仁、学生等，针对不同的采访对象，准备好访谈提纲，进行个别访谈或多人座谈，访谈过程全部录像或录音，事后整理为电子版口述文字材料。采集小组共整理了33人31次的录音访谈材料和12人次、8小时的录像访谈资料。

采集小组还参与了蔡启瑞文集的编辑工作。2013年11月，《蔡启瑞院士论文选集》正式出版，文集收录了从380篇有关论文中选出的225篇全文，论文（著）总目，专利目录，主要活动年表（学习、教学、科研和学术活动，以及主要社会职务和主要奖项），指导研究生名单，个人照、工作照、活动照和生活照等。因篇幅所限，该文集仅是蔡启瑞部分学术成就的反映。文集的宗旨在于给后人以启示，为后人之所用。为此，文集特别将厦门大学化学系催化教研室和物理化学研究所催化研究室撰写的"祝贺蔡启瑞教授从事化学工作五十年"（《卢嘉锡/蔡启瑞教授从事化学工作五十年纪念册》，1986年）、厦门大学化学系催化教研室、物理化学研究所催化研究室和化工系工业催化教研室撰写的"我国分子催化的奠基人之一 蔡启瑞教授"（《庆贺蔡启瑞教授八秩华诞》，1994年）、"祝贺我国著名物理化学家，中国科学院院士蔡启瑞教授九十华诞暨执教五十八年"（《化学学报》，2004年，第62卷，第18期）以及经蔡启瑞亲自审定的《20世纪中国知名科学家学术成就概览·化学卷·第一分册》中的"蔡启瑞"

篇（科学出版社，2011 年，第 1 版）转载于文集部首，以便简要地反映蔡启瑞的主要成就和风范人品。

特别令人欣喜的是，在厦门大学美洲校友会的支持下，采集小组首次采集到蔡启瑞在马克（E. Mack, Jr.）、哈里斯（P. M. Harris）和纽曼（M. S. Newman）教授的指导下于 1950 年 3 月完成的美国俄亥俄州立大学（Ohio State University）化学领域的哲学博士学位（Ph. D.）论文《多相反应中大环闭合的研究：高聚亚甲基二羧酸和二元醇的表面膜》（A Study of Macro-ring Closure in Heterogeneous Reactions: Suface Films of High Polymethylene Dicarboxylic Acids and Glycols）的原件扫描件，以及蔡启瑞当年在美国俄亥俄州立大学学习工作的资料、图片和三位导师的介绍等材料。

除了实物、采访等资料的采集外，采集小组还按原定计划完成了蔡启瑞学术成长资料采集工程研究报告的中文详细摘要（一万多字）和英文详细摘要以及大事年表。本书《探赜索隐 止于至善：蔡启瑞传》则是采集小组所完成的蔡启瑞学术成长经历研究报告基础上的学术传记，希望能真实地反映出蔡启瑞的学术成长经历及其献身科学的历程，为后人留下宝贵的财富。

2014 年 7 月底，采集小组收到中国科学技术出版社关于蔡启瑞学术成长经历研究报告作为《探赜索隐 止于至善：蔡启瑞传》一书正式出版的修改意见，根据编辑部意见，采集小组对已结题和整改的研究报告最后版本进行了认真细致的修订，于 2014 年 8 月初将本书出版修订稿提交给中国科学技术出版社。

研究报告

研究报告以传记体裁撰写。大体上按小学、中学、大学、赴美留学、回国以后的时间顺序，共分九章，每章含若干小节，来撰写蔡启瑞的学术成长经历。

鉴于目前蔡启瑞先生的身体状况，不便接受采访，也不能亲自写序，更无法亲自过目、修改、审定本传记，因此，在撰写蔡启瑞的学术成就方面，将以蔡启瑞入院治疗前、亲自修改 27 次之多并审阅认可的《20 世纪中国知名科学家学术成就概览·化学卷·第一分册》中"蔡启瑞"篇（科学出版社，2011年，第1版）的内容为基础，参考所采集的资料，加以铺开叙述，以便尽可能真实地反映蔡启瑞本人的意愿、品格和他的学术观点与学术道德。

本书第一章"坎坷求学"，叙述了蔡启瑞的家族来源、家庭情况、小学、中学和大学的经历及师承关系等。贫寒家庭出身的蔡启瑞的求学经历多有坎坷。但在慈母的坚持下和老师们的帮助下，特别是在陈嘉庚先生的关怀下，自强不息的蔡启瑞以优异的成绩完成了从小学到大学的教育，确定了化学研究方向。陈嘉庚先生的"诚毅"精神对蔡启瑞一生高尚品格养成影响甚大。第二章"厦大任教"，叙述了蔡启瑞厦门大学本科毕业后留校任教期间成家立业和学术成长的情况。第三章"留美十年"叙述了蔡启瑞在美国留学深造近十年的学习生活和学术成长的情况。叙述了蔡启瑞在物理有机化学方面的博士学位论文及师承马克、哈里斯和纽曼教授等三位导师的经历，以及进行铯氧化物晶体结构方向的博士后研究情况。第四章"回国初期"，叙述了蔡启瑞回国初期的工作生活和学术成长的情况。这一阶段，蔡启瑞的研究重点先在晶体结构化学领域，后根据国家需要，毅然决定转向催化科学研究领域，并创建了中国高校第一个催化教研室；同时，在中国提出了络合活化催化作用的理论概念。第五章"应用催化十年"，叙述了蔡启瑞根据"任务带学科"和"不能忽视基础研究，要求理论联系实际"的国家科学发展战略的要求，在应用基础催化研究方面的工作生活和学术成长的情况。第六章"病魔难阻科学攀登路"，叙述了1978年"改革开放"后越来越好的科学研究氛围和国家大环境的有利条件下，蔡启瑞的工作生活、学术成长和科研平台及队伍发展的情况。这一阶段，蔡启瑞当选为中国科学院化学部学部委员，为厦门大学学科的发展作出了巨大贡献，并成为中国分子催化研究的奠基者。第七章"领军催化科学研究五十五年"，叙述了蔡启瑞作为领军人物献身催化科学研究55年，所取得的主要学术和工作成就。第八章"百岁人品一代楷模"，叙述了蔡启瑞的一生人品风范、为人师表、学者楷模、德育群芳。第九章"老而弥笃壮心不已"，叙述了蔡启瑞在耄耋之年仍奋勇战斗在科学研究第一线，心系那些他为之奋斗五十多年而至今国际上仍存争议的重要催化反应及其催化剂作用机理的研究。

本书的"结语"部分，以"自强不息，止于至善"作为标题，叙述了通过采集与研究、写作，我们对蔡启瑞学术成长经历特点的认识和简要的归纳分析，希望能对读者有所启示。

仁者寿，智者寿。蔡启瑞的百岁人生生动演绎了"自强不息，止于至善"的厦门大学精神，是后来者的光辉典范。蔡启瑞曾说："其实，我这一生最爱的只是一间实验室。"也许，这就是学问与人品兼修、仁者与智者合一的蔡启瑞先生百年科学人生的真实心声，亦是蔡启瑞科学精神之所在。

第一章 坎坷求学

马巷蔡氏之后

1913年农历十一月初六[①]，蔡启瑞出生在福建省同安县（现属福建省厦门市翔安区）马巷镇五甲尾的一个华侨店员家庭，远在安南[②]的父亲希望这个儿子能给家庭带来吉祥，特为他取了这个名字。

马巷坐落在同安湾入湾口处，是闽南金三角一个颇有名气的小镇，人杰地灵，素有海滨邹鲁之称，自宋代以来就是官方的重要驿站，为闽南地区交通咽喉之地。清康熙年间，马巷成为人物辐辏、烟火稠密之区。乾隆

[①] 蔡启瑞现在身份证上的出生日期为1914年1月7日。蔡启瑞在美国俄亥俄州立大学博士学位论文中的自我介绍称其出生日期为1913年12月1日，这应是蔡启瑞赴美护照上的出生日期，而蔡启瑞家属每年均是以农历十一月初六为其过生日。经考证，之所以在蔡启瑞的有关档案和资料中出现多个不同的出生日期，概因农历与新历换算错误，甚或将已换算为新历的又作为农历再换算为新历之误。蔡启瑞正确的出生日期应以其家属所记庆生为准，故核定为1913年农历十一月初六，经查万年历，换算为新历，应是1913年12月3日。

[②] 即现在的越南。

图 1-1 马巷地理位置图

图 1-2 蔡家位于马巷五谷市 49 号的祖屋（2013 年 1 月，采集小组摄）

四十七年，清廷置马巷厅，使之成为同安东半县的政治、经济、文化与交通中心，并依制建造了城隍庙。

蔡启瑞的出生地五甲尾街与城隍庙仅一街之隔，街中有一座元威殿，供奉着一尊舍己一身、拯救万民的池府王爷。明末清初，郑成功驱荷复台，池王爷的信仰也随之传到台湾及东南亚各地，元威殿成为海峡两岸文化交流的一个重要纽带。一个世纪前，马巷人口已近万人，人才辈出，清代从马巷走出去的文武举人、进士有数十人。清末民初的厦门报业元老和实业家、创办《博文日报》《福建日报》《厦门日报》，并捐资兴办多所医院、学校的黄廷元也是马巷人。今天，已有近千年历史的马巷，是厦门—泉州—福州高速公路的必经之地，成为海峡西岸全面开发的新热土。

蔡原为周武王弟弟叔度的封国，建都在今河南省的上蔡，叔度的后代便以蔡作为自己的姓氏。经过三千多年的繁衍生息，蔡姓遍布全国各地。马巷镇五甲尾的蔡氏族人，原是金门蔡氏于明代有人迁徙到马巷的前庙社

（今马巷赵厝村），后又有人从前庙社迁居至马巷五甲尾并繁衍至今。经考证，蔡启瑞的宗亲于明朝末年由金门岛琼林村迁入，系万历年间进士蔡献臣的后裔，蔡献臣的父亲蔡贵易、祖父蔡宗德都是当时的举人，于大陆为官。蔡贵易的陵墓迄今坐落在翔安董水，每年清明时节，蔡氏后人均会前往祭拜。因此，蔡启瑞的祖籍系金门[①]。至今每年有金门蔡氏族亲到马巷来聚会认亲，精修族谱，亲情日益浓厚。

孤儿寡母艰难度日

蔡启瑞的族人多以务农为生。他们聚居于该镇东南名为山仔尾的地段，意思是接近农田的区域，繁衍至今约千人。蔡启瑞祖上几代以做糕点谋生，祖父蔡永坑是越南华侨，在家乡开一间店号叫合春的糕饼店，在马巷镇小有名气。不幸当时鼠疫等传染病盛行，在蔡启瑞出生前，其祖父业已谢世，余下祖母。蔡启瑞的父亲蔡炎德原有兄弟四人，蔡炎德排行第二，老大和老三都先后不幸染上鼠疫病亡，只留下蔡炎德和老四蔡世邪。蔡炎德婚后不久便告别母亲和妻子，到安南西贡[②]为乡亲打工、做账房先生，从事记账等工作，维持家庭生计。弟弟蔡世邪后来则到亲戚的糕饼店打工。蔡启瑞出生还不到一年，父亲蔡炎德因患甲状腺肿瘤不治，

图1-3 蔡启瑞的父亲蔡炎德

[①] 政协厦门市同安区委员会文史资料委员会编：《同安文史资料——同安姓氏专辑》，第66-71页，2000年10月；浯江琼林蔡氏族谱；李文轩、卢志明：《墓主蔡氏后裔遍布厦金》，厦门日报，2011年12月30日。

[②] 即现在的越南胡志明市。

不幸去世，时年不满 30 周岁。此生此世，蔡启瑞和他父亲竟未能谋上一面！此后，蔡家顿时陷入困窘的境地，生活重担落在了家中唯一成年男丁——蔡启瑞的叔父蔡世邪的肩上。蔡世邪后来在新加坡继承祖业经营糕饼店，渐渐地经营顺利，收入尚可。蔡世邪平日在家时就很孝敬母亲，很尊重嫂子，常寄钱回来赡养母亲，资助蔡启瑞母子，补贴家用，支撑着这个四口之家。

　　蔡母陈软的娘家在同安丙洲村。丙洲临海，丙洲人世代以淘海、打鱼为生。男人剽悍勇猛，常年下海捕鱼捉蟹、挖海蛎。女人刻苦耐劳，在家里把海蛎剥壳、洗洗刷刷等家务杂事全包了，整天劳累不得空闲。陈软也有丙洲妇女的特性。蔡启瑞的父亲不幸逝世时，蔡母陈软才 27 岁，家里就只剩蔡启瑞和他母亲与祖母。族里人认为蔡启瑞的父亲没有留下任何产业，孩子又不满一周岁，这样的年轻妇女，又曾裹过脚，肯定维持不了这个家。但陈软却是一个十分坚强的妇女，她说人家越是这样看我，我就越是要坚守着这个家，守着这个孩子，也要照顾好婆婆。陈软虽不识字，但头脑很好，记忆力特别强。日后，蔡启瑞活跃的思维与记忆能力或许也得益于这一遗传基因。家乡唱戏，戏台在家附近，当地的习俗，寡妇不宜到现场看戏，但她在家里听着就能记住戏文、唱词。她心灵手巧，针线活做得好，就决心用家里的一台手摇缝纫机替人做针线活、缝缝补补、帮人家洗衣服等来维持这个家庭，养育儿子和赡养婆婆。她的这种勤劳刻苦的精神受到当地人发自内心的尊重。后来，蔡启瑞的叔叔蔡世邪又常从新加坡寄点钱给母亲和寡嫂，这样，日子还算过得去。于是蔡启瑞的母亲就又领养了一个不到一周岁的孤儿蔡晋南，从此，蔡启瑞有了一个小弟弟。眼看蔡启瑞快七岁了，到了该入学的年龄。但就在这一年，蔡启瑞的祖母不幸去世，家里又显得凄凉。

　　蔡启瑞从小就特别聪明，母亲家乡丙洲的亲戚经常带着整筐的螃蟹来探望他们母子，蔡启瑞特别爱吃，因此，有人说他聪明过人可能跟他多吃螃蟹有关。蔡启瑞从小就十分懂事，左邻右舍都特别喜欢他，大人经常把他背在肩上玩。而且，他个性独立，知道家里生活困难，从不向母亲讨要什么东西。但爱玩的年龄，总是渴望玩具，于是，他常和小朋友一起到家附近的小河边嬉耍，利用河边轻盈与坚韧的芦苇秆子，巧妙加工，做出一个个简单又好玩的玩意儿来。大自然激发起他对自然界的热爱与探索，自己动手的乐趣也深深扎根在他的心中。

辗转三所小学

1921年2月，蔡启瑞进入马巷镇番薯市礼拜堂小学读书，由于他秉性聪慧，有着超群的记忆力和理解力，轻松完成了初级小学的课程学习。1923年2月，经过口试，主考老师对他十分满意，蔡启瑞顺利地转学到受集美教育推广部经费资助的马巷镇最好的牖民小学学习，第一学期便每门功课成绩优秀，深得老师和亲友的喜爱。

但是，蔡启瑞的求学之路却经历太多的坎坷和曲折。1923年2月至7月，在牖民小学刚刚读了一个学期，因当时的军阀混战，社会动荡不安，母亲还有一些亲戚在丙洲，那里比较安全，只得让蔡启瑞暂时转学到姨妈家附近的丙洲砥江小学寄读一个学期，至1924年1月。刚回到牖民小学读一个学期，又因为社会动荡不安，不得不到外婆家的丙洲砥江小学再寄读一个学期，至1925年1月。1925年2月，再回到牖民小学就读，不料，这时的牖民小学因社会不安定，生源不足，学期尚未结束便中途暂时停办。母亲没有办法，只好先让蔡启瑞到一家店号庆茂的布店当学徒两个月。

蔡启瑞比同龄人更早地面临着人

图1-4 马巷中心小学（1924—1935年校名为牖民小学；2013年1月，采集小组摄）

第一章 坎坷求学　13

生的抉择，仅从为家庭、为母亲分忧的角度考虑，都需要他在继续升学和及早找一份工作之间取舍。蔡母陈软自己不识字，让蔡启瑞读书，根本没有想到让他读到多高、多深的学问，只想让他识点字，能记账，日子就能好过点，对于是否继续升学也没想太多。但蔡启瑞小学阶段的求知灵性给人留下了深刻印象，师长和友人均力主让他继续深造。蔡启瑞小学时的班主任黄固吾老师非常欣赏蔡启瑞的聪明勤奋，在一个晚上，特地赶到蔡家，劝蔡母千万不能让孩子辍学。蔡母择善而从，咬牙作出了重大决策，才使蔡启瑞有了晋升中学学习的机缘。

先入中华中学再转集美中学

在黄固吾老师及其好友王子欣老师的推荐下，1925年9月，蔡启瑞得以进入厦门岛内的中华中学学习。当时，厦门岛与马巷之间的50公里路程，需要水陆兼程。蔡启瑞的长女蔡维真回忆说："我奶奶带我去过（中山路台湾街那里），说我父亲到厦门念书的时候，寄宿在别人家里。她说她从马巷来看他，只能到那里偷偷看他一眼就走，她说：'我也没有钱能给他，所以我也不想他看见我……'那时候从马巷到这里来很不容易，不像现在很方便，那时候要坐船，要走路，走很长的路到港口，港口有一个小村，然后再坐船。坐船到厦门来是挺辛苦的，我奶奶又是小脚。但是她说她特别想他的时候，会偷偷地坐船来，到那偷偷看一眼不让他发现再回去[①]。"

1926年2月，蔡启瑞以中华中学第一学期全班第一名的优异成绩被推荐进入陈嘉庚先生创办的集美中学，在初中一年级下学期插班学习，成为集美中学初中部第16组的学生。

集美中学是爱国华侨领袖陈嘉庚先生凝尽心血、倾尽资财办起来的一

[①] 蔡维真访谈，2012年10月25日，厦门。资料存于采集工程数据库。

所学校,进入这所学校学习,是蔡启瑞梦寐以求的。他从内心深处感谢老师,感恩母亲,更加发奋学习。集美距离马巷33华里,平时,蔡启瑞孜孜不倦地学习,每逢假期,便与同学们一起沿着海边,攀爬着高高低低的礁石,边走边玩,步行回家与翘首盼望着爱子回家的母亲相聚。

在集美中学学习期间,蔡启瑞各门功课都好,在背诵方面有很好的记忆力,写作也有很好的文字表达能力,常常受到老师的表扬。对英语学习也感兴趣,学得十分认真,并开始找到化学作为自己今后的主攻方向。而带领他走进化学殿堂的是曾经留学日本的黄开诚老师。蔡启瑞曾回忆说:"我们在科学馆里面上课,科学馆有些设备可以做课堂示范实验,这老师(黄开诚)准备得很充分,在课堂实验的时候(我)感到物质的变化非常奇妙,介绍中和滴定等这些方面,让我印象非常深刻,当时我感觉物质变化这样的科学——这门化学很有用处,也很有兴趣,感觉很引人入胜、很奥妙,从那时起就引起学化学(的志向),以后也一直走下去。从20年代到90年代,70年我一直跑这条路,一直在这个领域工作,而且真正是越钻研下去越感觉有兴趣[1]。"

图1-5　1928年秋集美中学各项成绩优良得奖者纪念照

---

[1] 《岁月如歌——访蔡启瑞院士》,武汉电视台大型科普栏目《科技之光》的子栏目《科学家您好》,1995年。

1928年9月，蔡启瑞升入集美中学高中部学习，成为高中部二组学生。他总成绩一直名列全班第一，并当上班长，受到老师和同学的赞扬。而化学课程特别认真，牢牢记住电离常数、溶度积等大量化学的基础数据。直到1929年7月，蔡启瑞所在的高中二组里因有许多进步青年参加全校学联的重要工作，学校决定把这一年级停办，他就和四五位同学投考厦门大学预科。1929年9月，蔡启瑞考入厦门大学预科化学组就读。

1926年2月到1929年7月，从初中部第16组到高中部二组，蔡启瑞在集美中学学习，虽然也经历一些坎坷，但他找到学习的主攻方向，在思想上还有一个重要的收获，就是陈嘉庚先生[①]倾资兴学的爱国精神让他心生敬意。而且，蔡启瑞在集美中学三年半学习期间，都获得免交学杂费的优惠，让他和母亲都发自内心地感激陈嘉庚先生。成名后的蔡启瑞常说，他的一生，第一要感谢党，第二要感谢陈嘉庚先生，如果没有陈嘉庚不交学费可以上中学的优惠，他就没有今天。

图1-6 华侨领袖陈嘉庚（1874—1961）

在集美学校七十周年时，蔡启瑞撰

---

① 陈嘉庚（1874-1961），字科次，英文名：Tan Kah Kee。著名华侨实业家、教育家。历任中央人民政府委员、全国人大常委会委员、全国政协副主席、全国侨联主席等职。陈嘉庚先生17岁随父亲到新加坡学习经商，因其勤奋刻苦、经营有方，仅用20余年的时间，即发展成南洋各埠声名显赫的大实业家。1893年陈嘉庚第一次回故乡，即出资2000元在集美开办"惕斋学塾"，这是陈嘉庚先生捐资兴学的开端。1910年陈嘉庚先生在新加坡参加同盟会，大力资助孙中山的革命活动。1911年清朝政府被推翻后，陈嘉庚先生怀抱"教育兴国"、"兴学报国"的信念，先后在故乡创办了集美小学、女子小学、师范、中学、幼稚园、水产航海、商业、农林、女子师范、幼稚师范、乡村师范、国学专门等校和福建省最早的综合性大学——厦门大学，建立起一套完整的教育体系。陈嘉庚先生一生倾资兴学、赤诚报国的义举，深为海内外人士所敬仰，生前曾被毛泽东称誉为"华侨旗帜、民族光辉"。厦门大学、集美大学（前身为集美学村各高校）、集美中学等校师生都尊称其为"校主"。

文"回忆我在集美求学时"①:

我曾在集美中学读了四年书,那时期的不少生活片段,至今还深深地印记在我的脑中。

我有时想起我的化学启蒙老师,在科学馆管理员的协助下,黄老师在化学课堂上为我们表演了许多精彩的示范实验:啊,那象喷泉变色;啊,那又象火树银花……简直使我看得入迷。打那时起,我就爱上了化学这门科学。我有时也想起我们的班主任、教英文的小林老师。"小"字是我们背地里给他加上去的,因为他有点象我们那样的孩子气,经常到我们宿舍里来玩,也曾邀我们到他的宿舍里下过象棋。初中三那一年秋天,我患了伤寒病,因病缺课一个多月,连学期考试也缺考了。幸而在小林老师的支持下,我获得了补考机会,得以跟班复学,才不致由于脱班而使一个穷小子就此永远辍学。还有那位在词选班上为我们朗诵并讲解"西塞山前白鹭飞……斜风细雨不得归"的蔡老师,他使我初步懂得了欣赏诗词的乐趣。还有那位用流利英语讲授西洋史的归侨老师,他翩翩年少,上课时有点腼腆,但却为我们讲了罗马大将庞拜拼命追求埃及女王的有趣故事。听了这个故事之后,"庞拜"就成为我们班大孩子们互相戏谑的隐语。

我们班的同学来自五湖四海:有同安附近各县和云霄、诏安、永春来的同学,有来自广西的同学,也有来自星洲、马来亚、印尼爪哇的侨生;还有五位来自台湾海峡那边的同学。马来亚、爪哇侨生喜欢吃小辣椒配饭,我也跟着学吃小辣椒,台湾同学占全班人数的十分之一,他们每年都回台湾过暑假,秋初回校时带来许多台湾特产食品,如"鱼籽"、鱿鱼、大香蕉等。在宿舍里,鱿鱼浇上点酒精点上火,一会儿就烤熟了。我是经常被邀请参与品尝这些美味食品的客人。

一转眼,时光流逝了五十多年了。当时我是班上年纪最轻、个子最小的一员,如今我已是年届七旬、白发斑斑的老人了。我的许多老

---

① 蔡启瑞:《回忆我在集美求学时》,集美校友[纪念陈嘉庚先生创办集美学校七十周年专辑(1913-1983)],1983年,第14期。

师和不少同窗已成了古人，但我听说还有一两个同班好友健在台湾。仅一衣带水之隔，数十年未获再晤，我多么想念他们啊！想当年，在日本人占领台湾时期，他们不忘祖国，渡过海峡来集美求学；现在，当母校即将庆祝建校七十周年之时，他们应该也是多么怀念着母校啊！

1998年，蔡启瑞又撰写了《怀念在集美中学》的回忆文章[①]，文中写道：

> 1925年夏，我读完马巷镇牗民小学高小一年级，这班因生数不足而停办。没办法，我只好在一家布店当学徒。小学班主任黄固吾老师听到这情况，就赶到我家说服我母亲，先让他设法带我到厦门进一所中学，读了一学期，然后凭着学习成绩单，转到集美中学插班到初中一年下。当时读集美中学免交学杂费。集美距离马巷走小路只有33华里，假日我可以步行回老家看望寡母。我们初中第16组有40来位同学，大半不是本地学生，其中有5名来自台湾，是一心不忘祖国的爱国台胞的子弟；有4位是来自南洋的侨生；1位是金门同宗（我家祖籍也是金门蔡）；还有来自诏安、漳浦、石码、永春、安溪、惠安、南安等地的同学。可见当时集美中学已有较好的声誉。这首先是爱国侨领陈嘉庚先生光辉旗帜的影响。当时集美中学的师资、设备也堪称一流，物理、化学课都在当时首屈一指的集美科学馆上课。教化学的黄开诚老师

图1-7 高中时期的蔡启瑞

---

① 蔡启瑞：怀念在集美中学。《厦门市集美中学》，北京：人民教育出版社，1998年，第53-54页。

的许多精彩的化学实验课堂表演，使我深感物质分子变化的奇妙，激励着我后来主修化学，而且终生无悔。那时集美中学校风也很好，同学们在学习上都很勤奋，力争上游；在生活上大家互相关怀，情同手足。例如，每年暑假过后回校时，台湾来的同学带来鱼籽和柚子，南洋来的同学带来下饭很开胃的小辣椒，金门的同学带来香熟花生，等等。大家围坐在一起吃，有着说不尽的乐趣。我读完集美初中，又读了一年集美高中第二组，后来到厦大预科继续学习。回顾我12岁起幸得进入集美中学就学三年半，找到了学习主攻方向，这是我一生最幸运、最重要的转折。没有陈嘉庚先生为开拓智力资源而倾资兴学的远见和义举，许多像我这样的穷孩子是没有可能受到中等、高等教育的。

刚入厦大病休两年

1929年9月，蔡启瑞考进与他主攻方向一致的厦门大学预科化学组学习了两年；1931年，顺利地升入厦门大学化学系本科学习。但不幸的是，

图1-8 20世纪20年代建设的化学楼（右）、生物楼（厦门大学档案馆资料）

第一章 坎坷求学

刚入学不久，蔡启瑞就得了肋膜炎，气管出血，只好办理休学手续，回到同安马巷番薯市老家治病养病。

蔡启瑞因病休学回家，蔡母陈软，尽心尽力地为他求医问药，精心照料一切。蔡启瑞求学读书和生病治疗期间，还得到叔叔蔡世邪的许多支持帮助，特别是经济上的大力支持。蔡世邪在新加坡经营糕饼店，赚了些钱。但蔡世邪是个极为勤俭的人，赚的钱都舍不得花，成年后也一直未结婚成家。而且，蔡世邪对他的嫂嫂——陈软十分尊重。直到蔡世邪38岁那年，由嫂嫂介绍一个姑娘给他，才建立起自己的家庭。在蔡启瑞升入大学前，母亲陈软与叔叔蔡世邪达成分家协议，将番薯市五甲尾老家旧房子的一半——西厢房分给蔡世邪。除房屋的分割之外，蔡世邪还另拨付一千伍佰元大洋给蔡启瑞的母亲。这些钱经蔡母精心安排，既用于平日补贴家庭生活费用，也用于蔡启瑞的学习费用。蔡启瑞这次生病也多亏了有这笔钱，让他能较快地恢复健康。这对蔡启瑞顺利完成大学学业无疑是举足轻重的。蔡启瑞家至今仍保留着这份分家协议，作为对叔父蔡世邪抚育之恩的诚挚纪念。

从1931年9月到1933年9月，蔡启瑞这次患肋膜炎生病休学竟达整整两年。从小就表现出不一般的资质和悟性、有超强记忆力和顽强意志的蔡启瑞，在两年的时间里，并不甘于只是治病、养病。这时他已是有明确主攻方向的青年了，因此，他一方面注意治病，一方面在家里认真复习功课，时刻准备着复学。

在休学治病的两年时间里，除复习功课以外，还有两件事值得一提：一是蔡启瑞曾经到同安洗墨池集友小学代课，担任高小班的数理教员几个月，初次尝到当老师的滋味；二是他从小记忆力超群，小小年纪下棋、打牌都有出人意料的表现，因此在养病期间的1932年春节，与当地一位名叫洪天定的青年中医共同发起，在马巷颇有名气的舫山书院举行了一场象棋比赛。从那时起，马巷镇有关部门就把象棋列为镇上经常举行的群众性活动之一。也是从那时起，蔡启瑞和洪天定成为亲密朋友。此后的几十年，洪天定一直在当地主持这项活动，蔡启瑞有时回乡也略加关照，这项赛事几十年坚持下来，马巷还出现过几位象棋大师、特级大师。

这事直到蔡启瑞成为著名科学家后，当地的人们提起来还津津乐道，称赞不已。

厦大化学系第十二届毕业

1933年9月起，蔡启瑞继续在厦门大学化学系学习。厦门大学和集美中学一样，也是由陈嘉庚先生创办的。美丽的厦门大学校园依山面海，为蔡启瑞和所有学子提供一个非常好的学习环境。因为发奋努力，学习成绩优秀，蔡启瑞在厦门大学学习的四年时间里，多次获得陈嘉庚先生设立的"免费奖学金"和"陈嘉庚奖学金"。1937年7月，蔡启瑞以优异的成绩毕业于厦门大学化学系，是厦门大学第十二届毕业生之一，获厦门大学理学学士学位。

图1-9 蔡启瑞的学士照

1934年，张怀朴教授到厦门大学化学系任教，对蔡启瑞十分赞赏。蔡启瑞在张怀朴教授[①]指导下完成毕业论文。现在厦门大学图书馆还保存有蔡启瑞在厦门大学学习时的理学学士学位论文，论文题目为《硝酸锌和硝酸镉水解的量电法测定》(Electrometric Determination of the Hydrolysis of Zinc and Cadmium

---

① 张怀朴先生22岁到法国南锡大学化学研究所学习，1931年获理学（化学）博士学位。1931-1932年在法国斯特拉斯堡大学化学研究所从事研究工作。1932年回国后，先后在河南大学（1932-1934，化学系教授）、厦门大学（1934-1947，化学系教授，并于1935年兼任系主任）、兰州大学（1947-1948，化学系教授兼系主任）和山东大学（1948-1951，化学系教授）等四所大学任教。他学识渊博，讲授普通化学、分析化学、物理化学（化学热力学）和电化学等课程，深受学生欢迎。同时，他还指导蔡启瑞等学生进行化学研究工作。

第一章 坎坷求学　21

图1-10 蔡启瑞的本科毕业论文

图1-11 张怀朴

Nitrates），用英文撰写。1937年6月11日完成，指导教师为张怀朴教授（时任系主任），当时的理学院院长为刘椽教授。该学位论文有31页，包括：Ⅰ. 理论引言（Theoretical Introduction），Ⅱ. 材料的制备（Preparation of Materials），Ⅲ. 仪器（Apparatus），Ⅳ. 测定（Measurements），Ⅴ. 数据、计算和结果（Data, Calculation, and Results），Ⅵ. 小结和讨论（Summary and Conclusion），Ⅶ. 参考文献（Reference）。该学位论文的主要成果随后以《电位法研究硝酸锌、硝酸镉水解》（Ⅰ—Ⅱ）为题正式发表在《厦大理工论丛》上。

指导蔡启瑞本科毕业论文的恩师张怀朴教授1906年6月30日出生于浙江省平湖县新仓镇，1986年在北京病逝。

四年的学习，蔡启瑞在厦门大学度过了人生一个重要的阶段。回想大学四年的学习和生活，蔡启瑞最想感谢的人还是校主陈嘉庚先生。晚年时谈起自己的求学经历，蔡启瑞曾回忆说："我有今天，全靠校主陈嘉庚先生的支持。你想想，一个穷苦孩子要学有所成，需付出比一般人更多的艰辛。单讲学费，家里的补贴仅仅是一小部分，更多的是嘉庚先生的助学。我读小学时受嘉庚先生的资助，学费比较省。上集美中学时，甚至不要交学费。上厦门大学，我得到嘉庚先生的奖学金。"[①]

在厦门大学的学习生活期间，蔡启瑞不仅学习成绩优秀，还显露出很

---

① 蔡鹤影：《学如流水行云 德比松劲柏青——中科院院士蔡启瑞校友印象》，集美校友，2002年第2期，第16-18页。

多独特的才华，经常躺在床上便可以将微分方程的得数准确地算出来。他记忆力惊人还表现在下象棋上，他一个人可以同时对三个人下棋，一盘明棋、两盘默棋，他还能赢。他的兴趣爱好还相当广泛，他热爱文学、背诵诗词、喜欢音乐。在体育方面，他会打乒乓球，也喜欢游泳。

关于蔡启瑞毕业后的近况，在《厦大通讯》的"校友生活代述"栏目中，曾由化学系的旋撰文简告如下[①]：

蔡启瑞　第十二届（一九三七）化学系

一、近况：毕业后以成绩优异，留母校服务，读书思超书外，开卷旋毕，回头细说，如数家珍，凡所涉猎，靡不神会，故师长青眼，同学爱戴。今春，偶然发愤，两月间，穷温在大学所读书，于是心安理得，进而求博览焉。

二、趣事：下棋"过桥"，兴至忘餐，时或盲目而弈，明眼不能对。

三、荣誉：侪辈以不世之士目之。（旋代告）

同 窗 好 友

蔡启瑞与厦门大学的同窗好友陈泗传保持着长达40多年的深厚友情。陈泗传出身名门，其父陈仲瑾乃晚清举人，同盟会会员，曾领导泉州的倒清废除帝制运动，创办泉州西隅小学（今，泉州的名校）和西隅师范，新中国成立后被推选为泉州市政协委员。陈泗传是教会办的泉州培元中学优秀学生，考取过燕京大学，因路途遥远未能成行。改投厦门大学时，其英语水平已高出同辈一截。不过，陈泗传很快发现即使同学来自僻壤乡镇，也不乏藏龙卧虎的才俊，由于学识、品行方面的情投意合，蔡启瑞和陈泗传很快成

[①] 厦门大学校友会总会编印，《厦大通讯》第1卷第9—10期合刊，1939年12月1日。

探赜索隐 止于至善 蔡启瑞传

图 1-12 1938年，蔡启瑞（前排右一）与大学同窗挚友陈泗传（前排左一）等合影

为好友。为此，蔡启瑞主动要求调换宿舍与陈泗传同宿舍，使他们进一步发现了彼此的长处。例如，蔡启瑞的数学物理才能，陈泗传的语言优势和基本化学素养，还有，他们都挚爱科学，希望能够为改变国家的积弱尽绵薄之力。其实，他们的学习习惯明显有别，陈泗传的笔记、作业详尽工整，一步一个脚印。蔡启瑞则很少记录，只是定求真正弄懂，拒绝囫囵吞枣，务必达到了然于胸。此乃风格各异，却殊途同归的写照，又是一段相互激励、觅求知音的难忘历程①。

1937年，蔡启瑞于厦门大学毕业时，正逢陈嘉庚先生经营的橡胶业受日、英商人排挤，经营严重受挫，无力负担起厦门大学全部经费，只得把厦门大学交由政府接办。为了将陈嘉庚先生创办的厦门大学办好，当时已蜚声海内外的清华大学著名物理学教授萨本栋先生临危受命担任厦门大学校长。萨本栋校长到任不久，蔡启瑞和他的好友陈泗传便被校长点名宴请，这种破格招待是当时对出色毕业生的一种嘉奖形式。

毕业后，蔡启瑞获聘厦门大学教职，陈泗传则返回故里寻觅就业机会，一度曾打算远赴四川泸州兵工厂就职。次年，蔡启瑞回乡完婚。婚后蔡启瑞携夫人和母亲取道泉州回校，途中在泉州陈家小住数日，还带上陈

---

① 蔡俊修：《乡镇走出的化学宗师》，交流文稿，2013年。

泗传的妹妹陈碧玉①前往长汀参加升学考试，帮助她如愿考上厦门大学数理系，成为萨本栋校长的学生和助教。

1940年年初，蔡启瑞等为陈泗传谋得厦门大学中英庚子赔款国内研究助理的职位，蔡启瑞和陈泗传两位好友重新聚首于汀江之滨，两家分居于福建长汀的一座民房厅堂的两侧，共用一间大厅用餐，过往甚密。后来，蔡启瑞的长子蔡俊修与陈泗传的女儿陈笃慧结婚，蔡、陈两家成为儿女亲家，此是后话。

蔡启瑞每每及时向陈泗传通报负笈跨洋深造、取得学位、发表论文、参加学术会议等一应消息，让老友分享了不断攀登的喜悦。1977年7月5日陈泗传过世，当听闻陈泗传病危时，蔡启瑞即携陈泗传的外孙蔡钒一起赶赴泉州，但遗憾未能见最后一面，蔡启瑞在追悼会上赋词回顾他们的数十载情谊②：

知君不起来相诀，忆到旧情泪欲垂。
映雪楼中成抵榻，囊萤窗下感同帷[1]。
汀城岁暮防"疯犬"[2]，鲤郭暑深议"四非"[3]。
建设有期方共喜，无缘再叙竟长违。

[1] 映雪、囊萤是陈嘉庚创建厦门大学初期的两幢主要建筑物，兼作教学楼和宿舍。
[2] 抗战期间，厦门大学迁往闽西长汀坚持办学达八年之久。
[3] 泉州又名鲤城。

---

① 陈碧玉现为厦门外国语学校名誉校长。
② 陈泗东：《幸园笔耕录（下）》。厦门：鹭江出版社，2003年1月，第648页。

第二章
厦大任教

喜 结 良 缘

蔡启瑞刚毕业时，曾先赴省立龙溪中学接洽教席。但尚未谈妥，1937年9月就被母校厦门大学召回任教。当时与蔡启瑞同班同时毕业的共12人，学校就只留他一个人担任助教，同时，跟随厦门大学内迁闽西长汀。

这时的蔡启瑞已经25岁，母亲一直关心他的婚姻大事，感到该是让他成家的时候了。经人介绍，替他物色好合适对象，就是集美师范毕业后担任小学教师、时年刚满20岁的陈金鸾。

陈金鸾的父亲陈延庭先生[①]是蔡启瑞于集美中学求学时的数学老师，陈延庭对蔡启瑞的印象极好。因此，当有人征求陈延庭的意见时说，给你

[①] 陈延庭先生1910年毕业于福建省高等师范学堂，经考试授"理科举人"，加入同盟会，参加创办泉州私立中学。1921年受陈嘉庚之托任厦门大学总务主任，负责有关厦门大学校舍建筑事宜。他向政府申请用地，与各类产权人协商，然后平整、组织校舍建设施工。1926-1935年，任集美中学教育推广部主任。1951年，陈嘉庚等措资金扩建厦门大学校舍，又聘请他出任厦门大学建筑部主任，完成了两幢大楼和建南大礼堂的建设任务，是陈嘉庚的得力助手之一。

介绍蔡启瑞当你的女婿行不行？他连连说："行，行！他是我的学生，我很了解。"于是，就决定于这一年暑假让两人完婚。

1938年8月初，已随厦门大学迁往闽西山区长汀的蔡启瑞经永安、南平、福州、泉州回到马巷，在蔡母陈软和陈延庭的主持下，与陈金鸾举办了简单的婚礼。陈金鸾温婉贤淑、善解人意。在蔡母的精心安排下，两人度过了甜蜜的一个月后，迫于当时的形势，就由蔡母主持，举家迁往长汀。

1937年"八一三"事变后，日本侵略者不断南侵。1937年11月10日，八艘日舰攻击厦门的胡里山炮台，之后，常有日本飞机袭击轰炸厦门。1938年5月11日，厦门市沦陷，全市无辜被杀者达七千余人，厦门群众纷纷疏散、外逃。在这样的形势逼迫下，蔡母决定带领全家一起疏散到长汀。于是，蔡启瑞和夫人陈金鸾以及弟弟蔡晋南夫妇在母亲的带领下，几个人挑着装上家什的箩筐，经过泉州到福州，再经过南平、沙县、永安、连城，一路上历经坎坷磨难，最后到达长汀，在当地租了个房子，安下家来。

次年，《厦大通讯》上刊登了蔡启瑞的来信[①]，述及他在长汀的近况：

蔡启瑞　第十二届（一九三七）　化学系

一、我的近况：棋、球、"桥"、兴致不如前浓，看书日尽二十页，有时心血来潮，自以为有得，发愤而忘食，结果却是拾到了几十年前人家丢下的鸡肋，故仍无可告慰。

去夏回同安结了婚，并移家西来，因在困难时期，所以悄悄地，简慢之罪，我先自认了吧。

我向来懒于写信，今犹未能彻底克服这种"惰性"。这点我觉得很对不起诸位老友。

二、对母校之希望：尽可能范围内，添购最新科学书籍，杂志及仪器；提倡研究精神，准备迎头赶上一日千里的科学潮流。

三、通讯处：长汀国立厦门大学

---

① 厦门大学校友会总会编印，《厦大通讯》第1卷第4期，1939年4月1日。

厦大助教三年

在张资洪①、区嘉炜②、张怀朴③、刘椽④先后主持化学系工作的七八年间，厦门大学化学系规模有较大发展，学生数由 10 名左右增加到 20 余人，年毕业生五名左右。其中，卢嘉锡⑤（1934 年，第 9 届毕业生）、蔡启瑞（1937 年，第 12 届毕业生）、陈泗传（1937 年，第 12 届毕业生）、陈国珍（1938 年，第 13 届毕业生）等都是这期间的优秀毕业生⑥。

蔡启瑞回母校厦门大学任教，正遇上卢嘉锡考取第五届中英庚款公费出国留学，即将赴伦敦大学深造，学校决定由蔡启瑞接手卢嘉锡留下来的物理化学和有机化学的助教工作。蔡启瑞和卢嘉锡两位科学家一生结缘，这是大家知道的。蔡启瑞生于 1913 年年底，卢嘉锡生于 1915 年，蔡启瑞比卢嘉锡年长一岁多。但卢嘉锡求学之路比较顺利，只念了一年半正规初级中学就考上了厦门大学预科，1934 年，他不满 19 岁就从厦门大学化学系毕业，毕业后留校任教。而蔡启瑞求学之路历经坎坷，因此，蔡启瑞在化学系学习时，卢嘉锡曾担任过他的辅导老师。论年龄，蔡启瑞是兄长，论学龄，卢嘉锡是学长，两人关系融洽。蔡启瑞毕业时正好接替卢嘉锡的工作，也是机缘巧合。

1938 年 9 月起，蔡启瑞继续担任厦门大学化学系物理化学和有机化学

---

① 1930—1931 年，任厦门大学化学系系主任。
② 1931—1934 年，任厦门大学化学系系主任。
③ 1935—1937 年，任厦门大学化学系系主任。
④ 1937—1946 年，任厦门大学化学系系主任。
⑤ 卢嘉锡（1915.10.26—2001.06.04），物理化学家，1955 年当选为中国科学院学部委员（现改称院士），曾任厦门大学理学院院长和研究部部长、福州大学副校长、中国科学院福建物质结构研究所所长、中国科学院院长和第八届全国人大常委会副委员长等。其研究工作涉及物理化学、结构化学、核化学和材料科学等多学科领域，从事结构与性能的关系研究等，在结构化学研究工作中有杰出贡献，对中国原子簇化学的发展起了重要推动作用，所指导的新技术晶体材料科学研究，也取得了重大成果。
⑥ 厦门大学化学化工学院：《任重道远，继往开来——纪念厦门大学化学学科创建 90 年暨化工系创办 20 年》。厦门：厦门大学出版社，2011 年 4 月。

的助教。当年长汀时期的厦门大学,虽经萨本栋校长和全体师生的共同努力,创造了一些必要的条件,但总体的办学条件还是十分艰苦的。但是,无论在简陋的实验室里,还是在敌机来袭时黑暗的防空洞里,蔡启瑞总是专心致志地做好教学和科研工作。

1938年秋,傅鹰先生[①]应萨本栋校长的聘请,从战时的陪都重庆来到闽西山城的长汀任教,刚毕业一年的蔡启瑞有幸成为傅鹰教授的助教。傅鹰对厦门大学化学系、对蔡启瑞有着不同寻常的影响。

图2-1 傅鹰(1902—1979)

傅鹰在厦门大学开设胶体化学和理论化学等课程。他讲课精彩纷呈、引人入胜;他重视实验数据,注意培养动手能力,让受众得益匪浅。他较早意识到色谱在化学和生化研究中的重要性,带领青年教师探讨萃取方法,开展色谱研究和应用,这在当时的中国化学界是领先的。蔡启瑞在他指导下撰写的《有机酸混合物萃取分析法》一文,发表在美国《分析化学杂志》上,并从理论上指出这种方法的适用限度。他在美国求学期间,正是量子力学、量子化学、理论化学蓬勃发展和走向成熟的关键时期,他敏锐地预感化学学科正面临由经验、统计之传统研究,进入与分子水平的理论和结构分析相辅相成的崭新时代。面临这样的创新和突破,他提醒年轻助手务必紧跟学科发展的世界潮流。名师的风范促进了青年教师的顺利成长,他的真知灼见开阔了蔡启瑞日后选择专业方向的视野,对厦门大学化

---

① 傅鹰(1902-1929),字肖鸿,祖籍福建闽侯(今福州),生于北京,就读于燕京大学化学系。1922年赴美留学,在美国密歇根大学(University of Michigan)化学系,师从著名胶体学家巴特尔教授,进行表面化学研究,获科学博士学位。回国后先后任东北大学、北京协和医学院、青岛大学和重庆大学教授。1938-1944年任厦门大学教授、教务长兼理学院院长。1945-1950年再度赴美,任密歇根大学研究员。1950年回国,在北京大学、清华大学和北京石油学院任教。1954-1979年任北京大学教授、副校长,1955年当选为中国科学院学部委员(现改称院士)。

第二章 厦大任教

学系的后续发展也产生着深远的影响。

傅鹰在长汀期间撰写的普通化学讲义（1943年厦大版），约50—60万字，内有许多新内容。例如，1943年第一颗原子弹尚未爆炸，他在书中已经写了许多核反应和放射化学的内容；在无机化学部分，他系统给出周期表各族元素共同和特殊的反应性质；而理论部分则可说是一部简明的物理化学。该讲义在厦门大学一直使用到50年代。傅鹰的夫人张锦1940年先到距离长汀不远的沙县福建医学院任化学教授，次年来厦门大学任化学系教授，讲授有机化学和生物化学等课程。时任厦门大学校长的萨本栋很器重傅鹰的学识和为人，曾在病中多次推荐傅鹰接任校长职务。

傅鹰在"文化大革命"期间受到严重的冲击。但就在那个混乱的年代，蔡启瑞还是利用一次到北京的机会，带着在北京读书的女儿到傅鹰家里探望老师。1979年，傅鹰不幸逝世后，蔡启瑞写了《缅怀傅鹰老师》[①]一文，文中写道：

> 傅鹰教授于1938年秋应当时厦门大学萨本栋校长的聘请，从战时陪都重庆来到闽西山城长汀任教，主讲普通化学和物理化学。他是一位很重视基础课教学工作和启发式教学的老教授。傅先生全心全力地支持萨本栋校长的办学工作和所定下的规章制度。后来数年他兼任厦门大学教务长。
>
> 1938年秋，我大学刚毕业了一年，有幸当了傅鹰老师的助教，受到他的熏陶。当时我想进一步自修物理化学，就向他请教应该看什么参考书。他介绍给我一本美国加州大学Lewis教授著的"Chemical Principles"。这本书写法很有特色，每章只是简要地提一提本章内容，课文全在精心设计的习题和思考题之中。通过这些习题和思考题就容易牢牢掌握课程的内容及其原理。后来我和我同事们在教学工作中也很重视习题和思考题对于培养学生独立思考能力的作用。

---

① 蔡启瑞：缅怀傅鹰老师。见：《中国知识分子的光辉典范——傅鹰先生百年诞辰纪念文集》，2002年，第64-65页。

在抗战时期的长汀，教学和科研设备条件都很差。我请教傅老师如何开展科研工作，他建议我试用抽提法分析小分子脂肪酸混合物；利用水—油两相中一些脂肪酸组分分配常数的不同来进行分析，基本上不需要什么仪器设备。他还指出，当时气相色谱分析方法刚在萌芽，其原理是利用气相中待分析的一些组分在气—固两相中分配系数（吸附系数）的不同来实现分析。后来我们完成了一篇用抽提法分析脂肪酸混合物的论文，发表在 *Ind. Eng. Chem. Anal. Ed.*[①] 上。

据我所知，傅老师新中国成立前后从未参加过任何政治组织；其实他政治上是很有是非感，对于他不能接受的事，如鲠在喉、不吐不快。他是一位有名士气的、刚直爱国的知识分子。

蔡启瑞的长媳陈笃慧回忆说："蔡先生当助教时，傅鹰已经是相当有名的教授了，抗战时，萨校长请傅鹰来厦大任教。傅鹰提醒他的学生助手应该注意世界量子化学、量子力学的蓬勃发展趋势。他说化学正从经典的统计热力学逐渐深化为理论化学、结构化学，你们要跟上学科发展的潮流。名师的指点，我想对蔡先生的影响是深远的。后来蔡先生告诉我，他美国的导师纽曼是从事有机化学的，蔡先生博士毕业后，纽曼问他是否继续从事有机化学，蔡先生回答：'不，我就像汽车一样，到了一站又将前行，我要搞物质结构。'多年后傅鹰一定也为他弟子的成就感到欣慰。上个世纪 70 年代中期有一次蔡先生从北京回来，告诉我傅鹰准备把一生的积蓄十万元捐给厦大，表示了傅鹰对厦大、对他弟子的深厚情感。"[②]

2011 年厦门大学校庆时，张存浩[③] 曾撰文回忆自己在长汀厦大的难忘岁月，提及他特别敬佩的蔡启瑞老师，他说："衷心感谢他当年手把手地给予我指导。"张存浩认为，傅鹰和蔡启瑞在 20 世纪 30 年代末从事液体色

---

① 该刊 1947 年起更名为 *Analytical Chemistry*。
② 陈笃慧访谈，2012 年 11 月 29 日，厦门。资料存于采集工程数据库。
③ 张存浩，中国科学院院士，曾任中国科学院大连化学物理研究所所长、国家自然科学基金委主任等，开创中国化学激光的研究，获 2013 年度国家最高科技奖。傅鹰先生是他的姑父。

谱的研究，远在马丁（Martin）和辛格（Synge）的诺贝尔级工作之前，他们在当年极为困难的条件下成为世界色谱研究的先驱。张存浩对1944年初英国剑桥大学生物化学教授李约瑟到厦大学术交流时，年轻的蔡启瑞老师应对自如地和李约瑟侃侃而谈的情形记忆犹新，他认为这说明厦大在那时就拥有冲击世界水平的学术潜力。

厦大讲师七年

1940年，蔡启瑞晋升为讲师，除了仍担任物理化学和分析化学的教学任务外，还教过无机化学。蔡启瑞的口头表述能力不够出色，令他一直引以为憾。但蔡启瑞的厚实基础、渊博知识和活跃思维能力，赢得了师生的肯定和好评。

1943年，蔡启瑞除了开设原有的课程外，还开设了一门新课——定性定量分析课。他对学生的要求十分严格，特点是分析结果误差只允许在千分之二以内，误差超过千分之二，就必须重新做。但学生们不仅没有怨言，反而对这位要求严格的老师深感敬佩。

1944年春季，蔡启瑞接替傅鹰的物理化学后半部分的教学任务。他认真准备，不因为接名教授的课而感到胆怯，结果也获得好评。与此同时，他还继续为另一个班级开设定量分析课，按照当时学校对化学系讲师的要求，下课后必须到实验室做实验、备课。学生们都知道这个规定，因此，一有问题就到实验室找他。他十分热情、耐心，对来要求辅导的学生都不厌其烦地、认真地给予满意的回答。特别是临近毕业的学生做毕业论文时，找他的人更多，他都一一满足他们的要求，经常因辅导学生而推迟下班，丝毫没有怨言。而且，学生找他请教的问题常涉及不同的课程，都能得到满意的回答。

1944年，蔡启瑞开始担任指导本科生毕业论文的工作。他指导学生林立烜完成毕业论文《蓖麻子解脂作用》。1945年，蔡启瑞指导学生

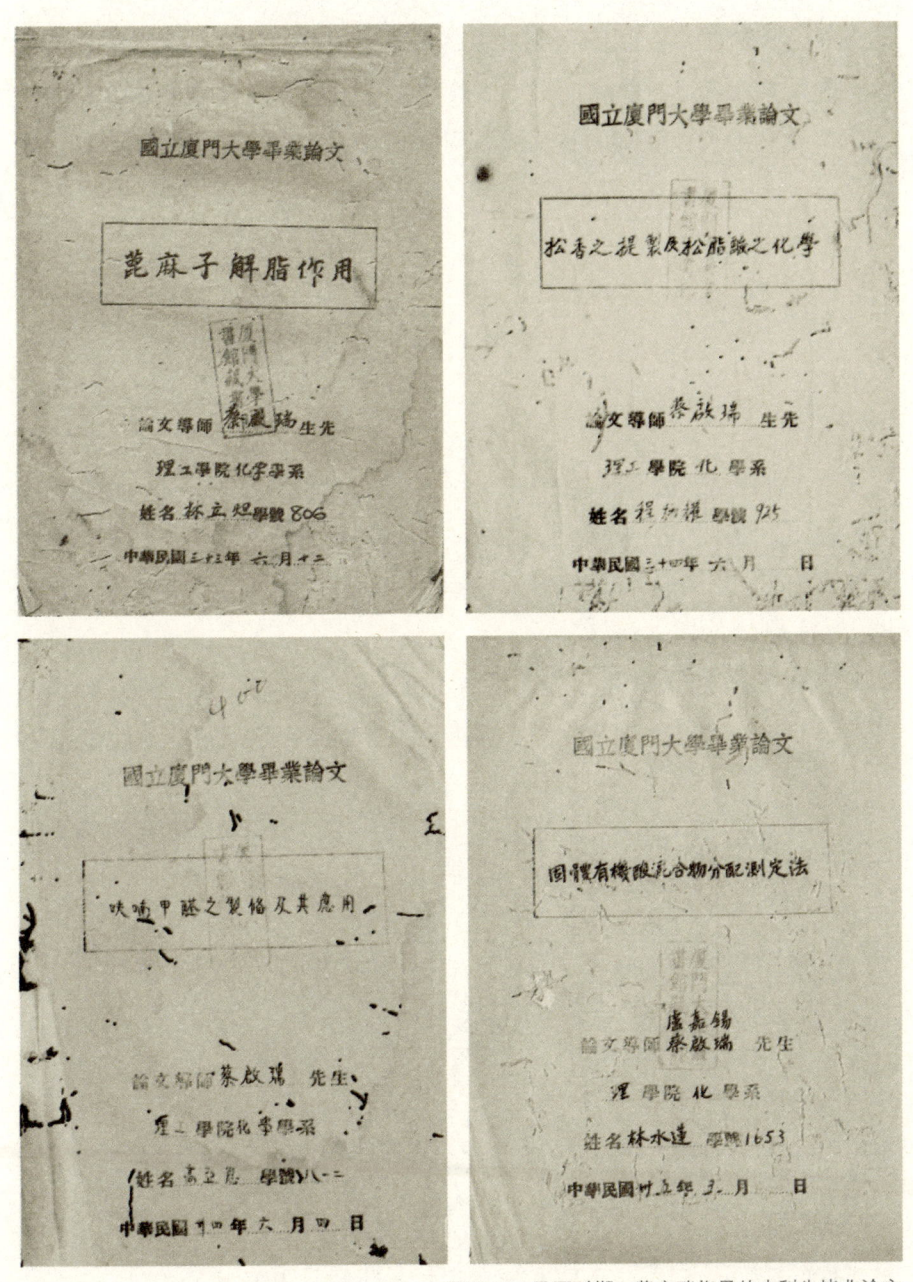

图 2-2　民国时期,蔡启瑞指导的本科生毕业论文

程炳耀完成毕业论文《松香之提制及松脂酸之化学》,指导学生高亚思完成毕业论文《呋喃甲醛之制备及其应用》。1946年,蔡启瑞获得美国

第二章　厦大任教 | 33

国务院留美奖学金,同年指导学生林水莲完成毕业论文《固体有机酸混合物分配测定法》。蔡启瑞指导学生毕业论文时,从课题的选择到实验方案和论文的写作等都为学生周到考虑,给学生留下了极为深刻的美好印象。

厦大(长汀校区)八年教职

蔡启瑞刚接受教职时,正逢日本侵略者的铁蹄日益猖狂地践踏我国的大好河山。"八一三"事变后,日本对上海发动进攻,东南沿海要地厦门形势日趋严峻。为避免战争破坏,萨本栋校长与学校有关领导经过认真考虑,决定厦门大学内迁长汀。

萨本栋亲自指挥迁校工作,周密安排又从容不迫,整个迁校工作虽途经千里,却有序进行,人员安全到达,图书仪器完好无损,前后仅用20

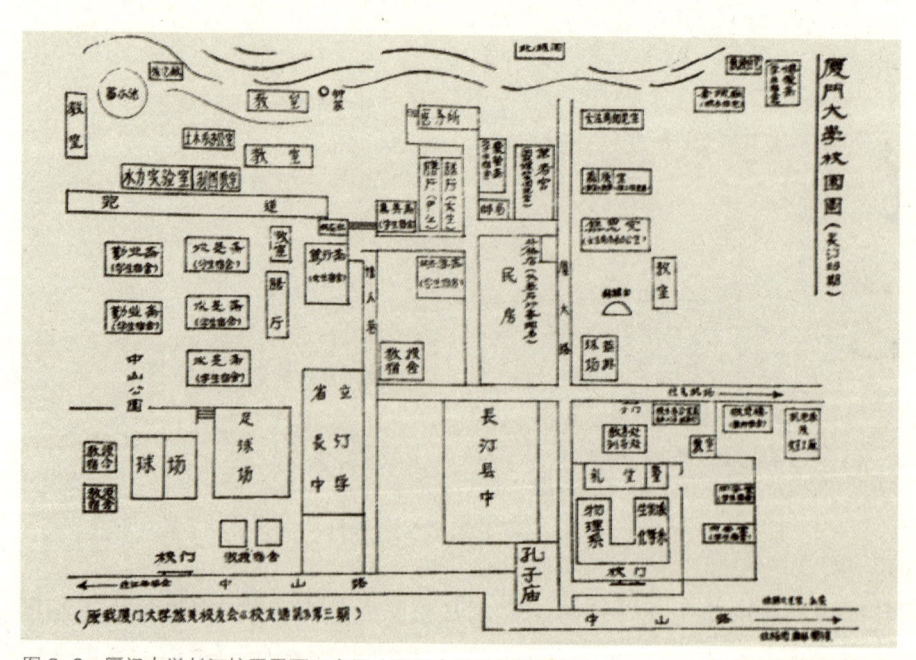

图2-3 厦门大学长汀校园平面示意图(厦门大学档案馆资料)

天的时间，完满结束迁校工作。1938年1月17日厦门大学便在长汀开始正常上课。

　　1937年9月留校任教至1945年抗日战争胜利，整整八年时间，蔡启瑞在萨本栋校长领导下工作，亲眼看到萨本栋在十分困难的条件下，在长汀那偏僻的山区，如何筚路蓝缕地搞好校舍建设、实验室建设、供电供水建设；如何采取有效的防空措施保证师生的安全，同时又解决师生的吃、住、学习、医疗等各方面的问题；如何依法治校，建立严格的规章制度，以德育人；又是如何以身作则、严谨治校[1]。

　　蔡启瑞有幸在萨本栋的带领下走过了为人师表的第一个八年，往后的漫长岁月，他时常忆起萨本栋校长在厦门大学留下的历史足迹，认为那是学校的一笔宝贵财富。因此，他积极参与和推动了萨本栋教育科研基金会、萨本栋微机电研究中心的创立，并为它们的顺利运转付出不懈的努力。蔡启瑞还保持着与萨本栋校长家人的密切交往，为发挥他们的学

图2-4　长汀校园嘉庚堂（厦门大学档案馆资料）

---

[1] 萨本栋授课使用的《普通物理学》《微积分》《大学物理》《交流机电》四本教材都是他自己编写的。在萨本栋的领导下，全体师生共同努力，创造了十分辉煌的成绩。仅学生数一项，1937年迁入长汀之初，仅有学生198人，发展到1945年，学生达1044人。1940年、1941年连续两次参加全国高校学生学业竞试，按获奖人数与在校生数、全校系数、全年经费数的比率，厦门大学的成绩均为全国第一，因此闻名海内外，国外学者称赞厦门大学为"加尔各答以东第一大学"。萨本栋初来接掌厦门大学时才35岁，英姿勃发，体格健壮，腰杆挺拔，但因过度劳累，身体状态每况愈下，抬头挺胸日渐困难，需拄着拐杖缓缓而行。1945年5月，萨本栋应邀赴美洲讲学并调养身体，获准辞去厦门大学校长职务。9月回国后，改任中央研究院总干事并兼物理研究所所长。1948年底被确诊为晚期胃癌，1949年1月31日，萨本栋因癌病在美国旧金山逝世。厦门大学师生获悉无不沉痛哀悼！遵照遗愿，萨本栋的骨灰安葬于厦门大学校园内。他的两个儿子萨支汉、萨支唐后来分别成为著名的数学家和物理学家。萨支唐现为美国工程院院士、中国科学院海外院士、台湾中央研究院院士，他频繁穿梭于大洋两岸，承继着萨本栋校长的未竟事业。

图2-5 萨本栋（1902—1949）

术专长和影响力尽其所能。

蔡启瑞在长汀的八年中，除1940年8月至9月，曾奉派赴重庆参加庚款留学考试（因留学考试只有冶金专业未考取而返校），其间离校一个多月外，全部时间都在教学第一线，有机、结构、物化、分析、无机等所有学科的助教都当过，在实验室里勤勤恳恳地工作，在化学学科的多个领域做出成绩，因此受到师生的推崇，也进一步得到萨本栋校长的赏识和器重。1945年7月26日，厦门大学成立教师会，蔡启瑞当选为九位理事之一。

1984年5月，蔡启瑞等撰写了"萨本栋与厦门大学"一文[1]，深情回忆了萨本栋校长言行品格的感人事迹和对自己品行培养的深刻影响：

> 有些人你和他接触的机会不一定很多，可是他的言行和品格却使你终生难忘。萨本栋先生就是这样的人。
>
> ……当年他的同事们和学生们，至今仍然十分怀念他，尊敬他，可见萨先生是感人至深的。萨校长出自爱国热忱而献身教育事业的精神，尤其使我们感动，对我们影响很大。
>
> 萨本栋就任厦门大学校长时，只有36岁[2]，但他那时已经是国内外知名的教授了。他是物理学家、数学家、电机工程师，在清华大学担任教授已有8年，是全国采用的优秀教科书《普通物理学》的作者，又是清华大学12名评议员中最年轻的一员。由一位在学术上很有发展前途的教授担任大学校长，把许多精力用于行政事务，不能不说是一种牺牲。可是萨先生下决心接受这个任命，他怀着远大的抱

---

[1] 蔡启瑞，黄厚哲，陈碧玉，陈孔立：萨本栋与厦门大学。《文史资料》丛刊第八辑，文史资料出版社，1984年第1版。

[2] 编者按：35周岁。

负，要发扬陈嘉庚先生毁家兴学的精神，把厦门大学办成一个国际上著名的具有特色的高等学府……

萨校长经常教育学生，学好本领，贡献社会，"造福于国家和人群"。……萨校长不满足于学校原有的规模，他千方百计地为创办工科各系而奔走，终于因陋就简地办起了土木、机电、航空三个系……

强调质量，是萨校长办学的一个特点。他认为大学教育必须强调研究学术和培养技能，这样才能提高我国的学术水平。他说："本校一向对于学生程度的提高，非常注意。在量与质不能兼顾的情形之下，对质的改良，比量的增加，尤为重视。"……

爱护学生，爱护人才，是萨校长一个突出的优点。……他对一些杰出的人才更是十分爱惜，千方百计为他们提供发展才能的条件。……听到化学系一位年轻助教[①]写了一篇论文，就要这位助教去见他，虽然这位助教和他平时接触的机会不多，只见过两三次面，又不是他直接教过的学生，他还亲自帮他看论文，改论文，甚至连英文用字都加以润色……

经过萨校长和全校师生的共同努力……厦门大学成为"国内最完备大学之一"，一些外国学者称赞本校是当时"加尔各答以东最完善的大学"。这一切都是和萨校长出色的领导分不开的。

当然，代价是巨大的。萨先生刚刚到校时，还是一位容光焕发、精力充沛的青年学者，还能打网球；可是繁重的校务和教学工作，使他心力交瘁，积劳成疾。1944年他还不过43岁，却已经腰弯背驼，显得异常衰老了。可以说，萨校长已经把全副精力用于办学，他用舍身的精神，换来了厦门大学的发展……

1956年蔡启瑞刚从国外回来时，吴学周老先生就对蔡说："萨先生不但才能非凡，而且正直敢言，真是了不起的人。如果能活到现在，一定可以为国家作出很多的贡献。"蔡在国外时见到一些在清华

[①] 编者按：这位年轻助教是蔡启瑞。

或厦大时曾经是萨先生的学生或朋友的人，当谈到萨先生不幸逝世时都流泪痛惜。还听说当萨先生因胃癌卧病在隔离病床、自己病在垂危时，喘着气一再不停地向唯一伺候在他身边的主治医生述说他积累在脑中的许多科学设想，并时时问那位医生说："听清楚了没有，听清楚了没有？"虽到最后一息，还想把科学知识留于后人……

以前曾有人谈起道德继承的问题，像萨先生那样的为教育和科学献身的精神，对于老、中、青成千上万的人都是一笔精神财富。

在长汀，蔡启瑞全身心投入工作，夫人陈金鸾也偶尔到当地的一些小学任教，但因长子蔡俊修于1939年7月出生，长女蔡维真于1942年2月出生，次子蔡维理于1944年11月出生，养儿育女的重任使她无法坚持工作。这八年，在家庭经济颇为困难的情况下，安排家庭生活的方方面面，帮媳妇抚育子女，照顾蔡启瑞的身体等等重任，便大部分落在勤奋能干的蔡启瑞的母亲陈软身上。

八年长汀生活，蔡母陈软逐步适应了身处异地他乡，且周围都是知识分子。她在与这些读书人的接触中，了解了他们工作的辛劳，更加尊重他们，并尽自己所能帮助他们，也更竭尽心力照顾蔡启瑞的身体，让他全力以赴做好工作。有一次，蔡启瑞第二天上午要上课，临时发现鞋子坏了，几个人出门去想买一双鞋子，却因为在长汀山城，又处于那个特定的年代，加上蔡启瑞脚大，竟都买不到合适的鞋子。于是，蔡母陈软就动员全家妇女一起动手，硬是连夜赶制出一双让蔡启瑞穿着舒服的布鞋子，让他第二天顺利地走上讲堂。

1945年年初，抗战胜利之前的几个月，长汀突然告急，说日本人可能打到长汀来，学校方面决定，让家属先各自回老家。此时，蔡启瑞的弟弟蔡晋南已结婚生子。蔡晋南小时候胆子小，书念得不多，12岁便去当学徒，且早些时候已在厦大机电工程系工作。蔡母陈软带着两个儿媳——陈金鸾和蔡晋南妻子及四个幼小的孩子，不足六岁的蔡俊修、三岁的蔡维真和还不满周岁的蔡维理以及蔡晋南的一个儿子，安排三个大点的孩子请人用箩筐挑着，蔡俊修坐一头，蔡维真和堂弟坐另一头，最小的蔡维理由蔡母陈软和两位儿媳轮流背着，就这样又是搭车、又是走路、又是乘船，一路辛苦颠簸，历时整整一个星期才回到马巷老家。而此时，蔡启瑞和弟弟蔡晋南还留在长汀学校里继续工作。

1945年8月15日，日本宣布无条件投降；9月2日，在华日军128万人向中国缴械投降，至此，中国抗日战争胜利结束。10月开始，厦门大学才按计划有序地从长汀经龙岩、漳州迁回厦门。蔡启瑞这时才与广大师生一起回到厦门。当时，厦门大学在鼓浪屿办了一个新生院，蔡启瑞先到这个新生院，担任普通化学的讲师，1946年7月才回到校本部来。

第三章
留美十年

选派赴美深造

抗战胜利后，国家急需各种人才，政府提出各种名目的留学教育途径，并为出国留学人员提供各种便利条件。当时，卢嘉锡已毅然辞去国外的一切聘任，返回祖国，担任厦门大学理学院院长兼化学系系主任。这时，按照上面的安排，经学校推荐，可获取美国国务院留美奖学金名额，厦门大学要选拔一名教师赴美留学。卢嘉锡认为选派人员出国是培养人才快捷有效的方法，如果人选对了，很快就有成效。他十分赞赏蔡启瑞渊博的学识和勤勉的治学精神，便全力推荐，有力地投了蔡启瑞一票。

1947年2月，作为美国国务院留美奖学金的20名获得者之一，蔡启瑞被中国政府选派到美国俄亥俄州立大学深造。他按规定到上海办理了出国的所有手续后，立即赶到南京，谒见这时在中央研究院任总干事的萨本栋前校长。此时，萨本栋身体已相当衰弱，但见到这位自己十分欣赏的晚辈，仍十分兴奋。因为此前他曾应邀担任俄亥俄州立大学的客座教授，在该校的电机工程系讲学过，知道蔡启瑞将到俄亥俄州立大学留学深造，更是激动，就给蔡启瑞介绍了该校的许多情况，并给他许多鼓励，让蔡启瑞十分感动。

1947年3月，蔡启瑞回到家乡，告别亲人，与挚友、厦门大学生物系的顾瑞岩等乘坐戈登将军号轮船，远涉重洋，经过漫长的海上航行，踏上美国大陆，来到俄亥俄州立大学（Ohio State University）化学系攻

图 3-1　50年代，蔡启瑞在俄亥俄州立大学校园与友人合影

读博士。那时，蔡启瑞和闵恩泽[①]同在俄亥俄州立大学留学，建立了深厚友情，回国后，两人一在厦门、一在北京，领军催化基础和催化应用研究，为中国的催化学科发展壮大作出了卓越的贡献，成为催化科学界无人不晓的"南蔡北闵"，此是后话。

蔡启瑞到美国攻读博士期间的学习、工作、生活情况，可从他给厦门大学母校的两封来信中略悉点滴：

（蔡启瑞来信之一）[②]

　　弟自出行到现在并非事事顺利，只是硬干到底，生活起初如同穿一双新鞋子，未免有些紧张。现在早已步履安闲，只怕鞋子穿破而走

[①] 闵恩泽（1924- ），1951年获美国俄亥俄州立大学博士学位。1980年当选为中国科学院学部委员（现改称院士），1994年当选为中国工程院院士。主要从事石油炼制催化剂制造技术领域研究，是我国炼油催化应用科学的奠基者，石油化工技术自主创新的先行者，获2007年度国家最高科学技术奖。

[②] 厦门大学校友会总会编印：蔡启瑞来信之一。《厦大通讯》第8卷第2期乙，第4-6页，1948年2月22日。

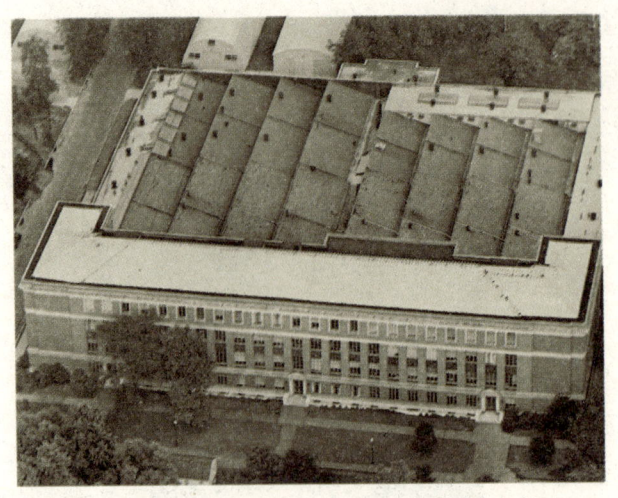

图 3-2 1947 年俄亥俄州立大学 Mcpherson 实验室鸟瞰图

不到目的地，故弟自始即决计，先赶完应修学分（至少四十五）然后专心致意于论文，俾克早获学位。本季过后学分已足，德文亦已考过，结果后日可揭晓，如下季法文再投机成功，即可申请参与 Candidacy 初试。此关一过，以后可随意旁听或参与讨论会。论文方面初导师提议研究某种利用磁场促进之叠合反应，弟觉其无甚前途，又拟利用电场使胺酸偶极排成有向阵线以促进 Polypeptide Condensation，估计结果因胺酸 dipole ions 电距仍小，欲得平均 45 度之 Orientation，理论上所需电场强度极高，故亦作罢。现已决定纯从化学方面着手另一种 Polycondensation，试料合成工作已将完竣，倘叠合一步如所预期，则以后关于反应动力及叠合体结构及性质诸方面之探讨形成 routine，总之此尚是一种新尝试，大成小就或终归泡影，多少须看造化。

本季修多相反应及触媒，量子化学（第二季），"X 光线及晶体机构"等。"量子化学"现讲 Electron spins，尚觉清爽有趣。"X 光线"讲授不甚精彩，惟教授极和气，不拘小节，每星期一晚实验必亲来督察，可与肆问肆谈，彼详细讲解，毫无倦容，常至十一、二点始归去，以此学生在实验室中所得远较课堂上为多。实验方面除作了二种关于 X 光性质（吸收光谱及偏极）之实验外，尚只作了丙酸钡二钙（立方晶系）之三种照片，惟未开始计算。至高等有机及热力学弟仅于考试时略与应卯而已。

此间在功课方面之传统精神极似母系，可谓良好之训练学校。有机方面颇强，设备亦佳（据伊利诺大学来此工作之同学之观察），可惜理论方面除 Johnston 等一套年来略有工作表现外，其他方面似在静止状态，有良好之教员而无非常 inspiring 之导师，此乃令人感觉苦闷之处。然弟数理基础太差，以往亦未下过苦工，多少已成落伍，故十月来在此理化系课堂上坐板凳，亦不能谓无所得，此点甚堪告慰。

当然的，若以同样工夫读 CIT 或 CU，或较能有所遭遇不致隐没，然此乃命运安排，能留此已属万幸，弟自信若无意外波折，仍可自行开路，且本系相待极好，师友之间相处极为融洽，十月来之耕耘，至少在人情上略有收获，以此亦舍不得离开。

本系为 OSU 最大一系，undergraduates 之素质及程度大抵较母系为逊，此盖因吾国大学学生事实上于入学时即已经过一度精选，而美国大学教育则注重较广泛之训练，有利于普通程度之学生，而不利于优秀学生。至研究院作风乃略有不同，入研究院读高等学位者多少为有心人，百人之中至少亦有半打好角色。本系必修课程仅高等有机及热力学各九学分。热力学第一、二季大半取材于 L&R，加些低温热力学，第三季才是统计及光谱，有机第一、二季为物理有机及些复习，第三季是杂圈化合物，此二科系补充大学基本训练之性质，国内同学必可应付，若对此二科生疏者亦可略为预备。至其他学程全是点菜性质，幸菜单尚不太少，有极易消化者，亦有须用心细嚼而后始可下咽者，凭各人胃口慎于选择，总不致弄坏肚子。惟本系不准用英文代替一种第二外语，凡有心来此者应预为准备，始不致耽误时间。

此间国防研究院虽为本系附属机关，惟有半独立性质，在此工作之员生约百人，低温实验室设备仅次于 CU，另有高温高压等实验室，大抵做了不少关于"喷气催进"方面之工作，吾人当然未便过问。此机关有的是钱，学生研侣每周工作二十四小时月薪百廿五元，Post doctorate 三百元，此机关从前颇为开放，现因国际形势及吾国时局皆有变化，吾人已较不易进去工作。

希望母系再有人出来，若欲来此读理论则不如在 CU，因在此重要工作不易得到，学到古典热力学则又无多大趣味，若欲攻"叠合"则至伊利诺较好，读有机则可来此或至伊利诺。本系过去数年对中国学生极采保守态度，去年忽大开放，现在殆又稍保守。然母系同学欲得本系入学许可证，弟可担保无问题。美国学校极其分数主义，大概母校分数较严紧，寄成绩单出来多少会较诸教会大学学生吃亏一点。弟当年因不缴习题，高等微积被弄成六十九分（还是最高分数）故弟在此第一季选些硬课时，系主任颇见迟疑，此点后来者不可不注意，因标准不同（此点系中已了解）最好请母校注明八十分以上则是 A，七十至八十是 B，六十至七十是 C，（但不可全用 ABC 以免矛盾）将来欲弟代请什么"船"时较易为力（编者按 Scholarship……也）。

国内来美同学常怀奢望，来美后见必修课程较浅，常致失望。譬如初涉海滩，即谓大洋不足渡，迨乎举足向前，始觉"浮"之不易。其实功课仅能当作一种基本训练，吾人主要目标却在研究，故导师与设备第一，导师最初重要在指示一条路径，以后则是精神上与人事上之一种助力，一切路程均自行走去，固亦不能全为导师之傀儡也。

此地生活程度较弟初来时又高了百分之十至十五，我们日常消费唯"吃"一项最可惊人，像弟胃口大的每日将近二元，小吃亦在一元半左右。"住"的一项弟幸混进此小规模国际公寓（廿二人代表十二个国家），每月仅十九元左右，若在外面租屋则需廿五元左右。一般言之，学费除外每月八九十元已够（衣服在外），惟出国时翻印书计算尺和皮箱不可不带齐，若等到美国来买便是大傻瓜，如弟衣服可制可不制，到此后仅购一套西服卅三元，质料虽非上等，惟颇大方耐穿。

要读书固然不一定须出来，但是有些自费考出来的，在美悄悄找到工作，反而可发些洋财，我们一向都躲在鼓里，岂不冤哉！总之以后如有公费或自费考试切不可再错过，只要能过得来，要找个事情混混生活，尚不是顶困难。

弟在此间化学系虽略有基础，惟实际工作尚未能有所表现，且本校以生数（25500）过多，出了化学系谁也不认得谁，所以现在能与诸校友之帮忙恐仍极有限，惟弟对于此行之另一使命未尝忘怀，但稍假我以时日，决当尽力接应。

专此　祝福

弟蔡启瑞顿元月卅日于美 Ohio 州立大学

（蔡启瑞来信之二）[①]

弟功课已于上学季结束，语文及统考幸皆顺利通过，现正赶做实验，大概再三学季可结束。倘实验能提前告一段落，很想找个机会到西部去一二季，换换口味。据一般观察美国学生的成就多是在毕业后几年中浸出来的，我等到美后第一年读些洋八股，搜拾些治学工具已够忙了，第二年才谈得上实验的工作，所以要想在二年内发现新大陆，除非有天大的本领才行，可见"三年计划"实比较合理。最理想办法为于学位结束后再在此或其他学术机关浸下一年半载，惟弟有两不稳因素，家庭问题为其一，恐未能如愿，最迟明夏即须返国，届时视母校需要情形再定行止。

此间夏天闷热，不便工作，效率极低。每天只能于早晚进实验室，午后在宿舍里开电扇乘凉，另于星期一三五早课去聆听 Gamow 大吹其原子及宇宙之牛而已。此间生活程度又涨百分之十至十五，惟国务院奖学金自本年四月起每月亦增十元，若无意外风波，经济不成问题。

图 3-3　留美时期的蔡启瑞于俄亥俄州立大学实验室

法西兄此行不带太太似乎失策[②]，因（一）两人自炊伙食费和一人吃饭馆差不多，（二）人到了外国工读机会较容易找，（三）若是为了孩子的缘故，更应该带出来吃吃洋牛奶。我们或许觉得在求学的时代携眷出洋似乎有点那个，可是洋人正觉得我们单身出来未免有点不近人情。

---

① 厦门大学校友会总会编印：蔡启瑞来信之二。《厦大通讯》第8卷第5期，第15页，1948年8月1日。
② 李法西，回国后曾任厦门大学化学系、海洋系教授，其太太陈碧玉是蔡启瑞挚友陈泗传的妹妹。

林慰桢兄与钱人元先生如能一并罗致,可为母系二支生力军。现母系基础已臻稳定而流年又利于东南,若能乘机集中人才,则将来发展成为中国之加工与加大,非无可能,唯在兄等努力扶助为之也。

弟启瑞上

编者按:加工为加州理工学院,加大为加州大学,均以理论化学研究闻名于世,林钱二先生均已由母校聘为化学系教授。

获美国俄亥俄州立大学博士学位

从 1947 年 3 月开始,蔡启瑞作为一名美国俄亥俄州立大学研究生院化学动力学的研究生,在马克(E. Mack Jr.,时任化学系主任)、哈里斯(P. M. Harris)和纽曼(M. S. Newman)教授的指导下,从事多亚甲基长链二醇及二羧酸的 L-B 膜的研究。他自己动手吹制玻璃实验器具系统、勤奋地研究,于 1950 年 3 月获俄亥俄州立大学化学领域的哲学博士学位。

图 3-4 1950 年 3 月,俄亥俄州立大学毕业典礼

蔡启瑞的博士学位论文题目是:《多相反应中大环闭合的研究：高聚亚甲基二羧酸和二元醇的表面膜》(A Study of Macro-Ring Closure in Heterogeneous Reactions: Surface Films of High Polymethylene Dicarboxylic Acids and Glycols)，导师是：P. M. Harris 和 E. Mack Jr.。那时还没有名字的汉语拼音规范，多采用闽南话音译，所以，论文封面上蔡启瑞的英文名字是 Khi-Ruey Tsai，直到现在，蔡启瑞在国际上发表英文论文时采用的英文名字都是 Khi-Rui Tsai。

学位论文主要包括五个章节，并附有简介、致谢和简短自传。这五个章节如下：

Ⅰ. 引言（Introduction）

Ⅱ. 甲醇中质子催化多羧酸酯化作用的动力学：多羧酸中主羧基基团的优先酯化作用（Kinetics of Hydrion-Catalysed Esterification of Polycarboxylic Acids in Methanol: Preferential Esterification of Primary Carboxyl Groups in Polycarboxylic Acids）

图 3-5　蔡启瑞的博士学位证书

Ⅲ. 通过半酯同步提取的多羧酸的部分酯化作用：一种制备半酯的新方法（Partial Esterification of Dicarboxylic Acids By Simultaneous Extraction of Half Esters: A New Method for Preparing Half-Esters）

Ⅳ. 高聚亚甲基二羧酸和二元醇的合成。在脂肪酸和脂肪烃合成中烃链伸长的一种新的一般方法（Synthesis of High Polymethylene Dicarboxylic Acids and Glycohols. A new and General Method for the Lengthening of Hydrocarbon Chain in the Synthesis of Aliphatic Acids and Hydrocarbons）

Ⅴ. 高聚亚甲基二羧酸和二元醇的表面膜（Surface Films of High Polymethylene Dicarboxylic Acids and Glycols）

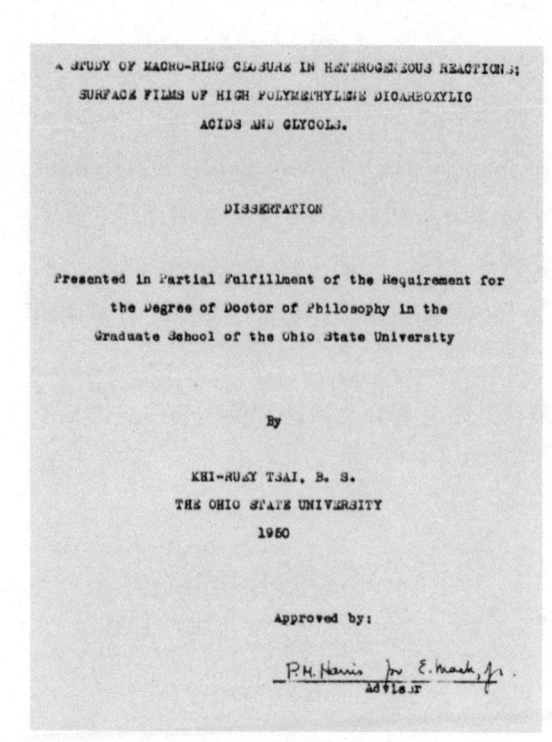

图 3-6　蔡启瑞的博士学位论文封面

学位论文的简介如下：

本工作的目的是：（1）设计高聚亚甲基二羧酸和二元醇的合成方法，（2）研究这些化合物在水上的表面膜。论文的第二、第三和第四章介绍（1）的理论方面和实验部分。表面膜测量（第五章）的目的在于弄清这些化合物在水上展开时两个端基基团附近的情况；这对于阐明通过多相反应的大环闭合具有重要的关系，其理论分析构成了本论文的引言部分。

在获得学位前，蔡启瑞在傅鹰教授指导下，在国内撰写的论文也被美国《分析化学》接受而正式发表（Tsai, K. R.; Fu, Y., Analysis of Mixtures of Organic Acids by Extraction. Analytical Chemistry 1949, 21（7），818-821. 脂肪酸混合物的萃取分析）。

在美国学习与工作期间，科研之余的蔡启瑞是下象棋、打桥牌的高手，也是破解俄亥俄州首府报纸专栏上桥牌有奖征解难题的高手。

师承三位导师

蔡启瑞留美期间师承马克、哈里斯和纽曼三位教授，多领域的学识和学术水平得到了进一步提升，并跟三位老师结下了深厚的友谊。马克博士

(Dr. Edward Mack, Jr.)[①], 俄亥俄州立大学化学系系主任（1941—1955年），1893年5月10日出生于美国北卡罗来纳州的戈尔兹伯勒（Goldsboro, North Carolina, USA），1956年6月4日去世。哈里斯博士（Dr. Preston M. Harris）[②]，

[①] 马克博士于1913年、1914年和1916年分别取得普林斯顿大学（Princeton University）的学士（B. A., Magna Cun Laude）、硕士（M. A.）和博士（Ph. D.）学位。后在西弗吉尼亚大学任教（1915-1917, Instructor at West Virginia University）。第一次世界大战爆发后，他加入新成立的化学战机构（Chemical Warfare Service）在法国服役，从陆军中尉晋升到少校军阶。1919年，他第一次加入俄亥俄州立大学教职员队伍，任化学助理教授（Assistant Professor），六年后晋升到教授职位（Full Professorship），直到1935年，他被任命为北卡罗来纳大学（North Carolina University）化学系主任，才离开俄亥俄州立大学。在北卡罗来纳大学担任化学系主任四年后，他回到哥伦布（Columbus）就职于巴特尔纪念研究院（Battelle Memorial Institute），主持研究教育。1941年，他当选俄亥俄州立大学化学系主任。在第二次世界大战期间，他主要致力于曼哈顿计划（Manhattan Project）的研究方向工作。1955年10月，他辞去化学系主任的职务，而投身于生物化学问题研究的项目。马克教授在其职业生涯中还担任过许多其他职务，其中最重要的是，1951-1953年，他入选橡树岭核研究所（Oak Ridge Institute of Nuclear Studies）董事会。他还活跃于美国化学会（American Chemical Society）事务，曾任哥伦布分会的主席、北卡罗来纳分会的主席和总顾问。他曾任美国化学文摘（Chemical Abstracts）的助理编辑、美国化学会志（Journal of the American Chemical Society）和物理化学杂志（Journal of Physical Chemistry）的副主编。他是两本化学方面的著作和大量化学刊物文章的作者。他被授予许多荣誉，其中包括北卡罗来纳大学（1944年）和中央学院（Centre College, 1949年）的名誉博士学位。马克教授热心和无私地奉献于俄亥俄州立大学化学系的发展，并活跃于学校事务，特别重视大学生和研究生的需求，以各种方式给予了他们极大的帮助，使他们顺利完成学业。马克教授喜爱体育运动，是俄亥俄州体育运动委员会（Athletic Board at Ohio State）成员，他爱好网球和高尔夫球。顺便述及，马克教授的妻子路易丝·马特森·马克（Louise Matson Mack）于1989年10月13日去世，她1951年起在俄亥俄州立大学农学院任教，直到1965年退休。（俄亥俄州立大学图书馆提供的资料，存于采集工程数据库。）

[②] 哈里斯博士1924年取得威滕伯格学院（Wittenberg College）的学士学位（A. B.），并于1925年和1928年在俄亥俄州立大学化学系分别取得硕士（M. A.）和博士（Ph. D.）学位。曾在堪萨斯州立大学（Kansas State University, 1925-1926年）和俄亥俄北方大学（Ohio Northern University, 1927-1928年）任教。完成博士学位后，于1929年在芝加哥大学（University of Chicago）物理系做博士后研究（National Research Fellow），随后，1930年在普林斯顿大学（Princeton University）任副研究员（Research Associate），1931年在卢米斯研究所（Loomis Institute）工作（Fellow），1932-1934年在俄亥俄州立大学任副研究员（Research Associate）。1934年，哈里斯博士成为俄亥俄州立大学化学系的一名教师（Instructor），并于1938年、1942年和1945年分别被晋升为助理教授（Assistant Professor）、副教授（Associate Professor）和教授（Professor）。在1943-1945年期间，哈里斯博士曾为加州大学（University of California）的曼哈顿计划（Manhattan District Project）工作。1972年他从俄亥俄州立大学化学系退休后，被俄亥俄州立大学的董事会（Board of Trustees）授予名誉退休教授（Professor Emeritus）称号。哈里斯教授从事用X-射线和中子衍射测定晶体结构前沿方法的研究。他还为陆军的工程、研究和发展实验室（Army's Engineering, Research and Development Laboratory）开发了一种光电池（photo cell）。哈里斯博士是美国物理学会（American Physics Society）和美国晶体学会（American Crystallographic Society）等多个学会的会士。（俄亥俄州立大学图书馆提供的资料，存于采集工程数据库。）

1902年3月28日出生于美国俄亥俄州的斯普林菲尔德（Springfield），1980年6月11日去世。纽曼博士（Dr. Melvin S. Newman）[①]，1908年3月10日出生于美国纽约州的纽约（New York，New York），在路易斯安那州的新奥尔良（New Orleans，Louisiana）长大，1993年5月30日去世，享年84岁。其中，纽曼教授虽然没有在蔡启瑞的博士学位论文导师一栏署名，但其在蔡启瑞的科学研究工作中的指导和合作，令蔡启瑞思念至今。1979年，蔡启瑞深情邀请纽曼教授来访厦门大学；时隔20多年，两位70多岁的老朋友促膝长谈甚欢。回到美国后，纽曼教授特地将蔡启瑞和他当时合作完成、但因蔡启瑞返回中国而未能及时正式发表的研究成果撰写成论文，被美国《有机化学杂志》接受而正式发表（Tsai, K. R.; Newman, M. S., A Novel Synthesis of 1, 21-heneicosanedioic Acid. J. Org. Chem.,

---

[①] 纽曼博士1929年毕业于耶鲁大学（Yale University），获学士学位（B. S., Magna Cun Laude），并于1932年获得博士学位（Ph. D.），后在耶鲁大学、哥伦比亚大学（Columbia University）和哈佛大学（Harvard University）从事博士后研究，1936年成为俄亥俄州立大学化学系的一名教师（Instructor），于1944年成为教授。1965年，他成为俄亥俄首批三位州立大学终身教授（Regents Professor）中的一位，这一头衔称号一直保持到1978年他退休，后被授予名誉退休教授称号。纽曼教授是一位杰出的有机化学领域的老师和研究者，他善于在实验技巧和研究产出上启迪和激发学生与同事的灵感与创造性。在圆满完成他自己实验室计划的同时，纽曼教授还指导过118位博士后的研究、112位博士生和42位硕士生以及许多优秀的高中理科生。纽曼教授的许多学生后来都成为学术界或产业界杰出的科学家。他提出的分子结构端点（end-on）表示法对理解分子行为起了重要作用，并被世界范围的化学学生所熟悉，称之为纽曼投影图分子式（Newman Projection formulas）。1956年，当选为美国国家科学院院士（member of National Academy of Sciences），当时，俄亥俄州立大学包括他只有三位院士。1961年，被美国化学学会授予合成有机化学奖；1969年，获美国化学学会克利夫兰分会（Cleveland ACS Saction）的莫利奖（Morley Medal）；1970年，获耶鲁大学的克罗斯奖（Cross Medal）；1975年，获俄亥俄州立大学的沙利文特奖（Sullivant Medal）；1979年，被美国化学学会授予有机化学领域的罗杰·亚当斯奖（Roger Adams Award）。纽曼教授被新奥尔良大学（University of New Orleans，1975年）、俄亥俄州立大学和鲍林格林州立大学（Bowling Green State University）授予荣誉博士学位。他是《有机合成》（Organic Syntheses）、《有机化学杂志》（Journal of Organic Chemistry）、《美国化学会志》（Journal of the American Chemical Society）和《合成通讯》（Synthetic Communication）等刊物的编委。1979年，俄亥俄州立大学设立了纽曼教授荣誉职位（M. S. Newman Professorship）。他还是国际香料和香水公司（International Flavors and Fragrances）、杜邦公司（DuPont）、匹兹堡平板玻璃公司（Pittsburgh Plate Glass）、厄普约翰公司（UpJohn）等许多主要化学企业的顾问。他喜爱路易斯·阿姆斯特朗（Louis Armstrong）的音乐、全球高尔夫课程，而他最喜欢的还是他在俄亥俄州立大学的个人实验室，作为他的日常工作基地，直到他去世。纽曼教授娶妻比阿特丽斯·克里斯特尔（Beatrice Crystal），育有二子二女。（俄亥俄州立大学图书馆提供的资料，存于采集工程数据库。）

图 3-7　Edward Mack, Jr. 　　图 3-8　Preston M. Harris 　　图 3-9　Melvin S. Newman

1980，45，4785-4786. 1，21- 二十一烷二酸的新颖合成），这一研究成果完成后近 30 年仍被接受发表，足以体现其相当高的研究水平和时效价值。

　　蔡启瑞留美期间所师承的三位教授均是在化学的基础研究和应用研究领域作出卓越贡献的杰出专家，他们多学科的博学知识和研究经验、活跃的思维能力和严谨的研究态度，启迪激发学生创造力的指导教学方式，都对蔡启瑞今后的学术成长道路和指导学生的方式产生了深刻的影响。

博士后研究铯氧化物晶体结构

　　1950 年 3 月取得博士学位后，在哈里斯的挽留下，蔡启瑞在俄亥俄州立大学从事铯氧化物晶体结构测定这一极具挑战性的结构化学博士后研究，1952 年被聘为副研究员（Research Associate），在美国 *J. Phys. Chem.*（《物理化学杂志》）上发表了 Cs_2O 和 Cs_3O 晶体结构的两篇论文（Tsai, K. R.; Harris, P. M.; Lassettre, E. N., Crystal Structure of Cs_2O. *J. Phys. Chem.* 1956，60，338-344.；Tsai, K. R.; Harris, P. M.; Lassettre, E. N.,

Crystal Structure of Cs$_3$O. *J. Phys. Chem.* 1956, 60, 345-347.)。这一系列研究使蔡启瑞深感含有极化率很高的阳离子化合物结构化学的丰富多彩,尤其是曾用作夜明镜主要材料的夹心面包型的 Cs$_2$O(反 CdCl$_2$ 型晶体结构),表现出特殊的光学性能,但他更感兴趣的是该晶体有相当大的极化能。这些研究工作进一步提高了蔡启瑞在结构化学和物理有机化学等领域的精深素养,也为他后来从事分子水平上的催化科学研究奠定了扎实的理论基础。

蔡启瑞对祖国、对家乡、对厦门大学一直怀着深厚的感情;特别是中华人民共和国成立以后,更热切希望早日回国为新中国建设贡献力量。不料 1950 年 6 月 25 日,朝鲜爆发内战;三天后,美国武装介入朝鲜战争,我国做出抗美援朝的决策,中美两国处于对立状态,美国政府规定在美留学的理工科中国学生一律不准返回中华人民共和国。蔡启瑞不得不滞留在美国,担任无机化学和酶反应动力学方面的副研究员工作。1950 年 4 月,母校厦门大学 29 周年校庆之际,蔡启瑞从大洋彼岸发回了"祖国大地皆春,我怀念你啊,祖国!"的电报,充分表达了他对祖国、对母校的浓浓深情。他坚持年年递交离境申请,直到获准回国。

冲破阻力越洋回国

在获知蔡启瑞博士研究生毕业的消息时,厦门大学的师友们也盼望着他早日回国、回母校服务。1950 年 11 月 30 日,卢嘉锡就向学校提出拟聘蔡启瑞为专任化学教授兼任化学研究所指导教授。卢嘉锡评价他"研究成绩极优,教学富启发性"。

蔡启瑞盼望着早日回来,在思念祖国、母校的同时,也思念着母亲、妻子和儿女们。新中国成立前,蔡启瑞全家曾由学校安排,由马巷搬到厦门市同文路的厦大宿舍区居住。新中国成立初期,因为厦大同文路宿舍靠近我海军某部的司令部所在地(同文路的山顶上),因此成为国民党飞机空袭轰炸的重点。而蔡启瑞家的妇女、小孩多，于是，1950年春由蔡母陈软主持，带领全家大小回到马巷老家。蔡启瑞夫人陈金鸾原在厦门市群惠小学教书，后转到马巷幼儿园工作，并当了园长。

到马巷老家居住，也有很多困难。除了与蔡启瑞叔叔的后代共用一间厅堂外，就只有一间20多平方米的房间，挤下一家大小六七口人，日子实在不好过。于是，由蔡母陈软主持，在原有房屋和一小块空地上加盖了一层。当年蔡启瑞的叔叔蔡世邪交给蔡母的大洋，蔡母精打细算用于补贴家用及蔡启瑞的学习费用和治病费用外，还剩下一些，就拿出来全部用上了。这次扩建房屋，还得到一个人的大力帮助，就是陈金鸾的父亲——著名的学者、建筑专家，曾经担任厦门大学建筑部主任的陈延庭先生。从房屋的设计、备料到加工，都是陈延庭一手策划、指挥完成的。这一切让蔡家的日子过得比较舒坦些，也解除了蔡启瑞的后顾之忧，让他在美国专心钻研学术，攻克难关。

随着时间的推移，蔡启瑞的爱国思乡之情日益浓烈。他曾在一封给年青时代共同爱好象棋的挚友洪天定的信中，陈述由于美国政府的阻挠，欲归不能的无奈。但他也满怀信心地写道："谅此巨鲸，亦鼓不起洪浪！"[①]果然，在1954年关于解决朝鲜战争和恢复印度支那和平问题的日内瓦会议后，1955年，中美就朝鲜停战的协议在日内瓦签订。1956年3月中旬，我国政府与美国政府关于留学生回国问题的谈判也有了进展，美国政府允许中国留学生回到祖国大陆，蔡启瑞与一批我国留学生的回国申请终于获得了美国政府的批准。

蔡启瑞欣喜之至，为了赶在最近的一个船期回国，他抓紧时间，夜以继日地整理要带回国的各种学术资料。他将这几年的实验数据全部拍成照片以便携带。为了这批资料，他把许多东西都放弃了。如，有人劝他等下一班船就可以领到近期的工资，他放弃了；有人说再过一段时间，可以再拿到一笔奖金，他也不要了；按有关规定到保险公司办理退保手续，可以

---

① 陈企沙：平凡之中见高尚——记蔡启瑞教授的学习、工作、生活片段．《同安文史资料》（第六辑），中国人民政治协商会议福建省同安县委员会文史资料工作组编，1986年6月，第19—23页。

领回保险金，他也不去了；家里的许多东西，包括一辆平时使用的汽车，他都放弃了。更难得的是，有人告诉他，如果继续留在美国，他的研究成果可以申请到专利，有可能成为百万富翁，他也根本不加考虑了。这一切都是为了赶上最近的一个船期回国。

　　1956年4月，戈登将军号轮船上的蔡启瑞，遥望着茫然不见边际的太平洋，思绪万千、归心似箭。他回想起九年前与挚友顾瑞岩[①]相伴乘同一条船沿同一航线赴美的情景，而这次他是和归国留学生及其家属作伴一起返回祖国。他又想起，家里亲人生活条件很差，这九年是如何熬过来的？他恨不得早一点回到他们的身边！而平静的海洋航行令他思考最多的，还是"我现在已进入中年，今后如何报答祖国"，"我一定要根据国情和自己的能力，主动了解哪些急要任务是我最有可能效力承担的，以便事先做充分准备"。[②]

[①] 厦门大学内迁长汀时期，顾瑞岩时任生物系教授。参见：蔡启瑞、黄厚哲、陈碧玉、陈孔立，"萨本栋与厦门大学"，《文史资料》丛刊第八辑，文史资料出版社1984年第1版。

[②] 《20世纪中国知名科学家学术成就概览·化学卷·第一分册》，北京：科学出版社，2011年第1版，第113-126页。

第四章
回国初期

回 到 厦 大

戈登将军号轮船经太平洋驶向广州，到广州时，蔡启瑞身上已经没有钱了，找广州的朋友借了二百元钱，才到北京。蔡启瑞原计划绕道新加坡探望一位堂叔的想法也放弃了。蔡启瑞曾在一篇《祖国颂》的文章中写道："我们的祖国，好比我们的母亲，在她的怀抱里，我们永远感到温暖。而且无论我们走到哪里，走到天涯海角，我们也永远与她同命运、共荣辱。"[①]

想到祖国，他又联想到陈嘉庚先生："我受惠于陈嘉庚先生的捐资助学，才得以完成从小学到大学的学业。先生的爱国情操令人钦佩，当时看到祖国那么落后，在国际上没有尊严，心里很不是滋味，我觉得我有责任

---

① 吴亦纯：《赤子之心——记全国劳模、中科院院士、厦门大学教授蔡启瑞》。见：厦门市教育基金会编，《教泽流芳》。北京：国际文化出版公司，2001年，第一版，第27—52页。

为国家做点事情。"①

蔡启瑞急急地要赶着回来,他自己也真诚地说:"还有一个重要的原因,是为了我的母亲。我还在襁褓中,父亲就去世了,我的母亲非常坚强、勤劳,把我养大很不容易,对我可以说是恩深似海,我在国外,无时无刻不在挂念着国内的母亲……"②

为了祖国的召唤,为了母亲的期盼,蔡启瑞终于如愿以偿,回到祖国来了。

从广州到厦门,蔡启瑞受到厦门大学王亚南③校长、厦门市政府有关领导和许多师友的热烈欢迎。之后,他回到老家马巷,看望老母亲和家人、亲友,接着经福州、上海到北京的留学生招待所报到,聆候安排工作。为了进一步了解国情,了解国内科学进展情况,他又特地赶赴长春,向吉林大学唐敖庆先生请教,参观了吉林大学和中国科学院长春应用化学研究所,之后又回到北京。得悉中国科学院大连化学物理研究所、化工部的一个石油研究部和南京大学等科研单位和高校都希望他前去工作,但他都婉谢了。他热爱厦大,执着于对校主陈嘉庚的情缘,以萨本栋校长为自己的楷模,而要求回母校厦门大学工作。晚年的蔡启瑞曾深情回忆起校主陈嘉庚和校长萨本栋对其终生的影响:④

图4-1 王亚南(1901—1969)

---

① 汪瑞林:《一切为了祖国的催化科学——记厦门大学教授、著名化学家蔡启瑞院士》,中国教育报,2008年9月25日,第4版。

② 同①。

③ 王亚南(1901-1969),湖北省黄冈县(今团风县)人,现代中国著名的经济学家和教育家,曾任厦门大学校长,与郭大力合作翻译了《资本论》。

④ 蔡鹤影:《学如流水行云 德比松劲柏青——中科院院士蔡启瑞校友印象》,集美校友,2002年第2期,第16-18页。

我对集美有不解的情结。陈嘉庚先生在社会黯澹，长夜漫漫中，看到开发智力资源的重要性，倾资兴学，在政治、经济、人文、科技各领域培养出如此众多出类拔萃的人才，实在功不可没；他亲手制定的校训"诚毅"是我们立身之本，那自强不息的奋斗精神，激励着我们每一个校友。我回国不久，到祖国各地参观考察，领略多娇的河山。北京、上海等地的大学再好，我也不受聘，偏选在厦门大学从教，这是我对校主的情缘，因为厦门大学是校主创办的。当年新加坡的经济受到战事的冲击，生意萧条，政府接办厦门大学，拟改为福建大学。为了发扬光大陈校主的精神，萨本栋校长竭力主张不改校名……

　　萨本栋校长为弘扬嘉庚精神，鞠躬尽瘁，日夜操劳。他初来厦大，身体挺好的，常跟员工打网球。在八年的日日夜夜里，他除了肩负繁重的校务，还教了数门的学科，终于积劳成疾，离开厦大时是拄着拐杖走的。萨校长是我的楷模。我开了几次刀，还能工作，完全是陈校主自强不息的精神的激励，也是受萨本栋校长的感染啊！

自降职级第一人

　　蔡启瑞回到厦门大学，先担任结构化学的教学和科研工作一年。他见到王亚南校长，王亚南校长握住他的手，笑着说："好啊，学校又多了一位化学专家啦。"蔡启瑞连忙摇摇手，不安地说："王校长，快别这么说。我这人嘴笨拙舌的。往后教书恐怕你会失望的。"王亚南校长望着这位谦恭的留洋博士，打心眼里喜欢，笑呵呵地说："这样吧，蔡先生，你还搞你的物质结构研究，再为国家培养一批研究生，好吧？"蔡启瑞连连点头："好，好，国家需要的，我一定尽力而为。"[①] 接着，蔡启瑞又见到了既是

---

① 颜剑飞：《璀璨的历程》，厦门大学，第12期，第2-3版，1978年7月14日。

图 4-2 50 年代，蔡启瑞（右）指导黄开辉（左）进行催化实验

学长又是好友的卢嘉锡教授，相见时彼此都很激动。蔡启瑞被安排在化学系物理化学研究室，卢嘉锡特别高兴，对他说："我招了五个研究生，分给你两个，你带他们上专门的化学课吧。"于是，黄开辉和施彼得便成了蔡启瑞回国后指导的首批两位研究生。

蔡启瑞回国的这一年，党中央召开政治局扩大会议，提出"百花齐放，百家争鸣"的方针。在这之前，还召开关于知识分子问题的会议，肯定知识分子绝大部分已经是工人阶级的一部分。而且，强调社会主义时代，更加需要充分提高技术，发展科学和利用科学知识，并提出"向现代科学进军"的口号。国务院成立了科学规划委员会，制定了《一九五六——一九六七年科学技术发展远景规划纲要》，全国上下对知识分子的作用引起了重视。面对这种形势，蔡启瑞由衷地感到高兴。

蔡启瑞了解到，他在长汀时期的老师、1955年已是中国科学院学部委员的傅鹰教授和卢嘉锡教授都参加了"十二年科学规划纲要"的制定，蔡启瑞从他们那里了解到纲要制定的一些情况，领会到纲要的主旨是以国家急需的科研任务带动学科的建设和发展。

蔡启瑞一回国就大展身手，在短短的几个月里做出了不少成绩。因此，1956年，厦门大学根据蔡启瑞的资历和学术水平，将蔡启瑞的职称定为二级教授。蔡启瑞知道后，立即找到化学系领导，要求降级。他说一些老师资历比我高，有的还是我的老师，他们才三级，我怎么能评二级呢？系领导告诉他，这是经过一定的手续，集体决定的，系里不能随便改变。向系里请求未果，他就找到王亚南校长。王亚南校长见到他一脸真诚、执着的表情，笑着说："这是集体评议的，定你二级教授完全应该。"他却固执地坚持:"不行,我有的老师资历比我高,贡献比我大,他[①]才三级,我怎么能评二级?最高,我也只能定三级。"几天后,在校长办公室的布告栏上,一份蔡启瑞自己要求降低职称级别的申请报告在全校引起轰动。大家都从内心油然而生对他的敬佩之情。蔡启瑞是厦门大学有史以来自降职称级别的第一人。

深入钛酸钡晶体极化现象研究

蔡启瑞回国后的最初几年中,在离子晶体极化现象等系统理论研究方面取得相当成就。蔡启瑞指导学生估算了钛酸钡晶体的天然极化、极化能和晶格能,以及 α-TiCl₃ 晶体的极化能、晶格能和晶体场分裂等。那时(1962年)还是厦门大学本科四年级学生的周泰锦回忆起蔡启瑞指导他做"有关 α-TiCl₃ 晶体的晶格能、极化能与晶体场分裂的理论计算"的毕业论文时说:"在做毕业论文的那段日子里,我根据蔡先生的思想,查阅了大量文献,在不断参考、甄别国内外有关专著与论文的基础上,在原始的手摇计算机上开始进行冗长的计算工作,经过艰辛的努力,终于取得成功。采用点电荷加点偶极模型,对

图4-3 蔡启瑞(左)与学生周泰锦(右)

---

① 编者注:"他"指蔡启瑞的老师方锡畴教授。

α-TiCl₃片状型晶体和β-TiCl₃晶体的极化电场强度、极化能和晶格能进行了计算。计算出的U值与由Born循环估计的实验值相当接近。由此证实了蔡先生关于丙烯在α-TiCl₃催化剂上定向聚合与α-TiCl₃的空间结构及在氯离子点格上沿三次轴方方向上强极化作用的关联。这些成果后来整理成两篇论文在厦大学报上发表。""这些成果也证实了蔡先生的一个重要的学术思想,通过计算与计算机模拟,可以推断与预测反应机理。""我强烈地感受到蔡先生不但有丰富的化学知识,而且有很强的空间想象能力。善于把实验结果与计算结果有机地联系在一起,去推测和提出化学反应机理。"[1]

在后来的催化研究中,蔡启瑞又将这一结构化学的知识,推广应用到对极化情况较显著的反应中间体与离子型助催化剂的偶极－离子电荷作用本质的阐释中,合理解答了百年来争论不休的工业氨合成催化机理,其中包括用点阵和的计算法解释了活化能可降低约50kJ/mol的理由,也为CO加氢寻找离子型助催化剂的方向提供了新思路。

当时国内的学术期刊非常少,60年代的研究成果主要在《厦门大学学报》和《中国科学》英文版上发表。蔡启瑞在"离子晶体晶格能的计算——Ⅱ.排斥指数的估计"[2]一文中指出:"离子晶体晶格能的计算,理论上虽可纯粹采用量子力学的计算法,但是这种多电子多中心问题计算非常繁复,而且目前这种计算方法还只是处于近似的发展阶段,因此在实际应用上仍须依靠半经典式的、经典式的、或经验式的计算法。""现在应用最广的是Born-Mayer的半经典式计算法。根据这计算法,离子晶体的晶格能可视为晶体中所有离子对的库仑能、范德华能、及排斥能的总和,加上晶体的零点能量。""其中排斥能一项的计算式系根据量子力学精神表为指数式,这项含有两个经验常数,即系数b和排斥指数ρ,可由已知的离子间平衡距离和晶体的压缩系数定出。这种计算法所根据的模型看来虽不够细致,但是对于许多典型的离子晶体计算结果与实验值比较,偏差一般

---

[1] 周泰锦书面回忆材料,2013年3月4日,厦门。资料存于采集工程数据库。
[2] 蔡启瑞:《离子晶体晶格能的计算——Ⅱ.排斥指数的估计》,厦门大学学报(自然科学版),1962年第9卷第1期,第1-12页。

在实验误差之内,因此近年来又引起许多方面的注意。""但是大多数晶体缺乏准确可靠的压缩系数数据,因此排斥指数 ρ 的估计往往发生困难。"蔡启瑞通过分析,指出假设其他离子晶体的排斥指数可采用碱金属卤化物晶体排斥指数平均值的不足之处,认为"这种反映离子间或原子间短程作用力的排斥指数应该与离子或原子的其他参数有关。"而"找出 ρ 值与其他离子参数或原子参数的关系"就可以"不必依靠晶体数据,直接从离子或原子参数估计 ρ 值,这样便可提高这种晶格能计算结果的可靠性,并推广这种计算法的应用范围。"为此,蔡启瑞对碱金属氟化物、氯化物、溴化物、碘化物等四组离子晶体的 Born-Mayer 排斥指数 ρ 进行了再计算,结果表明,"排斥指数 ρ 相应地与 Ne、Ar、Kr、Xe 等四种氦族气体或范德华晶体的排斥指数存在着简单的关系,即 ρz* 值基本上相等(z* 为阴离子或氦族原子对最外壳层电子的有效核电荷)",蔡启瑞"利用这同电子壳层结构 ρz* 值相等的规律,由氟化物、氯化物离子晶体和氦气的已知 ρ 值,估计出氧化物、硫化物、和氢化物离子晶体的 ρ 值。根据离子晶体模型,计算了碱金属和碱土金属卤化物、氧化物、硫化物、和碱金属氢化物的晶格能,和卤离子、氧离子、硫离子的生成热,每一组数值皆相当一致,在有实验值作比较时,符合度都相当好。"因这一研究成果的重要性,后来撰写成英文稿,发表在《中国科学》英文版上[1]。

蔡启瑞具有精深的结构化学知识和对结构模型的空间想象力,他常从"估算"入手,来思考解决问题的思路。当时,关于钛酸钡(BaTiO$_3$)晶体的铁电性,存在着基于共价键模型和纯离子晶体模型等几种理论观点。持离子晶体模型观点的学者认为,钛酸钡晶体的介电性质和天然极化现象是由于钛离子和氧离子的相对位移,并对离子位移极化和电子极化的协同效应作了估计。而持共价键模型观点的学者则认为,钛氧键基本上是共价键,钛酸钡晶体极化状态的转变是由于 TiO$_3$ 基团中原子间距离和键角的改变引起了价键电子云密度的转移或化学键性质的改变。蔡启瑞认为,"两种模型各有一些弱点。共价键模型的主要弱点是:目前尚不能根据这

---

[1] Tsai, K. R., Estimation of Repulsive Exponents in the Calculation of Lattice Energies of Ionic Crystals. *Scientia Sinica*(English Edition),1964,13(1),47–60.

种模型对晶体的某些特征物理量作出定量的或半定量的计算，以与实验值作比较。而纯离子晶体模型的弱点是：这种模型和 BaTiO$_3$ 晶体的 X 光吸收及发射光谱的最新实验结果不相符合。而且对于某些和钛酸钡同晶型的，或结构相近的铁电性晶体，如 KNbO$_3$、WO$_3$、和 Cd$_2$Nb$_2$O$_7$ 等，纯离子晶体模型就显得更不合理。但是近代晶体场理论和配位场理论讨论多种金属氧化物和复氧化物的结构问题时，基本上还是根据着离子晶体模型，却能取得一定程度的成功；可见这些类型的氧化物和复氧化物晶体具有一定程度的离子性。事实上，根据离子晶体模型，如果再考虑到某些阴离子的高度极化和阳离子有效正电荷的减小，这观点就和部分共价键的观点没有多大差别。因此可以看出，关于钛酸钡晶体的铁电性的一些理论，如果再进一步发展，观点就会趋于一致。""目前一个主要的问题仍然是：钛酸钡铁电性晶体中的 Ti-O 键究竟有多少程度的共价键性质？""这类问题往往可通过晶格能的理论计算值与实验值的比较来作出定性的判断。如所熟知，晶格能计算的主要困难在于排斥能项往往难以作出可靠的估计。"蔡启瑞在他前面解决排斥指数估计的基础上，指导他的学生林建新根据离子晶体模型，计算了钛酸钡铁电性晶体的天然极化、极化能和晶格能，并与实验值作比较，讨论了 Ti-O 化学键的性质。"考虑到离子有效正负电荷减少时，不但库仑电场降低，而且氧离子的电子极化率诱导偶极矩也必然大大降低，可以看出，这天然极化的实验值仍然显示 Ti-O 键具有相当大的离子性程度。"[1]

蔡启瑞指导他的学生周泰锦根据离子晶体模型，对 α-TiCl$_3$ 晶体的极化电场、极化能和晶格能等进行了计算，并应用到对 α- 烯烃在 Ziegler-Natta 催化剂上定向聚合机理的阐释中。"α-TiCl$_3$ 和 AlR$_3$ 混合物是典型的 Ziegler-Natta 型定向聚合催化剂。""关于 α-TiCl$_3$-AlR$_3$ 或其他 Ziegler-Natta 催化剂对 α- 烯烃定向聚合的催化作用机理，近年来国际上进行了大量的研究工作，提出了许多理论。""Cossee 认为催化剂的活性中心是 α-TiCl$_3$ 晶体表面某些带有烷基并且与氯离子缺位相邻接的钛离子；丙烯

---

[1] 林建新，蔡启瑞：《钛酸钡晶体的天然极化、极化能和晶格能》，厦门大学学报（自然科学版），1962 年第 9 卷第 2 期，第 79–86 页。

分子（或其他 α-烯类）吸附在这种空位上，与钛离子构成 π-络合物，并且由于几何因素 CH_3 基团必然向外，而烯烃的另一端（>CH_2 基团）则指向邻近的、不为钛离子所占据的八面体中心；这就形成了空间定向的吸附，为定向地接上邻位的 R 基提供条件。""Cossee 的理论虽能说明许多实验事实，但还有一些不足之处，例如，这理论没有说明烯键的活化机理；也未能说明为什么夹层状结构的 α-、γ- 和 δ- 型三氯化钛晶体的催化定向性都很高，而线状结构的 β-$TiCl_3$ 的定向性却很差；更不能说明为什么不具有八面体中心空位的 $TiCl_3$ 夹层状晶体也有一定的催化定向性。"蔡启瑞指出，这是因为 "Cossee 只考虑空间位阻因素，而未考虑这种夹层型晶体氯离子格点上极化电场对吸附在活性点上的 α- 烯烃的定向作用。"蔡启瑞及其学生的计算结果表明，"显然应该考虑晶体场对 α- 烯烃吸附分子的定向作用。"并提出了极化因素与空间位阻因素同时考虑的能量关系较合理的机理[①]。

随后，蔡启瑞又指导他的学生周泰锦和万惠霖，对 α-$TiCl_3$ 电子能级的晶体场分裂进行了理论计算研究。"用晶体场理论的方法计算过渡金属络合物的 d 电子能级时，一般采用点电荷或点偶极模型；但是这样计算出来的结果数据一般较实验值为低。为了提高静电模型与客观实际的符合度，还必须考虑在中心离子及其他离子或偶极作用下配位体的诱导极化。但是要估计这种诱导极化一般是有困难的，只有当晶体或络合物中有关的化学键基本上是离子性的，并当配位体的诱导高次极项中有一项（例如偶极项）比较突出时，才有可能作出比较可靠的估计。"蔡启瑞及其学生 "采用点电荷加点偶极模型，对 α-$TiCl_3$ 片状晶体和 β-$TiCl_3$ 纤维状晶体的晶体场分裂参数分别进行了计算和粗估，并用所得的结果解释了文献上所报道的一些漫反射光谱数据；同时也估计了熔盐中 $TiCl_6^{3-}$ 络离子和溶液中 $Ti(H_2O)_6^{3+}$ 络离子的八面体场分裂参数，所得结果与实验值靠近。""计算说明了配位体诱导偶极对晶体场分裂的重要性。"并 "对晶体场方法的

[①] 蔡启瑞：《α-$TiCl_3$ 晶体的极化电场与 α- 烯烃在 Ziegler–Natta 催化剂上定向聚合的机理》，厦门大学学报（自然科学版），1963 年第 10 卷第 1 期，第 85–86 页。周泰锦，蔡启瑞：《α-$TiCl_3$ 晶体的极化能和晶格能》，厦门大学学报（自然科学版），1964 年第 11 卷第 1 期，第 1–10 页。

实用意义和局限性进行了讨论。"[1]

在60年代，蔡启瑞还指导同事和学生进行了催化领域的其他研究。"重有机合成中从原料到产品往往要经过一系列的元反应步骤。如能找到具有多种催化能力的多重性催化剂，在同一反应器中一次完成几个元反应步骤，就可大大提高生产效率。由酒精制丁二烯、乙醇制丙酮、乙炔制丙酮、烷烃脱氢芳构化、丙烯氨氧化制丙烯腈等过程就是使用多重性催化剂，但这种例子尚不多。为了发展多重性催化剂，必须进行这方面的系统研究工作。"蔡启瑞指导黄聪堂、傅文通等"应用动力学和气相色谱分析方法研究了 MgO、MgO-ZnO、Al_2O_3、SiO_2、ZrO_2、SiO_2-ZrO_2（5%—72% ZrO_2）等氧化物催化剂对异丙醇与丁酮的醛（酮）醇氢转移的催化活性，并用吡啶选择中毒方法探讨了醛（酮）醇氢转移活性中心和醇脱水活性中心的本质。实验结果表明 MgO、Al_2O_3、SiO_2-ZrO_2（5%—50% ZrO_2）等催化剂皆具有很强的氢转移催化活性，少量吡啶对 SiO_2-ZrO_2 的氢转移催化活性无明显影响。这种活性中心作用力可能和镁、铝、锆化合物对醛酮类的特殊络合能力有关。根据仲丁醇脱水成三种异构烯的产物分量分布，以及吡啶选择中毒实验结果看来，具有脱氢作用力的 MgO、MgO-ZnO 和 ZrO_2 催化剂的脱水活性中心与具有强的脱水性能的 Al_2O_3、SiO_2-ZrO_2、SiO_2 等催化剂的脱水活性中心性质显然不同。"[2]

创建中国高校第一个催化教研室

1956年6月26日，《人民日报》刊登了关于松辽平原发现丰富的石油储藏的报道。蔡启瑞想到，对于炼油和石油化工，催化是一门核心技

---

[1] 周泰锦，万惠霖，蔡启瑞：《α-$TiCl_3$ 电子能级的晶体场分裂》，厦门大学学报（自然科学版），1964年第11卷第2期，第1-8页。

[2] 黄聪堂，傅文通，蔡启瑞：《多重性催化剂的研究（Ⅰ）——氧化物催化剂的醛（酮）醇氢转移活性中心和脱水活性中心的本质》，厦门大学学报（自然科学版），1962年第9卷第4期，第291-301页。

术，石化产业的生产，百分之八十以上要靠催化过程。而当时，我国的化学工业和炼油技术还十分落后，急需开展催化化学的研究。同时，他也想到自己的研究基础适合转行搞催化化学。蔡启瑞从中学起就对化学特别感兴趣，在长汀教书时就教过化学各分支领域的基础课程，赴美留学近十年，在物理有机化学和结构化学等方面又有相当的研究成果，因此，就考虑把自己的研究重点转移到催化方面来。他的想法得到王亚南校长和卢嘉锡教授的支持。1957年，蔡启瑞就在《厦门大学科学进展》上发表了"近代接触催化理论的介绍"一文，并在这一年的夏天首次招收一名催化研究方向的研究生陈德安，主要从事"醇醛缩合催化研究——负载型氧化物催化剂"的课题研究。同时，开始筹建催化实验室。这个实验室是蔡启瑞带领刚组成的催化小组成员白手起家建立起来的，实验室没有什么进口的仪器设备，主要是蔡启瑞带着大家硬是用嘴吹制出来的玻璃仪器。

1958年3月至4月，毛泽东主席访问苏联，带了一个规模较大的顾问团同行。蔡启瑞作为中国科学代表团团长，和中国科学院大连化学物理

图4-4　1969年12月，催化教研室全体成员合影

第四章　回国初期

研究所、长春应用化学研究所、化工部化工局各一位同仁赴莫斯科进行催化方面的参观访问，看到苏联各催化学派学术争鸣非常活跃，受到很多启发，回到北京后，又参加了催化工作协调会议。

1958年7月，厦门大学创建了以蔡启瑞为领军者的中国高校第一个催化教研室，并迅速发展成为中国催化科学的教学、研究和骨干人才培养的最重要基地，为我国催化学科的发展作出了突出贡献，在全国化学界，特别是在高校化学科系中造成很大影响。陈懿回忆说："蔡（启瑞）先生是带头人，年纪最大的是他，而且国内最先搞催化的也是他。"①

申请加入中国共产党

五六十年代，我国的政治运动较多，蔡启瑞对新生的共和国、对共产党的领导充满着深厚的感情。他在繁忙的教学和科研工作中，仍然关注着国家的建设和党的方针政策，而且对党组织充满信任，有什么想法经常找党组织汇报，交换看法，诚恳地听取意见。1957年4月以后，党开展整风运动，发动党外群众向党提意见，大鸣大放，蔡启瑞很高兴，对党组织的领导说："这下好了，大家能把想说的话说出来，可以帮助党整风。""反右"开始以后，他的思想不通，也找党组织，找当时的化学系党总支书记刘正坤说："'反右'把人家敢说话的变成右派，那以后人家怎么敢说话呢？"② 不久，有一些教师被打成右派，其中有物理系的一位教授。一天，他在路上遇到这位教授读小学的儿子，只见这个平时与他很亲热的小朋友低着头从他身边急匆匆走过去，不跟他打招呼。他心里很不好受，找系总支书记刘正坤说，反右派怎么也连累了小朋友呢？总之，他有什么想法都找组织真情实感地说，背后绝不多发议论，而且他找过组织领导谈话后，

---

① 陈懿访谈，2013年12月2日，厦门。资料存于采集工程数据库。陈懿，中国科学院院士，曾任南京大学校长。

② 刘正坤访谈，2012年11月13日和27日，厦门。资料存于采集工程数据库。

便全身心地投入教学、科研和实验室的建设中。

在"反右"后的一段时间里,学校的业务活动相对较少,蔡启瑞非常想对国家经济建设有所贡献,便在催化教研室成立之前,在学校的一个实验室办了一个化学纤维的培训班,把杏林化纤厂的科技人员请来培训,对化纤厂的成长起了促进作用。

蔡启瑞的学术成绩和思想品格逐步得到校内外各界的肯定。1958年7月,他赴福州出席福建省民主青年联合会代表大会,被选为福建省民主青年联合会的副主席。

1958年10月至11月,蔡启瑞奉派参加福建省参观团赴北京参观全国科技、工交、教育跃进展览会,看到新中国成立以后,特别是近几年来各方面取得的成就,深受鼓舞。蔡启瑞在美国留学时就对共产党领导新中国所取得的成就感到欣喜,回国后几年来的亲身感受更强化了他内心对党的敬仰之情,于是他向党组织提出了入党申请。蔡启瑞在1958年写给党组织的《自传》中回顾了自己的经历和对党组织的认识过程。其中写道:"在大学阶段开始对共产党产生一些好印象。二万五千里长征和调停西安事变使我认识到这一政党真是一个英雄的爱国的政党。"[1] 1959年厦门大学受到强台风袭击,原来旧化学馆的屋顶全部被吹塌,压垮了许多化学仪器设备。学校基建办立即组织修理房屋,玻璃室工人加班加点,吹制仪器,实验室很快恢复使用,他很感动,说只有党的领导才能这样快把实验室重建起来。蔡启瑞在1960年写的《自传》中写道:"自1958年以来,我就有比较迫切的愿望,要靠拢党组织,争取入党。……把争取作为光荣的共产党员作为我余生的奋斗目标。这一个时代是一个伟大的时代,而我们的党是这个时代的伟大先锋。……只有团结在党的旗帜下,我们才能完成这个时代交给我们的光荣使命。因此,如果我能争取成为一个光荣的共产主义战士,对这个伟大事业贡献出虽则微小的全部余力,那才算得上是不负此生。"[2] 此后,他经常给党组织写思想汇报,无论是对工作有什么建议,还是自己思想上存在什么问题,他都会把自己的真实想法、看

---

[1] 蔡启瑞:《自传》,1958年。存于厦门大学人事处档案室。
[2] 蔡启瑞:《自传》,1960年。存于厦门大学人事处档案室。

法写出来，交给党组织。他的每一次思想汇报，就是他的阶段性思想小结。学校历任的党领导，与他接触，与他交谈，蔡启瑞都向他们表达了入党的愿望，各位领导也都表示了对他入党愿望的肯定和支持。当年的化学系党总支书记刘正坤回忆时说："蔡先生虽然当时暂时没有入党，但他的组织性、纪律性非常强。而且，他不贪名、不贪利，容得下人，希望大家都能发挥各自的作用，齐心协力，只希望化学学科，催化学科能为国家建设发挥作用。"①

图4-5 刘正坤

蔡启瑞刚回国不久时的那份要求降低职称级别的申请报告，人们还记忆犹新，而1960年省教育厅批准定他为二级教授时，蔡启瑞还是一再推让，不肯领取给他增加的工资。在1959年到1962年我们国家遇到暂时经济困难时期，学校对教授有些特殊照顾，发给一些粮票、糖票、饼票，蔡启瑞却一张也不肯要。单位领导只好用票买来实物送给他，他还是不肯要，而是把这些东西分别送给学生，送给年轻教师，说他们年轻，肚子容易饿，应该多吃。还说："我虽然不是共产党员，但应该像共产党员那样严格要求自己。"

提出络合活化催化作用理论概念

1958年，国家开始重视催化科学与技术在经济建设方面的重要作用。第一届全国催化会议1959年11月在天津举行，蔡启瑞带着年轻教师陈祖

---

① 刘正坤访谈，2012年11月27日，厦门。资料存于采集工程数据库。

炳参加。1960 年，全国催化会议在大连举行，蔡启瑞也带着几位青年教师参加。也是在 1960 年，厦门大学与中国科学院福建分院合办厦门大学化学研究所，蔡启瑞担任所长。1961 年下半年机构发生变革，研究所另行分出，厦门大学只保留催化电化研究室，仍暂由蔡启瑞负责。1962 年 12 月，该研究室划归中国科学院华东物质结构研究所，蔡启瑞正式兼任中国科学院华东物质结构研究所催化电化研究室主任。

1959 年年底至 1962 年年底，我国由于"大跃进"造成的失误，导致国家经济发生严重困难。蔡启瑞在这样的困难面前，没有任何的犹豫，更没有任何的退缩，而是继续在科学的道路上奋勇前行。除了不断参加各种科研会议、科研活动外，还不断提笔撰写科学论文。仅 1962 年，蔡启瑞个人撰写和与人合作撰写发表的论文就有六篇。其中以第一作者发表的论文一篇，个人独立署名发表论文两篇。

由于蔡启瑞取得的突出成绩，1959 年 12 月，被厦门大学评为"大跃进中先进人物"。1960 年，经福建省教育厅批准，被评为二级教授。1962 年，他还作为第三届全国政协特邀代表，赴北京出席全国政协会议，受到周恩来总理的接见。1964 年，蔡启瑞担任第三届全国人民代表大会代表，赴京开会，受到毛泽东主席的接见。作为国家科委化学组成员，蔡启瑞参加制订国家基础学科发展规划和国家重点科研项目研究规划，并承担国家重点科学研究项目第 29 项（简称国重 29）——催化和化学动力学研究。

特别是在学术方面，蔡启瑞在他回国的次年就撰文向国内同行介绍了国际上多相催化（当时称为接触催化）理论的最新进展[1]。同时，60 年代，蔡启瑞就在国内首先对络合活化催化作用及催化理论的发展动向进行了归纳介绍，在国际上较早提出络合活化催化作用这一理论概念。他指出，"在不饱和有机物所参与的许多类型的催化反应中，过渡金属化合物催化剂的作用可认为是通过反应分子中不饱和反应基团构成 $\sigma\pi$- 配键，从而使其活化的。"蔡启瑞"根据这概念讨论了烯烃化学中某些重要的催

---

[1] 蔡启瑞：《近代接触催化理论的介绍》，厦门大学科学进展，1957 年。

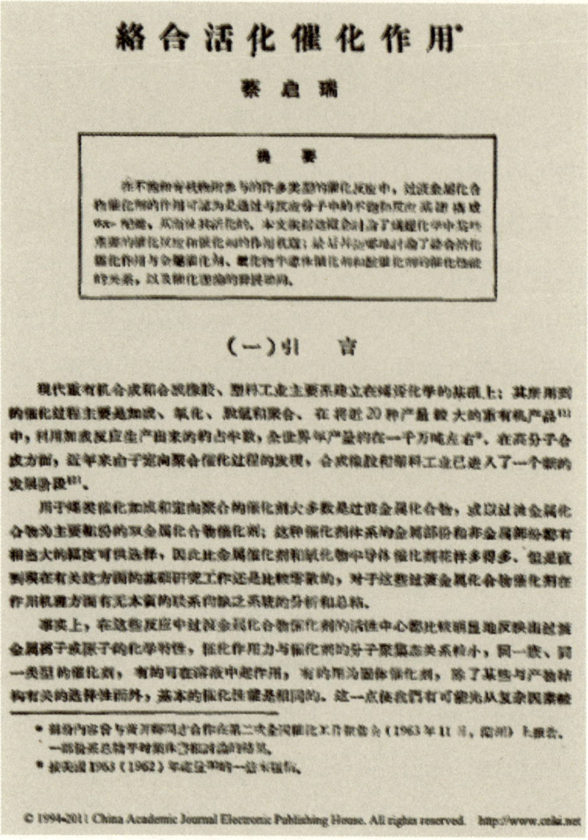

图4-6 1964年，蔡启瑞发表论文《络合活化催化作用》

化反应和催化作用机理，""并扼要地讨论了络合活化催化作用与金属催化剂、氧化物半导体催化剂和酸催化剂的催化性能的关系，以及催化理论的发展动向。"[①]

回国后这一阶段在结构化学与催化科学等领域的研究工作及所取得的重要成果，为蔡启瑞以后执催化科学之牛耳、成为我国催化科学学术领域的最重量级领军人物，奠定了极其重要的基础。

---

① 蔡启瑞：《络合活化催化作用》，厦门大学学报（自然科学版），1964年第11卷第2期，第23-40页。全国高等学校学报化学化工版（试刊），1965年，第486页。

第五章 应用催化十年

研发负载型氧化锌和氧化铌两种新催化剂

蔡启瑞应用催化工作的最初十年，是"任务带学科"的阶段，即以国家任务带动学科建设，成功研制出负载型氧化锌和负载型氧化铌两种新催化剂，为乙炔路线制合成橡胶单体解决了关键技术问题，并发表了两篇重要文章，可以说是全面完成了"任务带学科"的任务。

20 世纪 60 年代，由于缺乏石油资源，中国制定了以乙炔为基础的基本有机合成和"三大合成材料"发展策略，即从电石制乙炔，后经催化反应制取乙醛、巴豆醛、巴豆醇、丁二烯和苯、苯乙烯等化工原料以及顺丁橡胶和丁苯橡胶等国民经济发展急需的材料。蔡启瑞注意到，绝大部分炼油和化工过程都需要应用到多种催化剂和催化过程，新中国军需民用不能缺少橡胶，但海运受阻；虽已探明大庆油田，但成功开发尚有待时日，目前最现实的应急措施是仿效第二次世界大战期间德国发展的通用型丁苯橡胶和耐磨顺丁橡胶，这就需要解决苯乙烯和丁二烯两种单体的合成问题。

图5-1　1959年，蔡启瑞在厦门橡胶厂做技术指导

1960年左右，化工部上海化工研究院发明了乙炔三聚成苯的负载型氧化铬催化剂，活性和选择性都很高；他们认为，在乙炔气氛中，6价的铬可能先被还原为5价，可惜该催化剂寿命太短，难以实现工业化，急需革新。丁二烯单体和醋酸乙烯单体的生产关键是乙炔水合制乙醛，原拟沿用德国的硫酸汞—酸液相催化剂，但生产乙醛和醋酸的吴淞化工厂技术科长反映，汞盐催化剂有剧毒，危害工人健康，希望能革新；衢州化工厂技术科长后也反映，苏联在试验用磷酸镉钙、磷酸锌钙固体催化剂替代汞盐液相催化剂，但这两种固体催化剂机械强度都太低。前者虽毒性较小，但活性也较低；后者虽基本无毒，但活性更低。

此时，刚建立四五年的厦大催化教研室在国家科委九局和教育部的大力支持下，正在主办以教育部系统为主的全国催化学术讨论班；化工部也通过教育部给厦大下达了"建设以乙炔为基础的基本有机合成，解决合成橡胶单体生产的关键技术问题"的任务。蔡启瑞深感国家需求的迫切，他白天给讨论班讲述配位活化催化作用原理，晚上则带领厦大催化团队和讨论班学员，基于化学元素周期律和配位活化催化作用原理，进行乙炔合成苯及乙炔水合制乙醛新催化剂的探索实验。

蔡启瑞认为5价铬的氧化物氧化能力可能还是太强，可按元素周期律试用周期表上与铬邻近的铌氧化物（Nb_2O_5）作催化剂。测试结果表明，氧化铌催化剂活性非常平稳，选择性很高，产品纯度高。当天晚上，围观试验的蔡启瑞和催化组及催化讨论班的成员们都欢呼起来。1966年，蔡启瑞和团队部分成员又到厦门第三化工厂，成功进行了年产超纯苯100吨的小型生产试验。至此，上海化工研究院发明乙炔三聚成超纯苯的催化剂，厦门大学加以革新，使其很可能实现工业化，而成为世界第一号的乙炔三聚成超纯苯的自主创新催化剂。这是多么令人扬眉吐气的事啊！有了超纯苯，生产乙苯和苯乙烯就比较容易，苯也可以用于生产尼龙–6。[①]

由厦门第三化工厂和厦门大学化学系共同署名的"乙炔合成苯百吨级车间试验小结"（1971年3月）资料表明，"基建完成后，工人同志和下厂师生以百折不挠的顽强战斗精神，日夜奋战，连续进行了429次小试验和近十次大试验，终于战胜了重重困难，于1970国庆节试产获得成功，日产量达200公斤，生产出我省第一批合成苯"。"目前，在正常情况下，日产量平均可以达到300公斤以上，超过了原设计水平。"根据"乙炔合成苯是一个强放热反应"和"高活性催化剂的载体是不良热导体"的情况，他们"在工业生产上采用沸腾床反应器的设计"，"为提高再生效率，再生器也采用沸腾床设计"，同时，在工艺流程和设备上做了许多改进工作。

1967年，蔡启瑞赴衢州化工厂参加磷酸镉钙和磷酸锌钙催化剂的试验后认为，这两种催化剂只能用作固定床催化剂。他考虑到，汞、镉、锌盐催化剂的毒性和催化活性高低顺序符合元素周期表规律，这些催化剂的催化作用显然主要是过渡金属阳离子对炔键的配位络合活化作用，因而可以试用氧化锌代替锌盐；要提高固体催化剂的活性和机械强度，可试用高强度和适当大比表面的硅胶小球；氧化锌略带碱性可较好地负载在硅胶小球上；乙炔水合制乙醛的催化剂也就这样革新解决了。后来，蔡启瑞及其同事利用下厂学工之便到厦门杏林的冰醋酸厂顺利进行了年产乙醛四百吨级的流化床小型生产试验[②]。厦门市原来的工业不够发达，工厂不多，其中有不少是1958年后才建起来的。蔡启瑞的团队深入工厂做研究工作，对推动这些工厂的发展起了很好的促进作用。

负载型氧化锌催化剂后由厦门大学化工厂生产。这种催化剂活性稳

[①] 《20世纪中国知名科学家学术成就概览·化学卷·第一分册》，北京：科学出版社，2011年第1版，第113-126页。

[②] 同①。

定、制作简单、售价便宜。化工部第八设计院进行了扩大生产试验，根据试验结果，该院郑国汉撰写了"乙炔水合制乙醛工业化前景的技术经济评价"一文，发表在《石油化工》（1980年第9卷第10期，594—598页）上，对厦门大学研发的该催化剂的技术经济评价相当高，从下面摘录的该文部分内容（双引号内为原文）可见一斑：

"乙醛是重要的基本有机化工原料。目前工业生产乙醛的方法有四种：（1）乙醇脱氢或氧化法；（2）轻油氧化法；（3）乙烯直接氧化法；（4）乙炔水合法。""乙炔水合法生产乙醛是一种古老的方法，我国目前仍用此法生产乙醛。该法又分为汞法和非汞法两种，由于汞法生产一吨乙醛要消耗约0.8公斤金属汞，且汞蒸气逸出会严重危害健康。污染环境。因此，国内外都曾致力于非汞乙炔水合制乙醛的研究。""Ю·А·Горин曾提出以磷酸镉钙为催化剂，并以天然气乙炔为原料，采用多层塔式固定床反应器，在卡拉干达建立了万吨级的工业生产装置。""我国也曾做过磷酸镉钙催化剂的研究工作，并陆续建设了一些生产装置。实践证明，该催化剂中的镉剧毒，且强度差，消耗高，催化剂表面生成大量的高聚物，使生产不正常，产品成本很高。""在国外至今未见氧化锌催化剂乙炔水合制乙醛工业化的报道"；"从1972年开始，厦门大学和厦门冰醋酸厂合作，进行了氧化锌催化剂的研究，并于1973年在厦门冰醋酸厂投入中间试验。""经过几年的试验运转，不断改进完善，已基本上具备工业化的条件，应该引起有关部门的重视。"

该文分析指出氧化锌催化剂乙炔水合制乙醛工艺路线具有"催化剂无毒"、"成本低"、"活性稳定"、"机械强度高"、"生产能力大、水气比低"、"工艺流程简单"、"三废量少"以及采用流化床水合反应器等特点。为了便于比较分析，该文还列出了"400吨/年醋酸中试装置的实际车间成本及即将建设的2000吨/年醋酸的设计成本与利用天然气为原料的1万吨/年工业装置的概算成本"比较表、"氧化锌催化剂乙炔水合法与乙烯直接氧化法制乙醛工业装置的技术经济指标"比较表、"国外汞催化剂乙炔水合法和乙烯直接氧化法制乙醛的生产成本"表等，从技术经济角度，分析了氧化锌催化剂乙炔水合制乙醛工艺路线的可行性，并特别指出，"氧化锌催化剂乙炔水合制乙醛在天然气资源比较丰富的四川建厂就更合适"，"利用该技术生产省内急需的醋酸和丁辛醇以节约粮食，支援农业是很有必要的"，"对降低维尼纶产品的成本当会有显著的经济效果"等。

当年作为主要成员参与蔡启瑞指导下的氧化锌催化剂乙炔水合制乙醛催化剂和生产工艺研发的林国栋回忆说[①]，其实，1956年蔡启瑞回国后就非常关注与国民经济密切相关的化工和石油化工产业技术发展，那时的书报讨论会上，蔡启瑞常跟大家谈络合催化的作用及其应用，60年代起就安排学生进行液相汞催化剂（黄开辉为主，主要从理论上研究阴离子的影响）、乙烯氧化制醋酸（陈德安为主）、烯烃聚合（1963年）等研究。而关于乙炔水合制乙醛催化剂的研究，在1960—1962年，分两批人马，都在蔡启瑞的指导下进行磷酸镉钙催化剂的研发，一批是华东催化电化研究室约10人，三班倒；另一批是化学系的（陈祖炳为组长，翁玉攀、林国栋等参与）。那时的实验条件非常艰苦，连变压器也买不起或买不到，就自己动手，用四

图5-2 70年代初，蔡启瑞在厦大科学楼实验室指导学生[林国栋（左）和黄菊君（右）]科研工作

[①] 林国栋访谈，2012年12月3日，厦门。资料存于采集工程数据库。

根石墨棒插到盐水中自制变压器。60年代中期,"文化大革命"开始,大家"下农场",研究就停顿了。1970年,从农场回来后,又在蔡启瑞的指导下继续进行乙炔水合制乙醛催化剂的研发工作。蔡启瑞起初的想法是要解决合成橡胶的问题。所以,林国栋被派到合成橡胶组(陈祖炳为组长),在蔡启瑞的指导下进行顺丁烯橡胶的研发。蔡启瑞领导的催化团队用在实验室研究做出来的顺丁橡胶,请厦门橡胶厂做出两条自行车车胎,由助手陈祖炳送到福建省革命委员会生产指挥部,获得赞赏,并获20万元的赞助款,用于建设一个300吨/年的示范工厂。

化学系由陈祖炳、王仲权、傅金印、翁玉攀等组成下厂小分队,到厦门橡胶厂开展乙炔水合制乙醛非汞催化剂的研发工作。在先前的工作中已认识到磷酸镉钙催化剂不适用。虽然,实验表明按元素周期表的顺序催化活性(乙炔转化率)是:锌基催化剂<镉基催化剂<汞基催化剂,但蔡启瑞对大家说,有的时候"选择性比转化率更重要"。后来,再由傅金印、王仲权、林国栋、曾金龙等组成下厂小分队,到厦门橡胶厂,开展乙炔水合制乙醛非汞催化剂(公斤级)的研发工作。当时,也已试制成自行车轮胎。后因合成橡胶路线改为石油路线,以及当时国内急需解决醋酸紧缺问题,所以就转移到厦门冰醋酸厂,由林国栋、傅金印等(后期,周明玉参与)组成下厂小分队,在蔡启瑞的络合活化作用思想指导下,与厦门冰醋酸厂合作,继续进行乙炔气相水合制乙醛负载型氧化锌催化剂的研发,直到1978年撤回。这一成果后推广应用到沈阳有机化工厂、延吉电石分厂和新乡、新疆等地企业。1973年燃料化学工业部在新乡召开了石油化工科学报告会,会议规模500人;蔡启瑞派林国栋代表厦门大学与会,厦门大学的乙炔气相水合制乙醛负载型氧化锌催化剂受到极大关注,通讯组来采访,并请厦门大学代表在闭幕式上致辞。会后,燃料化学工业部有机组请厦门大学和厦门冰醋酸厂到北京汇报氧化锌催化剂的情况,要求扩大生产,建立2000吨乙醛/年的流化床系统,以解决当时急需醋酸的问题。后在厦大化工厂批量生产氧化锌催化剂(林松柏、林建毅等参与),并出售给所需的企业。1978年,厦门大学主办了第一届高等学校催化会议。一直跟随蔡启瑞的林国栋深有体会地说:"蔡启瑞善于从基础到应用,常教导

我们'要有想法','要根据实验事实,不断修正和丰富自己的想法'。"

当时尚无申请催化剂专利的概念。1974年9月"厦门大学革命委员会教育革命处"印制了一份内部资料,由厦门冰醋酸厂和厦门大学化学系共同署名撰写"络合催化作用(Ⅱ)——乙炔气相水合制乙醛附载型氧化锌催化剂的研究"一文,摘要如下:"找出了用于乙炔气相水合制乙醛流化床工艺的附载型氧化锌催化剂的制备方法,考察了乙炔—水蒸气比例、反应温度、原料气空速对于乙炔单程转化率和产率的影响。在常压下,于乙炔—水蒸气比例为1:4,反应温度390—400℃,乙炔空速300小时$^{-1}$的条件下,乙炔单程转化率在36%—40%达200小时,乙醛的产率80%—83%,巴豆醛的产率10%—14%,催化剂失活后可在450—500℃通空气再生。每立升催化剂的生产能力为每小时190克乙醛和22克巴豆醛。400吨乙醛生产装置初步试验结果与小实验结果基本一致。讨论了催化反应机理和催化剂的活性中心性质。"后来,蔡启瑞亲自撰写的氧化铌催化剂和氧化锌催化剂的研究论文,以有关工厂和厦大化学系具名分别发表在《中国科学》[①]和《化学学报》[②]上,首次引用Diels-Alder反应,合理说明了乙炔三聚芳构化成纯苯的机理、丙炔三聚成1,3,5-三甲苯与1,2,4-三甲苯实验结果的产率比例与空间位阻的关系,而30年后的2010年才有人称这种反应属于"click chemistry"(点击化学)。值得欣慰的是,这些论文信息传布得相当快,来索要资料的不少,产生了一定影响力。虽然后来因大庆油田开发成功,中国贫油面貌有所改变,合成橡胶单体的生产也由乙炔路线改为石油路线,这两种新催化剂没有能得到更大规模的应用;但天然气副产乙炔,乙炔水合所制的乙醛可用于生产醋酸、醋酸乙烯单体和维尼纶合成纤维等,廉价稳定的氧化锌催化剂在今天仍有用武之地[③]。

---

① 厦门大学化学系催化教研室:《过渡金属化合物催化剂络合活化催化作用(Ⅰ)——附载型氧化铬和氧化铌催化剂的研究与炔类环聚芳构化催化反应机理》,中国科学,1973年第16卷第4期,第373-388页。

② 厦门冰醋酸厂,厦门橡胶厂,厦门大学化学系:《络合活化催化作用——Ⅱ.乙炔气相水合制乙醛锌系催化剂的研究》,化学学报,1975年第33卷第2期,第113-124页。

③ 《20世纪中国知名科学家学术成就概览·化学卷·第一分册》,北京:科学出版社,2011年第1版,第113-126页。

"文化大革命"期间下厂坚持科研

正当蔡启瑞领导的团队在教育部的支持下将催化事业不断向前推进的时候,开始了"文化大革命",各方面建设遭受极大的破坏,催化事业也不例外。本来,按照教育部科技局的计划,厦门大学要在几年内搞一个催化研究所,按100人的编制,三年内每年给100万元经费;要建立光谱实验室,购买两台光谱仪;要搞磁化学实验室、色谱实验室、空分车间……这许多计划都没有能实现。教育部计划办的全国性催化学术讨论班,第一年以教学为主;第二年以研究为主;但此时讨论班不得不中途停办,计划也不能实现了。总之,许多事业都因国家的大氛围而暂时无法向前推进。

"文化大革命"期间,厦门大学和全国一样,各级领导和知名学者、教授大部分受到不同程度的冲击,遭遇不同形式的批斗。但是,蔡启瑞除了参加各种学习、自我检查、斗私批修、"触及灵魂"、被要求去看各种大字报、写思想检查、参加批斗会外,本人并未受到直接的冲击,没有受到任何皮肉的伤害。这在当时的氛围下,可以说令人意外。为什么呢?究其原因,大致有以下几个方面:一是蔡启瑞的科研成果重大,有的在工农业生产中直接发挥了作用,受到各界人们的普遍尊重;二是蔡启瑞对新中国、对党的感情真挚深厚,忠诚老实,在厦门大学是出了名的,众所周知;三是蔡启瑞为人温恭敦厚,和蔼可亲,对前辈、对同事、对学生,都与人为善,热心助人,从来未与人发生过矛盾冲突;四是当时驻厦门大学的军工宣队负责人中,有的有相对较好的政策水平,懂得掌握政策,保护重点对象、重要科技人物。

因此,蔡启瑞在1966年到1970年这几年内,除了在"造反派"武斗最激烈的时间里,曾回到老家马巷住一段时间,之后也曾到厦门大学办的一个农场参加一段时间劳动外,大部分时间或在学校或外出参加一些活动,包括到厦门市的一些工厂,如化工厂、电化厂、合成氨厂,还曾到三明的一些工厂去,一边参加劳动,一边继续与工厂配合进行科研活动,帮助工厂解决一些技术问题，给工人技术指导。他整天穿一套中山装，骑一辆自行车在各工厂跑来跑去，给工厂工人留下很好的印象。其间，蔡启瑞自费于1967年冬天赴衢州化工厂考察他们的催化剂试验一事特别为人们所称道。这一年冬天，蔡启瑞觉得这时"天天读"、看大字报、不干实事，有点不好受，就自己与衢州化工厂联系后，穿上一件市上买来的蓝色大棉袄，搭上车赶到工厂，参观、考察他们的磷酸镉钙、磷酸锌钙催化剂试验。回校后，经过多次试验，研发出负载型氧化锌催化剂，解决了乙炔水合制乙醛的催化剂革新问题。后来，他又和同事一起到吉林醋酸厂进行年产乙醛百吨级的流化床生产试验。从1968年开始，他指导厦门大学化工厂生产负载型氧化锌催化剂，供应国内十多家小型醋酸厂，持续五六年之久。1971年年初，在蔡启瑞指导下，由厦门第三化工厂和厦门大学化学系合作生产出浙江省第一批超纯合成苯。

这几年，蔡启瑞还担任厦门大学革命委员会的副主任。他虽然不善于做领导工作，但他想只要自己力所能及的，特别是与他的学术研究、业务工作有关的，他就努力去做，充分发挥作用。如他被任命为革委会副主任后不久，跟当时的军宣队一位领导一起带几个助手，按照燃化部的要求，外出参观调查。第一站到大庆油田，参观大庆化工厂。他想到，原来他们的研究成果以本省为服务对象，现在应更多地考虑如何以全国作为服务对象，研究方向应该如何处理煤化工和石油化工的关系，服务对象如何更全面。

1975年，蔡启瑞担任第四届全国人民代表大会代表，赴北京出席四届人大第一次会议，聆听周恩来总理的工作报告，对总理提出的实现"四个现代化"的目标，倍感兴奋，倍受鼓舞，更加倍努力工作。

"文化大革命"过后，蔡启瑞曾撰文书写自己在那特殊年代里的思想情况和工作情况。他写道："十年浩劫并没有使我丧失信心，我相信困难是暂时的，大好时光会再到来。""'文化大革命'下工厂也有收获，而且也为推广科研成果打下了一定的基础。那时期我们既是工程师，又当油漆工，和工人同志共同拼搏，完成了乙炔合成苯和乙炔水合制乙醛的放大生产试验。"[①]

---

① 曾晶：老骥伏枥　志在千里——蔡启瑞口述。厦门电视台《沟通》栏目，2007年10月10日。

引进研发三十烷醇生产技术

党和人民对蔡启瑞的成绩给予了充分的肯定。1977 年 5 月，蔡启瑞赴北京参加全国工业学大庆会议，接受大会给予的积极分子光荣册；同年，获"全国劳动模范"称号。厦门大学根据蔡启瑞的教学、科研水平，评定他为一级教授，他坚辞不肯接受，并坚决拒收补发给他的工资。

1977 年 10 月，蔡启瑞到密执安大学访问，得悉三十烷醇对提高农作物产量的促进作用，回国后即将这一信息告诉有机化学教研室主任郭奇珍，嘱他和同事开展三十烷醇的研发工作。

蔡启瑞指出，植物生长调节剂三十烷醇在农业上的应用前景十分广阔，应当加紧生产和田间试验、示范、推广[1]。在蔡启瑞的关注下，1978 年年初，厦门大学植物激素研究组成功地从蜂蜡中分离出有生理活性的三十烷醇样品，经鉴定认为纯度和质量符合要求，工艺路线合理可行，原材料立足国内，价廉物美。1980 年，厦门大学化工厂接受了福建省科委下达的三十烷醇中间实验任务，进行了多次反复实验，革除了制作过程中的有毒溶剂，使工艺流程简短，产品的三十烷醇含量保持在百分之八十五以上；且质量很稳定，操作条件转好，劳动强度减轻，开始投入成批生产。年产三十烷醇晶体原粉可达 500 公斤以上，质量符合标准要求，在福建省各地大面积推广使用，并供应全国各地，受到各地用户的欢迎，为加快发展农业生产作出了贡献。经过四年的生理活性研究和生产性实验，已取得较好的效果，荣获福建省科技成果三等奖。各地的实际使用效果表明，使用三十烷醇，水稻、小麦、番薯、花生、茶叶、紫云英、黄麻、大豆、甘蔗、番茄、黄瓜、四季豆、蘑菇、油菜、柑橘等农作物都有显著或一定的增产增质效果，当时各地报刊多有报道。

三十烷醇成为厦门大学化工厂的主营产品之一，创造了可观的效益，

---

[1] 刘志成：《三十烷醇在农业上应用前景广阔——著名化学家蔡启瑞教授对本报记者发表谈话》，厦门日报。

解决了厦门大学化工厂几十位员工的生计问题；并推广应用到全国各地，对厦门大学化工厂的发展起了很大作用。

唐-卢-蔡联袂领导化学模拟生物固氮研究

"文化大革命"后期，现实情况发生变化。在工农业方面，中央提出"抓革命，促生产"的口号。在教育方面，"文化大革命"开始时，学校"停课闹革命"；1972年，中央决定开始试点恢复招生，厦门大学各系都招来了一些工农兵学员，厦门大学化学系还到厦门市化工厂等单位举办教育革命实践试点班。蔡启瑞也积极参加教学工作，和几位助手一起为学员们上课。

科研方面，情况也有些变化。1971年，北京大学校长周培源上书国务院总理周恩来，正直地详陈不能忽视基础研究的原因，周恩来总理阅后批示，大意为：不能忽视基础研究，要求理论联系实际。周总理的批示引起全国科学界的极大重视。蔡启瑞认为，中国是发展中国家，生产技术等方面还很落后，基础研究不能忽视，可是中国还很贫穷落后，没有本钱搞"象牙之塔"的基础研究。国家需要的基础研究必须、而且也能够作为生产技术等方面自主创新思路的指路明灯，否则永远跟不上发达国家。这是中国科技工作政策的一个新的重要转折和发展[①]。

化学模拟生物固氮，就是用化学方法，模仿大豆根瘤菌在常温常压下直接从空气中合成氨制取氮肥的过程。这就要先弄清自然界的固氮微生物是如何在常温常压下直接利用空气中的氮来转化成氨的，以便进一步根据其中的原理，改进氨合成催化剂，提高氮肥的生产效率。化学模拟生物固氮对农业生产的发展十分重要，是一项关系农业发展的重要基础研究；过兴先、唐敖庆、卢嘉锡和蔡启瑞等科学家都认识到这一点，于是，决定同心协力来做好这项理论联系实际的基础研究工作。

---

① 《20世纪中国知名科学家学术成就概览·化学卷·第一分册》，北京：科学出版社，2011年第1版，第113-126页。

1972年冬，蔡启瑞与带过他做物理化学实验的挚友卢嘉锡一起，赴长春参与中国科学院生物学部过兴先[①]与吉林大学唐敖庆[②]发起的组织化学模拟生物固氮全国跨学科大协作研究项目的规划工作，这个项目后来得到国家和联合国教科文组织的资助。固氮酶的研究将丰富络合催化体系，也将带动有关原子簇的合成和结构化学的发展。可是，此时含辛茹苦抚育蔡启瑞成人的陈软老人家正卧病在床。原来，蔡母陈软有一次不慎摔倒，卧床几个月后想要试试自己的腿是否好了，不料老式的床比较高，蔡母从床上下来没有站稳，又摔了一跤磕到头部，只好继续卧床。蔡启瑞赶回家里请医生治疗、安排家人好好照顾老人后，动身赶赴长春。那时，正是冬天最冷的时候，蔡启瑞穿上一身部队的棉衣棉裤赶往车站，不愿多等一天可以买到卧铺再走，硬是坐了五天的硬座车厢，以花甲之年长途颠簸，赶到长春。

蔡启瑞参加固氮项目的研究后，身上的担子越来越重。因为在这之前的1971年12月28日，当时的福建省革命委员会宣布组成厦门大学革命委员会，任命蔡启瑞和另一位原来的党委副书记为副主任。从此，一些原来蔡启瑞并不熟悉的行政事务工作也增加了他的不少负担。他只能勉为其难地接受，挤时间做科研工作。人们注意到，为了赶写一篇生物固氮的论文，整整一个多月，周围的人们休息了，蔡启瑞家的灯光亮着；清晨人们刚起床，看到他家的灯光还是亮着。

为了搞好化学模拟生物固氮的研究工作，蔡启瑞在考虑人员组织方面，除了考虑催化团队的人员参加外，还邀请了物理专业、生物专业的一些研究人员参加。他自己也认真地重新学习了生物学科、物理学科的有关内容。蔡启瑞查阅了大量的国内外文献资料，掌握了许多重要数据，凭借自己在络合催化作用、结构化学、物理化学、有机化学等多方面的深厚功

[①] 过兴先，江苏无锡人，农学家，1938年毕业于浙江大学农艺系，1945-1946年先后入美国农业部棉花生理研究室和康奈尔大学进修，曾任浙江大学教授、浙江农业科学研究所所长、中国科学院生物学部副主任等。

[②] 唐敖庆（1915-2008），江苏宜兴人，理论化学家，1955年当选为中国科学院学部委员（现改称院士），1940年毕业于西南联合大学化学系，1949年获美国哥伦比亚大学博士学位，曾任国家自然科学基金委员会首届主任、吉林大学校长等，在配位场理论、分子轨道图形理论、高分子反应统计理论等领域取得了一系列杰出的研究成果，对中国理论化学学科的奠基和发展做出了重要贡献。

底，从中归纳、比较、总结，从固氮酶已知的一些化学行为模式，探索出固氮酶活性中心的化学结构。

他的努力终于有了初步成果。1973年2月，由厦门大学负责在鼓浪屿承办了一次全国固氮会议。会后不久，蔡启瑞在国际上提出了一个具有微观结构参数的、多核原子簇结构、在钼上具有活动配位的固氮酶活性中心模型，以及已知的固氮酶底物的多核配位活化模式。稍后，他又根据国际上有关固氮酶的科学实验进展，将这一模型作进一步演进，圆满地阐明了所有已知的关于固氮酶的实验结果，并为设计合成模型化合物和开展化学模拟指出方向。1974—1976年，蔡启瑞为首的厦门大学固氮研究组先后在《厦门大学学报》（自然科学版）、《中国科学》（中英文版）和科学出版社出版的《化学模拟生物固氮进展》（第2集）上发表了多篇论文，从催化化学角度提出固氮酶活性中心模型和电子传递机理的设想，同时还附上详细的图形。论文发表后，在国际上引起轰动，被国内外科学家认为是对活性中心结构及其参数描述最透彻、最合理的模型。

图 5-3　1973 年，唐敖庆（二排右二）、卢嘉锡（二排右三）、蔡启瑞（二排右一）齐聚厦门讨论化学模拟生物固氮

痛 失 慈 母

四届人大一次会议闭幕式不久，1976年1月8日，周恩来总理不幸

逝世。蔡启瑞一直对周总理十分崇敬，惊闻噩耗，他即写诗表示深切悼念①：

　　　　松柏后人何处栽？骨灰飞撒化红埃。
　　　　崇高品德千秋仰，彪炳功勋万代怀。
　　　　反帝反修称胆略，建军建国见雄才。
　　　　三瞻丰范成陈迹，热泪盈眶洒像台。

这一年，朱德委员长、毛泽东主席先后于7月、9月逝世。蔡启瑞在一篇回忆文章中写道："20世纪60年代我在参加全国政协和全国人大时多次见到毛主席和周总理，当时我们都很激动……我崇拜毛主席作为开国领袖的豪迈气魄和英明决策，这在艰苦的解放斗争中胜过千军万马，但历史上所有伟人都是人而不是神……我十分敬佩周总理卓越的治国和外交才能，以及他推心置腹地团结教育无数知识分子的热情。敬爱的周总理的人格魅力对从旧社会过来的知识分子靠拢党组织起了很大作用。"②

1975年夏天，一辈子勤劳朴素、精明能干，含辛茹苦培养蔡启瑞成人、精心照料他的起居饮食、保证他身体健康的蔡母陈软，在与前来探望她的亲友微笑交谈中安详辞世，享年87岁。对于慈母的逝世，蔡启瑞悲痛不已，母子情深、孝子情切，他沉浸于无言的回忆之中。

值得安慰的是，蔡启瑞夫人陈金鸾是位温婉贤淑的贤内助。师范毕业的她，长期在厦门群惠小学、渔民小学、马巷中心幼儿园、演武小学担任教职，工作

图5-4　蔡启瑞的母亲陈软（老年照）

---

① 蔡启瑞：《热泪盈眶洒像台》，厦门大学学报（哲学社会科学版），1977年第1期，第28页。
② 曾晶：老骥伏枥　志在千里——蔡启瑞口述。厦门电视台《沟通》栏目，2007年10月10日。

之余协助蔡母料理家务，照顾蔡启瑞的身体，抚育子女。特别是蔡母摔倒卧床以后，家庭重担更多地落在她的肩上。1974年她退休后，更是相夫教子，尽责尽力。这时，除了1958年出生的小女儿蔡小平刚上大学之外，长子蔡俊修、长女蔡维真、次子蔡维理都已学有所成，成家立业。长媳陈笃慧是蔡启瑞好友陈泗传的女儿，她和蔡俊修先后于1972年和1975年回到厦门大学化学系工作，家庭和谐美满，让蔡启瑞得到一些慰藉。

图 5-5　1973 年春，蔡启瑞伉俪携孙子、孙女于厦大校园漫步

　　1976 年 10 月，粉碎"四人帮"，"文化大革命"结束了。客观形势的变化给蔡启瑞以巨大的鼓舞，让他在痛失慈母后很快振作起来，继续积极地投入到各种学术研究和各种社会工作中去。

第六章
病魔难阻科学攀登路

六十五岁续扬帆科学征途

1978年，邓小平同志复出工作，党的十一次全国代表大会召开，中国迎来了改革开放的新时期。1978年是科学的春天降临的一年，也是65岁的蔡启瑞受到鼓舞更加奋发工作的一年，同时，也是他担任各种学术职务、获得各种荣誉最多的一年。

1978年2月，蔡启瑞任第五届全国人民代表大会代表。

3月18日至31日，蔡启瑞出席在北京召开的全国科学大会，被评为"先进工作者"。《络合催化理论与化学模拟生物固氮》《石油化学中新型催化剂的研究》《乙炔催化加合聚合新型催化剂的研究》《高密度聚乙烯》等蔡启瑞领导下的集体研究成果分别获全国科学大会奖。

4月，学校恢复实行校长制，蔡启瑞担任厦门大学副校长。

5月22日，蔡启瑞光荣加入中国共产党（预备党员）。他从1958年提出入党申请至1978年才获得通过，其中主要原因是"左"的思潮作梗，困难时期各种工作暂时停顿，特别是十年动乱期间党组织受到严重破坏。但时隔二十年获得通过，成为一名共产党员，还是让蔡启瑞十分高兴。

5月，厦门大学举行"文化大革命"后首届（即第七次）科学讨论会，同时成立哲学社会科学和自然科学学术委员会。蔡启瑞担任自然科学学术委员会主任。同时，恢复自然辩证法研究会，蔡启瑞兼任理事长。

6月，蔡启瑞到美国威斯康星大学参加第三届国际固氮会议，提交论文《固氮酶活化中心模型的演进和催化机理》，受到与会学者的重视和好评，一些国际著名的原子簇络合催化学者认为他的论文"有很大的价值"。

1978年，蔡启瑞再获全国劳动模范称号，同时获评福建教育战线先进工作者，并被推荐为国家科学技术委员会化学组成员。

1978年，蔡启瑞开始招收因"文化大革命"期间中断、粉碎"四人帮"后恢复招生的首届硕士研究生。当年，厦门大学物理化学专业催化方向只有蔡启瑞一人可以招收研究生。这一届物理化学专业多相和络合催化理论方向招收了林建毅、廖代伟、陆维敏、陈慧贞、陈鸿博、曾晓鸣六位研究生，导师都是蔡启瑞。

这一年，蔡启瑞在繁忙的工作和积极参加社会活动、担任副校长后处理繁杂事务性工作的同时，又在《化学通报》上发表《生物固氮与络合催化》一文。

1978年年底，党的十一届三中全会以后，蔡启瑞在《青年思想漫谈：科学家谈攻关》一书中，写了《攻书莫畏难》一文。文中写道："我们党的第十一次全国代表大会和五届人大向全党全军和全国人民发出了向四个现代化进军的伟大号令，全国科学大会的召开……科学的春天到来了，我感到欢欣鼓舞、浑身是劲。"[1]

正当蔡启瑞满怀激情、全身心投入科学攻关之时，长期夜以继日的工作劳累已严重损害了蔡启瑞的身体健康。1979年夏天，蔡启瑞胃部剧烈疼

---

[1] 蔡启瑞：攻书莫畏难.《青年思想漫谈：科学家谈攻关》，福州：福建人民出版社，1979年，第28-30页。

第六章　病魔难阻科学攀登路

痛，经厦门市有关医院诊断，疑为胃癌，立即被送往福州市的福建省立医院，初步诊断认为必须立即动手术。手术前，蔡启瑞要求领导让催化团队的几个主要助手到医院来，蔡启瑞忍着疼痛，认真地对在场的几位助手作周密细致、语重情长的工作交代。大家含着泪认真地听他说完，劝他养好身体要紧，他却说："工作要紧，不要为我担忧。"

之后，几位医生认真负责地对蔡启瑞实施手术，术后发现胃里的肿块是良性的，大家都感到安慰。这次手术，蔡启瑞的胃被切除了四分之三。手术后，蔡启瑞出现低血糖，经常头晕目眩，但仍坚持在病榻上给党组织领导写信，对下一步工作安排提出一些合理的建议。

推动物理化学研究所的设立

1978年，厦门大学党委的一位领导作为政治代表，蔡启瑞作为学术代表，还有赖伍江等几位老师作为列席代表，一起赴北京参加由中国科学院主办、教育部承办的科技大会。会议主要进行科学规划，落实科研项目，讨论十分热烈。"文化大革命"期间被忽略的项目成为会议的热点。大会要求各高校要落实项目、落实组织机构和落实拨款。关于组织机构，蔡启瑞等认真考虑后，决定由厦门大学写报告，申报建立物理化学研究所。计划组建的物理化学研究所将增加90人的科研编制，其中催化编制60人，电化20人，结构化学7人，无机化学3人。按照这一计划，物理化学研究所建成后，厦门大学化学系的编制将大大增加。同时，立项提出建一座化学楼。

当时，蔡启瑞的想法是将厦门大学物理化学专业的三个方向和人员联合起来，促进厦门大学物理化学学科和整个化学学科的发展。该所1983年5月经国家教育部正式批准、授牌"物理化学研究所"，蔡启瑞为首任所长，从而成为首批隶属国家教育部的中国高等院校重要研究与开发机构之一，起初编制90人，后发展为108人，分属催化研究室、电化学研究室和结构与量子化学研究室。主要在原子与分子水平上，进行物理化学领域的基础研究；并面向国民经济发展和社会的需要，积极开展科技创新的应用研究。物理化学研究所的获批建立，为厦门大学化学系解决了科研编制的困难，化学系的所有科研人员几乎都属于物理化学研究所的这一额定编制。有编制，才能进人，才能由国家财政拨给人员工资和经费等，因此可以说，蔡启瑞推动的物理化学研究所的成立，为厦门大学化学学科科研的发展奠定了最重要的基础。

按照这一计划，新建一座19000平方米的化学楼，1980年动工兴建，1984年完工，1985年1月举行落成典礼。卢嘉锡、蔡启瑞和已就任厦门大学校长的田昭武为化学楼剪彩。

当选中国科学院化学部学部委员

1980年，联合国教科文组织开发署，按计划专门给各大学一个项目提供经费支持。厦门大学党委决定用蔡启瑞的催化项目去争取。校有关领导和化学系副主任赖伍江一起向有关组织部门汇报了化学模拟生物固氮和催化团队的整体工作成绩，得到确认参评后，蔡启瑞亲自制定了计划。计划分两部分，一部分是购买仪器设备，把当时由于经费限制没办法购买的进口设备如顺磁、核磁、激光拉曼、红外光谱、原子吸收光谱、电脑等列入计划；一部分是培养人才计划，提出再选10人出国深造，另10人分两批出国考察，要求提供经费总额40万美元。一个月后，联合国教科文组织开发署批准了"催化和固氮"研究计划，下拨购买设备经费22万美元，人才培养经费10万美元，外出考察经费5万美元，共37万美元。这对厦门大学催化团队来说无疑是如虎添翼。蔡启瑞对外出考察人员等安排考虑得十分周到，除化学系老师外，也安排给物理系、数学系、生物系各一个名额。

在固氮研究不断深入的同时，开始了酶催化和非酶催化固氮成氨的关联研究。1980 年 7 月，蔡启瑞赴日本参加第七届国际催化会议，在固氮专题讨论会上作特邀报告；紧接着又于同月受教育部委派，按计划带团赴美国、加拿大、日本、英国、联邦西德、荷兰等国参加催化科学和化学模拟生物固氮的考察。这一次出国考察，蔡启瑞对各方面安排都很周到仔细，每一站到哪里、访问什么问题都讲得十分清楚，强调这次出访绝对不是旅游。一直到美国的最后一站纽约，他才带大家看一看林肯纪念碑。开发署按计划拨给的考察经费，他一再要求大家尽量节约，一个人一天只能花一美元，10 个人每人只花 30 美元，他自己只买了一把牙刷，剩下的钱统统用来购买电脑、复印机、照相机等设备。甚至他在美国留学的女儿自己掏钱让他买一台彩电带回家用，他也把钱用在购买设备上面了。这一次出国访问，一路上他和年轻人一样，提着大行李箱。上车下车、有的地方有台阶，年轻人要帮他提行李，他都坚决不肯。

这一次出国访问前后达 40 天，回来后考察团写了一份报告，蔡启瑞认真审阅修改，他强调：一要注意理论联系实际，以理论为指导，瞄准实际。二要注意近期、中期、远期结合。三要战术上要集中精力打歼灭战，如，开始时集中全力搞合成苯，搞乙炔水合，以后搞乙烯聚合、搞乙苯脱氢，最后集中力量搞化学模拟生物固氮。

20 世纪 70 年代末和 80 年代初，蔡启瑞的社会活动繁忙，出国访问也多。但无论工作如何繁忙，蔡启瑞的科研工作毫不停歇，论文写作也绝不停笔，在国内外学术刊物上发表了多篇论文。

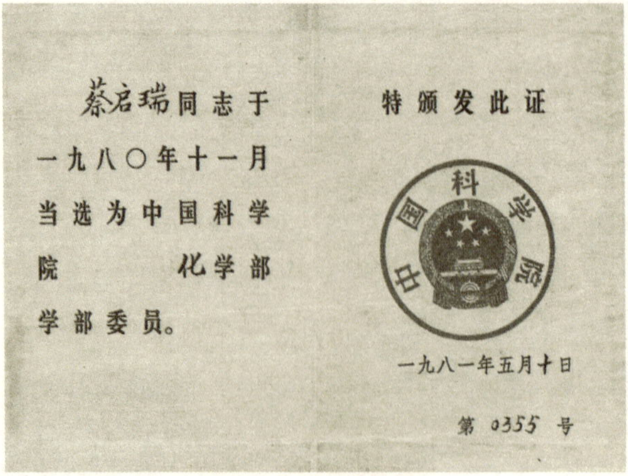
蔡启瑞同志于
一九八〇年十一月
当选为中国科学
院　　化学部
学部委员。

特颁发此证

中国科学院

一九八一年五月十日

第 0355 号

图 6–1　蔡启瑞的中国科学院化学部学部委员证书（院士证书）

蔡启瑞的学术水平和科研成就得到国家和同行的认可，1980 年，他当选为中国科学院化学部学部委员（1994 年改称院士）。当选学部委员后，要到北京开会，蔡启瑞与化学系的同事、同时当选学部委员的田昭武同行并住同一房间。田昭武半夜醒来，看到蔡启瑞的床空着，而洗手间的门虚掩着却透出些许亮光，原来蔡启瑞深夜看书怕影响别人，而躲在洗手间里看书。这事让田昭武感动不已，因为蔡启瑞比田昭武年长14岁，而且曾是田昭武的老师啊！

1980年10月5日，蔡启瑞当选"集美学校校友会第一届理事会"名誉理事长。此后连续担任八届名誉理事长。蔡启瑞成为他中学时代的母校——集美中学激励学生努力奋进的榜样。

这一年，蔡启瑞获评为一级教授，但他又推辞不肯接受补发的工资，最后把钱上交给系里作为公益金。这几年时间，我国知识分子的待遇尚未有明显改善，蔡启瑞一家三代六口人还挤在学校安排的仅30多平方米的房子里，经济情况也不宽裕。但蔡启瑞回国时自己主动申请降低职级到三级教授，后获评二级和一级教授时又坚辞补发的工资，他对自己的要求就是如此之严格！

成为首批物理化学学科博士生指导教师

1981年3月，蔡启瑞率厦门大学催化与固氮科学考察团访问日本、美国。他在这两个领域的研究成果影响越来越大。厦门大学请国内同行专家评议，一致认为蔡启瑞的络合催化理论和固氮两项研究都达到国际先进水平。1981年，经国务院学位委员会审批，蔡启瑞成为首批物理化学学科博士生指导教师。此前的1980年，国务院颁布《中华人民共和国学位条例规定》，建立了学士、硕士、博士三级学位。蔡启瑞1978年9月开始指导的硕士研究生完成三年学业后，1981年10月已经通过硕士学位论文答辩按时毕业了，因此在取得博士生导师资格后，1981年年底就开始面向全国招收首批博士生。廖代伟、陈鸿博两位新生于1982年4月正式入学。这是新中国成立后自己培养博士研究生的开始，厦门大学是国务院批准的首批

图 6-2　蔡启瑞指导博士生科研工作

博士授予单位，这与蔡启瑞的成就密切相关，之后的实践过程，也说明了他对博士生的培养是竭尽心力的。

1981年，蔡启瑞参加第五届全国人民代表大会第四次会议，向大会提出三个提案：①关于利用外资和进口原油在厦门郊区或泉州建一个250万吨的炼油厂，将来可将尾气用于生产某些塑料产品案；②关于统一规划发展可燃性矿物资源的综合利用案；③建议在永安或漳平建万吨电石厂，利用安沙水电站和华安水电站洪峰期多发的电力生产电台，将来进一步发展电石乙炔化工案。

1981年，蔡启瑞获厦门市人民政府授予特等劳动模范称号。这一年，在繁忙的工作和参加各种社会活动的同时，他发表有关催化和化学模拟生物固氮的三篇论文。

1978年，蔡启瑞从厦大革委会副主任改任副校长，这在科学春天到来之后，以他在群众中的威望，可以说是顺理成章的事。但他觉得自己实在不善于做行政管理的工作，另外科研工作确实太忙，更愿意花更多时间在本职的科研工作上面，再者年近70，年龄也偏大。1981年，蔡启瑞正式向领导、组织提出辞去副校长职务。而此时原担任校长的老同志也因年龄偏大面临调整。蔡启瑞竭力推荐田昭武担任校长，他说："田昭武年轻有为，身体好、有工作能力，应该让他担任校长。"蔡启瑞的辞职于1984年获得批准。

1982年3月，厦门市人民政府又授予蔡启瑞劳动模范称号。同月，厦门大学学位评定委员会成立，蔡启瑞当选评定委员会主席。同年7月，"络合催化理论的研究"获国家自然科学奖，三等奖。这一研究成果在国际上较早注意到络合活化概念对于关联均相催化、多相催化与金属酶催化三大领域的重要意义，一直受到国内外学术界的重视。

正当蔡启瑞准备再登上一个科研新台阶时，终年的劳累，又引发了一场大病。蔡启瑞曾动过胃切除手术，后经北京首都医院复查，发现有炎症性病变。1982年6月以来，他持续发低烧，常感脐周围闷痛，浑身乏力，但他仍在拼命工作。就在病倒的前一天，他还加班到深夜两点钟。1982年7月24日凌晨，蔡启瑞病情突发，昏倒在地。厦大领导立即组织医务人员抢救，他刚苏醒过来，便对医生说："请帮我挂电话向田校长请假，我今天不能参加接待外宾了。"当化学系老师赶来时，他指着桌上说："那篇准备答辩的研究生毕业论文，我已仔细修改过。"

送往厦门市第一医院治疗住院的第二天，他把来送点心的孙子叫到身边，小声地说："你回家把我书桌上的那几张图纸拿来，不要让任何人知道。"14岁的孙子已经懂事，没有帮阿公这个忙。蔡启瑞只好改变主意，叫家人每天送报纸来。谁知报纸一到他手里，那空白的地方都画满了分子结构图，家人只得停止供给。他着急地说："你们不让我工作，我是睡不着的。"

手术前一天，蔡启瑞腹部疼痛加剧。他预感到自己病情严重，便向值班护理的老师要报纸。把当天的报纸给他，他摇摇头说："不要新的，旧的就可以。"他又在报纸上画起了固氮反应的机理图。这位老师看他握笔费力的样子，劝他别画了，他平静地说："我要趁早把原先已考虑好的几个图都画出来。"

7月29日，蔡启瑞腹胀加剧，大出血、血压下降、血色素减少，生命危在旦夕。第一医院书记、院长、外科专家和厦门市卫生局顾问黄锡隆等召开了紧急会诊会议，厦大党委并向福建省委作了请示报告，厦门市委第一书记陆自奋、厦门大学校长田昭武等领导同志在手术前赶到第一医院守候。30日凌晨三时，外科主任医师陈林桢开始进行腹腔手术，果断地实施脾切除手术，同时取出腹腔内一个大约15厘米×10厘米的鲜红血肿块，腹腔大出血停止了，从蔡启瑞腹腔内汲取出的血水大约七千毫升，止血后急需输血。驻厦海军部队、守备部队、人武部等首长闻讯后，立即带领战士奔赴第一医院献血，厦大化学系师生也迅速赶到第一医院，要求献血。五位年轻海军战士[护士辛宏（女）、卫生员张海军、警卫班长郭建增、警卫兵戴忠文、唐树来]的捐血保证了手术的顺利进行。蔡启瑞手术前，福建省委曾来电就抢救工作做了重要的指示；手术后，福建省人民政府来电致以亲切慰问。厦门市委、厦门市人民政府、厦大党委等领导同志也多次前往医院看望。8月3日下午，为蔡启瑞输血的五位海军战士手捧鲜花前来看望蔡启瑞。蔡启瑞紧紧拉着他们的手，激动地说："感谢你们！我的血管里有你们的鲜血在奔流。"他无限感慨地说："我为党和人民做事太少了，出院之后，我要加倍努力工作！"

每逢催化教研室的同志来看望时，蔡启瑞教授都急切地询问实验情况，有时一谈就是一个小时。同志们怕影响他休息，只得强行中断话题。他在病中还一直惦记着博士研究生小廖到北京听课的情况，多次询问系里有否他的信。当系里把小廖的来信带到医院时，他急于阅读，但信看了一半，双眼发花，拿信的手直发颤，只好让其他同志代为读完。分析化学专业有一位老师将到美国进修，到病房辞行，蔡教授向他介绍了美国的情况后，还亲自在自己的名片上签字，请他带给指导老师[①]。

厦门大学生物系教授汪德耀闻知此事，联想起自己1981年5月10日因患脓血性坏死性急性胰腺炎，被送往厦大医院，随即又被送到市第一医院抢救的往事，感慨万分地撰文"党和政府视知识分子为宝贵财富——党给了我们第二次生命"，他说："当我听到省、市和厦大的党委组织一切力量，积极抢救生命垂危的厦大副校长蔡启瑞教授的情况时，心里激动万分！只有党才把我们知识分子当作国家的宝贵，日日夜夜惦挂在心。我们的第二次生命是党给的啊！"

后来每当谈及此事，蔡启瑞都感慨地说："陆自奋救了我的命！"经过医生认真诊治、家人精心照顾，恢复了健康。从此，蔡启瑞在大量的学

---

① 吴奕纯，张飞舟：《人民的科学家，人民需要你——记厦门市军民协力抢救蔡启瑞教授》，厦门日报，1982年8月8日，第1版。《一心扑在事业上——记在病中的蔡启瑞教授》，厦门日报，1982年8月15日，第2版。

者、师生朋友之外，增加了一批年轻战士的新朋友。此后每年春节，蔡启瑞都到海军部队慰问、拜年，感谢年轻战士给了他健康。

蔡启瑞这一次生病住院治疗，一直持续到1983年年初，从第一医院转到鼓浪屿医院治疗休养。就在这时，他获悉岳父陈延庭老先生病危，他不顾自己脾脏手术后尚未痊愈，一月中旬便由家人陪同，赶着回老家探望岳父，让老人和亲友都十分感动。回到鼓浪屿医院后几天，1月23日，他惊悉岳父逝世，又要亲往吊唁，但医院坚决不同意。于是，他让家人带去亲笔写的唁文[1]："栽成桃李千丛，深植细培，爱才美德最受学生敬仰。阅过图书万卷，博闻强记，钻研精神堪为后辈楷模！"唁文署名为：受业小婿蔡启瑞。唁文充分表现了对自己少年时代的老师、长期关心爱护自己的前辈的敬仰和深深的怀念之情。

图6-3 蔡启瑞与1982年献血的驻厦海军战士合影

推动固体表面物理化学国家重点实验室的设立

1984年，国家科委计划在厦门大学建一个重点实验室，原考虑蔡启瑞是催化学科方面的创始人，所以要厦门大学办一个分子催化重点实验

---

[1] 陈企沙：平凡之中见高尚——记蔡启瑞教授的学习、工作、生活片段．《同安文史资料》（第六辑），中国人民政治协商会议福建省同安县委员会文史资料工作组编，1986年6月，第19—23页。

图6-4 厦门大学物理化学专业四位院士在国重实验室合影
（左起：田昭武、蔡启瑞、张乾二、万惠霖）

室。但蔡启瑞认为，厦门大学的物理化学有好几个方面的研究人员，有催化方面的、有电化学方面的、有理论化学方面的，要将各方面的力量都调动起来。而且，他认为，电化学、催化都是搞固体表面的，多相催化最重要的催化反应也是在固体表面上，而催化剂结构和微观反应机理的研究又都要借助于结构与理论化学。所以，拟新建立的实验室名称就以厦门大学固体表面物理化学重点实验室向国家科委申报。这个实验室酝酿过程考虑全面周到，受到大家的赞扬，被认为是几个方面的力量相互协作、整合力量的楷模。以蔡启瑞为首向国家科委提出的这个报告，1987年获得批准，这又是厦门大学化学系学科建设的一件大事。固体表面物理化学国家重点实验室（厦门大学），分别于1986、1987和1990年通过论证、批准建设和建成验收，蔡启瑞为学术委员会首任主任。1994年和2004年，在国家重点实验室建设十周年和二十周年的总结表彰大会上，该实验室均被授予先进集体称号，荣膺"金牛奖"。1997年被国家科委遴选为全国八个试点实验室之一。1994、1999和2004年由国家计委或由科技部委托国家自然科学基金委组织专家对实验室的工作进行评估，该实验室连续三次被评为A级实验室，并获批免于参加第四次评估，直接进入优秀实验室的行列。蔡启瑞在建设和发展重点实验室的过程中，付出了大量的心血。

1984年，邓小平同志、邓颖超同志先后到厦门特区视察，接见了党政领导和包括蔡启瑞在内的各条战线的英模人物，蔡启瑞备受鼓舞。

由于蔡启瑞于1979年和1982年前后两次做了腹腔大手术，1984年引起肠粘连，就又做了第三次手术。经精心治疗病愈后，他立即又带领他的催化集体继续攀登高峰。4月,他被评为全国劳动模范和厦门市劳动模范。7月,他带领助手赴联邦德国参加第八届国际催化大会,并担任大会理事会理事,会后参加专题讨论会。接着,厦门大学催化学科承办了第四届全国催化会议。

担任物理化学博士后流动站合作导师

1985年,经国家教委批准,厦门大学以催化、电化和结构与量子化学为主攻方向的物理化学专业成为我国博士后科研流动站的首批建站单位之一。同年,蔡启瑞担任福建省化学会名誉理事长。这一年,厦门大学海外著名校友庄汉卿先生为表示对卢嘉锡、蔡启瑞两位先生的敬仰,在后辈校友中树立榜样,在厦门大学设立了卢嘉锡-蔡启瑞奖学金。

1986年8月,在美国莱斯大学获得博士学位的郑兰荪回到厦门大学,成为进入厦门大学博士后流动站的第一人。在蔡启瑞和张乾二的指导下,从事铁原子簇羰基化合物的催化作用机理研究。

1986年,蔡启瑞参加第24届国际配位化学会议,与各国专家进行学术交流。在会上提出了氨合成和费托合成等反应中以缔合式机理为主要途径、解离式机理为次要途径、缔合式途径中以氮或一氧化碳的部分加氢氢解为速率控制步骤的独特见解。不久,他又在联合国UNDP赞助在厦门举行的电催化、光催化和金属仿生催化国际学术讨论会上作学术报告。

1986年9月,经教育部批准,蔡启瑞赴香港中文大学讲学,为期三周。此次赴港讲学,蔡启瑞带着夫人陈金鸾一起前往,这在他的一生中是十分难得的。陈金鸾一生从事教育工作、尽职尽责,还要负担教育子女的大部分责任,1972年蔡启瑞的老母亲摔倒以后,家庭生活各方面的重担就全落在陈金鸾的身上。平时蔡启瑞夜以继日地从事教学科研工作,四处奔波参加各种活动,家庭的各项具体事务、子女的教育、蔡启瑞的生活起居、身体调养,大都依靠陈金鸾。特别是从1979年到1984年蔡启瑞经历三次肠、脾部位的手术，能够基本恢复健康，陈金鸾功不可没。这次赴港讲学，蔡启瑞已是73岁的老人了，因为有陈金鸾随行陪护照顾，顺利完成任务，给香港中文大学的师生留下美好的印象。

1986年8月12—15日，由中国化学会、福建省化学会、中国科学院福建物质结构研究所、厦门大学、福州大学、厦门市人民政府在厦门大学举办"祝贺卢嘉锡、蔡启瑞教授从事化学工作五十年学术讨论会"。四天时间里，鹭岛之滨云集了全国各地200多位教授、专家、学者，在讨论会上，卢、蔡两位长者的学生，此时都已是著名学者的田昭武、张乾二、林尚安、黄金陵、梁敬魁等在学术报告中介绍了他们在两位先辈老师学术思想的指引和影响下，在各自的研究领域所取得的成绩。学术讨论会共收到论文180多篇，集中反映两位先辈教授为代表的学术观点和学术成就。讨论会还收到方毅、严济慈、周培源和福建省党政领导人、国内外校友和化学界同仁的题词、贺电和贺信。

讨论会进行的间隙，当记者采访蔡启瑞时，他十分谦逊地说："我能

图6-5　1986年11月，庆祝卢嘉锡、蔡启瑞教授从事化学工作五十年大会合影

取得一点成绩，也是前人种树，后人乘凉。我在厦大早期的工作，都是得到卢先生支持的。"

推动醇醚酯化工清洁生产国家工程实验室的设立

任务带学科，学科促发展。蔡启瑞在推动厦门大学化学学科发展的同时，一直心系国家能源经济的发展战略。1988年，蔡启瑞为首的厦门大学物理化学专业被核准为首批高等院校重点学科。

1990年5月，在厦门市海沧区拟建大型石化项目的背景下，蔡启瑞向福建省教委提交了"关于1990年省联合办学增招石油加工专业40名本科生"的报告，推动了厦门大学化工学科的发展。1991年，根据形势发展的需要，在蔡启瑞的倡导和推动下，以化学系催化教研室的力量为主，创办了厦门大学化工系。

我国煤炭资源丰富而石油资源匮乏的问题长期引起蔡启瑞的关注。蔡启瑞通过对全国和福建省可燃性物质资源的了解、分析和判断，为了国家可持续发展的战略目标，力主在能源化工建设中应充分重视煤炭资源的开发和利用。他认为，我国煤炭资源丰富，而石油、天然气资源相对较少，因此，应该尽可能绕过工业化国家燃化工业数十年来过分依靠石油为原料的老路，应充分发挥我国煤炭的优势作用，提出在福建应实行"（石）油、煤（炭）并举，燃（料）化（工）结合"的方针，以及优化利用化石燃料资源、创建能源化工先进体系的主张，并一再呼吁推广甲醇汽车，为节省汽油寻找出路。他和同事们多次向国家有关部门提交了以上有关的各项建议。

早在1986年9月27日，蔡启瑞就给中国科学院山西煤炭研究所所长彭少逸[①]写了一封长信，商讨跨单位、跨部门组织"碳一化学的基础研

---

① 彭少逸，物理化学家，中国科学院院士，1939年毕业于武汉大学化学系，1947—1949年留学美国，曾任大连大学教授、中国科学院大连石油研究所研究员、中国科学院山西煤炭化学研究所所长等。

究"国家重点科学基金项目的有关事宜。后在1987—1992年的第七个五年计划期间，蔡启瑞与彭少逸共同主持由厦门大学、中国科学院煤炭化学研究所、南京大学、中国科学院福建物质结构研究所等单位参加的国家"七五"自然科学基金重大项目"碳一化学基础研究"。

2000年10月，在北京京西宾馆召开由国家科委主办的"21世纪新一代煤化工技术发展研究会"，蔡启瑞和助手张鸿斌在会上作了题为"煤洁净发电联产甲醇燃料化工发展甲醇汽车及混合动力汽车"的发言。

2002年，中国石油和化学工业协会、中国煤炭工业协会在北京联合举办"中国国际煤化工及煤转化高新技术研究会"后，蔡启瑞又与助手张鸿斌应邀在《中国化工报》上发表《优秀利用石油燃料资源，创建新能源化工先进体系》的文章。

2005年，蔡启瑞给温家宝总理写信，强调煤油气并举的重要性，说明国家的燃料化工的路应该怎么走，科技工作者如何为国家经济迅速发展、缓解能源瓶颈做出贡献；还给科技部领导打电话，阐述成立醇醚酯化工清

图6-6 2008年1月，蔡启瑞出席国家发改委委托召开的"醇醚酯化工清洁生产国家工程实验室"立项投资评审会并与参会专家合影

洁生产国家工程实验室的必要性。

蔡启瑞心系国民经济发展的需要，较早且多次通过各种途经，强调加强替代燃料研究的重要性，并具体指导开展相关的研究工作。在他的大力推动下，以他带领的厦门大学碳一研究团队为基础，2008年，国家发展改革委员会批准设立了"醇醚酯化工清洁生产国家工程实验室（厦门大学）"。这是厦门大学也是福建省唯一一个国家工程实验室。国家工程实验室是国家技术创新体系的重要组成部分，建设国家工程实验室是我国在战略性和前瞻性重要领域的超前部署，是培育和掌握一批战略高技术和前沿技术、抢占高技术产业发展的制高点、缓解经济社会发展的技术瓶颈约束、提升产业核心竞争力的重要措施。国家对于申报建设"国家工程实验室"要求十分严格，评审程序科学严谨。这表明厦门大学在发展工科方面有了新的突破，标志着厦门大学在某些工科领域已经进入"国家队"行列。该实验室的建设有助于提升我国醇醚酯化工清洁生产核心技术的自主创新能力和醇醚酯产业的竞争力，对该产业的发展将产生积极、深远的影响。

分子催化研究的奠基者

1993年年底，蔡启瑞已到八十周岁高寿。为此，从1993年11月起至1994年1月，卢嘉锡、唐敖庆、中国化学会、吴征铠、曾呈奎、陈国珍、田昭武、张乾二、周绍民、黄本立等学术界人士先后或致电或题词向蔡启瑞表示祝贺。唐敖庆题词："学如流水行云，德比松劲柏青，攀登跨越高岑，育才灿烂群星。"卢嘉锡题词："探赜索隐老而弥笃，立志创新志且益坚。"题词对蔡启瑞各方面的成就和为人的高尚品德作了精确的概括。在蔡启瑞带领下的厦门大学催化教研室、物理化学研究所催化研究室、化工系催化研究室撰写的《我国分子催化的奠基人之一——蔡启瑞》一文中，回顾了蔡启瑞80年走过的道路，从"丰富和发展了

图6-7　1994年1月,庆贺蔡启瑞教授八秩华诞暨催化和相关学科学术研讨会

络合催化的理论体系"、"我国在分子水平上研究催化作用和催化反应机理的奠基人之一"、"对大化工战略提出有指导意义的见解"、"培养人才,无私奉献"等四个方面阐述蔡启瑞的贡献。1994年1月7—9日,由固体表面物理化学国家重点实验室、厦门大学化学化工学院、厦门市教育基金会主办的"庆祝蔡启瑞教授八秩华诞暨催化及相关学科学术讨论会"在厦门大学举行。讨论会共收到52篇论文。讨论会的举行对催化学科的发展起了很好的促进作用。

图6-8　1994年1月7日,庆贺蔡启瑞八秩华诞学术讨论会来宾、代表合影

1994年3月，蔡启瑞赴美国参加第207届美国化学会年会。6月18日，中华全国归国华侨联合会认定，蔡启瑞在为实现"八五"计划和十年规划作出贡献的活动中成绩突出，评为全国侨联的先进个人。11月19日，蔡启瑞被聘为厦门市政协第八届委员会顾问。11月26日，被厦门市人民政府聘为厦门市科技中学的名誉校长。

　　1996年，厦门大学催化学科团队在蔡启瑞的指导下，承办了第八届全国催化会议。1999年的3月5日，厦门大学化学系开办《今日催化》的系列讲座，蔡启瑞带头开始讲座的第一讲。

图6-9　1999年，《今日化学》系列讲座第一讲

　　2000年6月19日，在台北举行催化学科学术会议。87岁高龄的蔡启瑞已有一段时间未出远门参加活动了，但为了推动两岸的学术交流，他说台湾这次他一定要去，可以利用这个机会好好地跟同行做学术交流，也可以跟同行叙叙旧。

　　6月18日蔡启瑞离开厦门，经香港到台湾。19日晚上9点多，蔡启瑞在住处浴室里不慎滑倒摔伤。因一起去参加会议的万惠霖还来不及买到台湾的电话卡，蔡启瑞也不知道其他人住在哪一个房间，因髋骨摔裂，蔡启瑞也没办法走出来叫人帮忙。于是，蔡启瑞就弄了一个靠背椅，拉到门口，坐在靠背椅上等着，直到第二天早晨7点多钟，同去参加会议的中国科学院山西煤炭化学研究所的朱所长去打开水，经过蔡启瑞的房门口，蔡启瑞才说："老朱，你给我赶快叫一下老万。"蔡启瑞摔伤后没有惊动任何

第六章　病魔难阻科学攀登路　　*103*

人，忍着剧痛，第二天早上还自己到会场去。后来，台湾同行陆天尧教授等看到蔡启瑞走路姿势不正常，脸上露出痛苦的神情，就过去问："哎，蔡先生怎么回事？"蔡启瑞笑笑，轻描淡写地说："昨天晚上不小心摔了一跤。"台湾同行一听，这还了得，就要把蔡启瑞送去医院检查，蔡启瑞不想去，但在台湾同行的坚决要求下，蔡启瑞还是被送去医院做检查，才发现他靠近髋关节的骨头整个断掉了，那是相当严重的，蔡启瑞是忍着什么样的痛苦啊！他的想法是：我到这边来参加学术交流，不能给同行添麻烦。这也符合蔡启瑞一贯的严于律己，不愿麻烦别人的这样一种为人态度①。

台湾同行立即把情况告知厦门大学化学系，化学系赶快向学校汇报，并准备派人赶赴台湾。这时，身在医院的蔡启瑞写了一封信传真到学校说，他在台湾不小心摔了一跤，台湾同行对他摔伤非常关心，马上送他进医院，然后无微不至地关怀他，列了好几个台湾同行的名字，说自己伤得不重，不要派人过来。在与厦门大学有关领导通电话时，蔡启瑞也非常平淡地讲了事情的经过。他说："陆先生陪我到医院检查，萍水相逢的万本儒教授一直陪我在医院，照料一切……台湾同胞们的热情关怀令我十分感动。按原计划于29日飞香港转厦门，你们只要在厦门机场接我就好，估计回校后不久我便能恢复行动，千万不要派人来台湾，丝毫没有这个必要！"其实他伤得还是很重的，按照蔡启瑞的要求，厦大就没有再派人过去。

当时，台大医院用螺栓将断掉的骨头两头拴起来再用医学材料包回去，以后螺栓就不必取出来。蔡启瑞很赞赏台大医院的医术，他说"我摔得那样子，他们40分钟就做好了。"然后，蔡启瑞又急忙让人扶着赶回会场听报告，蔡启瑞说"听一下很有趣的"，又说"蛮有趣，蛮有趣"。后来，大家都劝他不要听了，蔡启瑞才在大家的劝说下重回医院病房。

在台湾治疗以后，再经过香港转道回厦门。经过香港的时候，香港有

---

① 万惠霖访谈，2013年5月30日，厦门。资料存于采集工程数据库。

很多同行去机场看望他。这是一个偶发的意外，但是这件事台湾同行很感动。虽说是去台湾参加学术会议，但实际上，蔡启瑞把两岸交流的意义看得比学术活动还重要，所以他才在如此高龄的情况下，去台湾参加这次会议。

蔡启瑞赴台参加会议受伤这件事给台湾同行留下非常深刻的印象。李远哲[①]听到蔡启瑞做手术，马上派人送鲜花来。会议主办单位中央大学化学系教授陈吟足等也一直挂念蔡启瑞的身体康复情况。事后陆天尧教授来厦门大学讲学时，对蔡启瑞的评价极高，他很动情地说："同行们都非常敬仰老先生的人品和学识，他像一本书，你可以反反复复地读，总会觉得回味无穷。他又像一泓清泉那样透彻，会让你的灵魂得到净化。"

2006年初夏，已93岁高龄的蔡启瑞出于对家乡厦门市翔安区建设进展情况的关心，不顾舟车劳累，与厦门大学化学化工学院领导一起前往翔安实地考察，商谈指导产学研合作事项等。驱车一个多小时后，到达翔安区政府所在地。蔡启瑞听取区领导关于建设规划的介绍后，提醒有关领导，由于翔安历史上缺水，在今后的整体建设中，应当注意供水等民生问题。座谈会结束后，蔡启瑞一行参观了若干建设工地和已建成的大片新厂房。午餐后，蔡启瑞略感疲乏，取消了下午到海沧区嵩屿火电厂参观考察的计划，不加休息，随即赶回厦门大学的宿舍；回到学校家中时，因太过疲劳，站立不住，倒在客厅的地板上。相关人员马上打电话要来救护车，送到医院检查，发现腕关节和股骨颈处骨折，这是蔡启瑞第二次摔倒骨折。

2011年春节期间的2月4日，蔡启瑞又一次不慎摔倒，并且肺炎发作，住院治疗。好转回家后，2011年5月再次入厦门市第一医院住院治疗，直至采集小组的工作开始，仍在住院。

在社会的关心、医护人员的精心治疗、照料下，目前，蔡启瑞虽行动困难，饮食、行动都需借助一些仪器设备，但思维尚清晰，在跟学生、亲

---

① 李远哲，时任台湾"中央研究院院长"，诺贝尔化学奖获得者。

友见面时，还牵挂着科研事业的进展，还常提到自己还有许多课题没有做好，还得继续努力……

2013年11月，厦门大学出版社正式出版发行了《蔡启瑞院士论文选集》（上、下册）。2013年12月2日，厦门大学隆重举办了庆祝蔡启瑞院士百岁生日暨厦门大学催化学科创立55周年学术研讨会，旨在传承我国分子催化的奠基者、领军我国催化研究55年的蔡启瑞先生的科学精神。

第七章
领军催化科学研究五十五年

提出固氮酶的多核原子簇活性中心模型

从 1972 年开始,蔡启瑞与唐敖庆和卢嘉锡三位化学大师并肩合作,领导中国化学模拟生物固氮跨学科大协作研究。蔡启瑞详细阐明了酶促反应中 ATP 驱动电子传递的机理,在国际上较早提出了固氮酶的多核原子簇活性中心模型,通过化学探针实验结果,推断出固氮酶反应中 M 簇笼中心的活化模式。

经过 20 年奋斗,蔡启瑞对于工业氨合成这个多相催化的经典例子已相当熟悉。他认为,研究团队现在对于酶促生物固氮体系虽较生疏,但可以边学习边从工业氨合成催化剂中对已发展和正在发展的几种催化剂体系(Fe、Ru、Co-Mo)"为什么都是结构敏感型的"、"其中有什么共同的特点"进行广泛关联和精确示异,然后再与显然也是多核结构的固氮酶作比较,以获得较多的信息。在这方面,有结构化学、理论化学和催化科学三结合的优势,这是很难得的。在随后的 40 年研究生涯中,蔡启瑞对金属酶促

图 7-1　1984 年，蔡启瑞与唐敖庆（左）、卢嘉锡（中）于福州合影

生物固氮、金属（Fe、Ru、Co-Mo 等）催化工业氨合成与金属（Fe、Co、Ni、Pd、Pt 等）催化 CO 加氢这三类非常重要的催化反应进行了广泛的关联与精确的示异。

化学模拟生物固氮的研究进展表明，N_2 在固氮酶活性中心上的配位模式是钼铁原子簇活性中心多核三角棱柱单盖帽型的（$MoFe_6$），在深度加电子和质子还原后吸附活化分子态氮；蔡启瑞认为，这可与 N_2 在 α-Fe（111）面的多核（Fe_7）吸附模式进行类比，开展酶催化固氮成氨与非酶催化合成氨的关联研究，可以相互借鉴，将更有利于固氮和氨合成催化作用的阐释。具有科学哲学素养的蔡启瑞在深入思考、大胆假设后，便指导他所带领的厦门大学催化团队，精心设计实验方案，小心求证，探索这二者之间的关联与示异。

酶催化与非酶催化固氮成氨是全球氮经济的关键过程。固氮酶是一种复杂的金属酶，含两种金属蛋白组分（MoFe-蛋白和 Fe-蛋白）。固氮酶能在常温常压下将生物体无法直接利用的分子氮（N_2）催化还原转化成可利用的氨态氮（NH_3），全球每年约有 2.4 亿吨的氨态氮通过这一过程实现，约占全球氮资源的 65%，而在高温高压下工业合成氨过程则提供约 25%。固氮酶还可催化还原 H^+ 成 H_2，以及催化转化其他多种尾端带有三重键或准三重键的小分子底物。因此，固氮酶的催化作用机理及其化学模拟一直是国际上长期致力研究的对象，特别是 20 世纪 60 年代起成为化学和生物等多学科协作研究的热点研究方向。蔡启瑞指出"各种学科之间的相互渗

透成为当代科学发展的巨大动力。在各学科交叉点上的突破,往往带动了原学科的发展。化学模拟生物固氮,就是在化学和生物学之间的一个活跃的生长点,正在酝酿着一个重要的突破,并且必将有力地推动络合催化研究的前进"[1]。

化学模拟生物固氮是20世纪60年代开拓起来的一个重要边缘学科研究领域。到70年代初,国际上已取得了不少进展。如:①发现从各种固氮微生物分离出来的固氮酶都是由大同小异的MoFe-蛋白和Fe-蛋白所组成。MoFe-蛋白分子量约20多万,含2个Mo、24-33个Fe和24-27个S^*(无机硫),起着络合N_2的作用。Fe-蛋白分子量约5.5万—6.5万,含4个Fe和4个S^*,主要起电子传递体的作用。②发现能被固氮酶催化还原的底物有N_2、H^+、$RC\equiv CH$、$RC\equiv N$、$RN\equiv C$、$C\equiv N^-$、N_3^-、N_2O、$CH_2=C=CH_2$等,这些酶促还原反应都是与$MgATP^{-2}$酶促水解为$MgADP^-$和HPO_4^{-2}($H_2PO_4^{-1}$)的反应偶联着进行的,与还原剂消耗量之比约为4—5。

到70年代末,国际上又取得了一些突破性的进展。如:① 1977年,Shah和Brill采用溶剂($HCONHCH_3$)萃取法,从MoFe-蛋白分离出分子量小于2000的FeMo-辅基(Mo:Fe:S^*含量比约为1:-8:-6),其可显示出MoFe-蛋白的特征顺磁共振(EPR)信号。② Cramer和Hodgson等用Mo的外延X-光吸收谱精细结构(EXAFS)法,推断出Mo的近邻有4个S^*和2—3个Fe,可能还有1—2个-SR,但无Mo=O键,也无其他重金属原子,Mo-Mo核间距应大于3Å。③ Orme-Johnson和Münck根据EPR谱和穆斯鲍尔谱推断FeMo-辅基很可能是含1个Mo和6个Fe的Mo-Fe-S^*原子簇,且与另一个FeMo-辅基的距离可能大于12Å。并根据配位体取代挤出法,他们推断Fe-蛋白分子中含有3—4个$Fe_4S_4^*$原子簇,而先前Holm等推断Fe-蛋白分子中只含有1个$Fe_4S_4^*$原子簇。

国内,在唐敖庆、卢嘉锡和蔡启瑞等领导和组织下,70年代,在棕色固氮菌固氮酶的高活性结晶状MoFe-蛋白制备、分子氮络合物化学键理

---

[1] 蔡启瑞:《生物固氮与络合催化》,化学通报,1978年第2期,第5-6页。

论、固氮酶活性中心模型和酶催化机理等方面的研究，也取得了较大的进展。其中，包括吉林大学、中国科学院福建物质结构研究所、厦门大学、中国农业科学院原子能利用研究所、中国科学院上海有机化学研究所、南京大学等单位固氮研究组的研究成果。[①]

以已知的固氮酶底物的酶促催化反应和抑制剂 CO 为化学探针，并根据配位催化原理和结构化学理论，1973 年，蔡启瑞提出了多核原子簇结构的固氮酶活性中心单立方烷模型（即厦门模型）和 N_2 的多核络合活化方式，阐明了固氮酶各种底物的酶促还原反应机理，并提出了电子倒流使 ATP 消耗过大的概念[②]。同一年，卢嘉锡同时提出了单网兜型模型（即福州模型）。这两个模型的提出，在国际上是比较早的。随后，这两个模型又经过了数次改进和演变，并融合为福建模型。

1976 年，蔡启瑞在《中国科学》中文版[③]和英文版[④]上发表了"固氮酶的活性中心模型和催化作用机理"一文，从配位催化角度提出了固氮酶活性中心模型和电子传递机理的设想，对活性中心结构及其参数进行了合理的描述。该文"根据固氮酶已知的反应和络合催化原理，讨论了固氮酶的作用机理和活性中心结构，提出了由类立方烷结构的 $Fe_2S_2 \cdot Mo_2O_2$ 八原子簇构成的一对偶联的两钼一铁（2Mo-1Fe）三核活性中心模型，并用以阐明固氮酶各种底物的酶促还原反应机理，包括放氢反应机理，以及 CO 不抑制放氢反应而对其他底物的酶促还原反应显示出竞争性与非竞争性的混合型抑制特征的原因。提出了二步 ATP 驱动的电子活化机理，并用以解释 $ATP/2e^-$ 的比值和不需还原剂的 ATP 酶促水解。指出了这二步 ATP 驱动的'电子活化'与绿色植物光合作用中的二步光驱动电子传递的紧密对应关系。"

---

① 蔡启瑞：《化学模拟生物固氮的新里程》，化学通报，1979 年第 5 期，第 21—24 页。
② 厦门大学化学系固氮研究组：《关于固氮酶的作用机理和活性中心结构》，厦门大学学报（自然科学版），1974 年第 13 卷第 1 期，第 111—126 页。
③ 厦门大学化学系催化教研室固氮研究组：《固氮酶的活性中心模型和催化作用机理》，中国科学，1976 年第 34 卷第 5 期，第 479—491 页。
④ Nitrogen-Fixation Research Group. A Model of Nitrogenase Active-centre and Mechanism of Nitrogenase Catalysis. *Scientia Sinica* 1976，19（4），460-474.

1978年，厦门模型和福州模型这两个模型分别演化为大同小异的骈联双座活口（共角）双立方烷型原子簇结构模型[1]和孪合双网兜型原子簇结构模型。蔡启瑞等在论文中"提出固氮酶活性中心的骈联双座双立方烷原子簇结构的活性中心模型，$[S^*Fe_3S_2^*(L)]Mo[(L')S_2^*Fe_3S^*]$，其中 L 和 L'代表两个可以移开的配位体，如 N_2、$-H$、或 $-NH_3$。这个模型是前阶段先后提出的骈联双座单立方烷原子簇结构模型，$Fe_2S_2^* \cdot Mo_2O_2$，和骈联双座三立方烷原子簇结构模型，$Fe_2S_2^*(L)(L')Mo_2[S_3^*Fe_3S^*]_2$，的又一次演进。这三个模型所共有的骈联双座原子簇结构特征和三核络合固氮方式，主要都是以固氮酶已知反应的十来种底物和抑制剂 CO 作为化学探针并应用络合催化原理而推断出来的。至于钼离子的价态和周围微环境，以及三核究竟是两钼一铁还是一钼两铁，则是参考最近国际上关于固氮酶的科学实验新成就而作出相应的修正和演进的。骈联双座双立方烷原子簇结构（含单钼）比较符合 Orme–Johnson 和 Münck 等的顺磁共振和穆斯鲍尔谱实验结果，能说明比较多的实验事实。"

1978 年 6 月，在美国威斯康星-麦迪逊召开了第三届国际固氮会议，国内提出的两个模型（即厦门模型和福州模型）已各经过了两次修正和演进，蔡启瑞和卢嘉锡在构型上基本统一地认为很可能是骈联双座双立方烷型原子簇结构，$[S^*Fe_3S_2^*(L)]Mo[(L')S_2^*Fe_3S^*]$，只是对于这双立方烷型原子簇的可相对旋转程度以及 N_2、$RC≡N$、$RN≡C$ 等底物分子的络合活化方式究竟是"架炮式"的以端基络合在 $Mo^{III(IV)}$ 上，还是"投网式"的以端基络合在兜底的 Fe^{II} 上，还保留不同的看法。

1981 年，骈联双座活口（共角）双立方烷型原子簇结构模型再演化为骈联双座活口（共边）双立方烷型原子簇结构模型。

1982 年，蔡启瑞撰写发表了"酶催化与非酶催化固氮成氨"一文[2]，介绍了厦门大学团队所取得的研究成果。蔡启瑞及时跟踪国际上的最新晶

---

[1] 蔡启瑞，林硕田，万惠霖：《固氮酶活性中心模型的演进和酶催化机理》，厦门大学学报（自然科学版），1979 年第 18 卷第 2 期，第 30–44 页。

[2] 厦门大学固氮研究组，物理化学研究所：《酶催化与非酶催化固氮成氨》，厦门大学学报（自然科学版），1982 年第 21 卷第 4 期，第 424–442 页。

体结构分析和化学探针等实验结果，对业已提出的固氮酶活性中心模型及时进行改进和演化，并对国际上陆续报道的实验和理论研究结果作了合理阐释，为模型化合物的设计合成及化学模拟指导了方向。他利用固氮酶底物的竞争抑制作为化学探针以获得乙炔高顺式加氢的配位模式，从而推断出固氮酶反应中 M 簇笼中心不可能有原子 x 存在[①]。

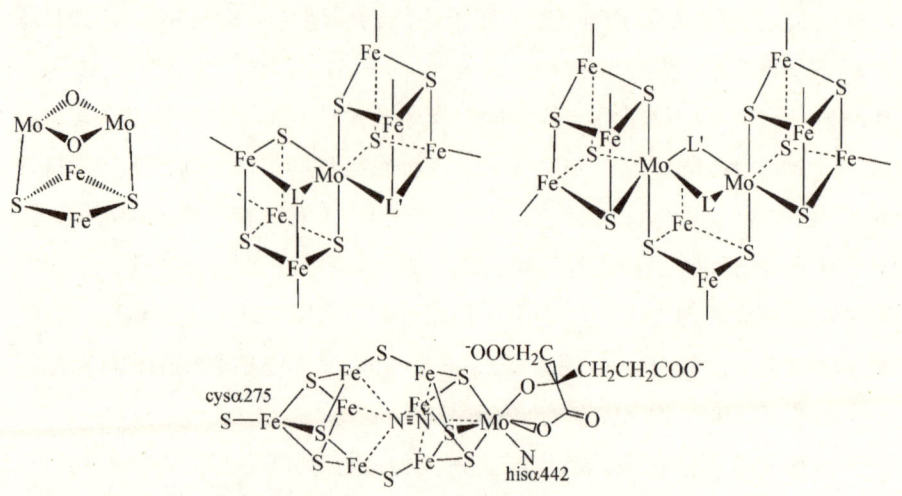

图 7-2　固氮酶催化活性中心模型的演进图示［骈联双座单立方烷原子簇结构，共角双立方烷原子簇结构，三立方烷原子簇结构（上）；单盖帽端基络合笼状原子簇结构］

1987 年，国家自然科学奖三等奖授予了"在固氮酶作用下和铁催化剂作用下固氮成氨的研究"（主要研究者：蔡启瑞、张鸿斌、万惠霖、林国栋），在国家自然科学奖励委员会办公室编的《1987 年国家自然科学奖获奖项目简介》中对蔡启瑞团队在化学模拟生物固氮方面所取得的成果给予了较高评价。

在蔡启瑞指导下，厦门大学团队关于固氮酶化学模拟的研究工作坚持不懈，一直持续进行至今，及时跟踪国际上的最新实验成果，不断有新的研究成果涌现，始终位列该领域研究的国际先进行列。1992 年 Rees 等发表了固氮酶钼铁蛋白和铁蛋白的 X-光晶体结构，揭示了 FeMo-co（铁钼

[①] Tsai, K. R.; Wan, H. L., New Perspectives on the Structures and Functions of Nitrogenase M-cluster and P-cluster Pair. *Bioinorganic Chemistry* 1994; Tsai, K. R.; Wan, H. L., On the Structure-function Relationship of Nitrogenase M-cluster and P-cluster Pairs. *J. Clust. Sci.*, 1995, 6, 485-501.

辅基）MoFe$_7$S$_9$（R-高柠檬酸）的本质。蔡启瑞指导他的研究生开展了铁钼（钒）辅基生物合成的化学模拟研究。业已报道，高柠檬酸固氮酶催化放氢反应不受CO抑制，而柠檬酸固氮酶虽有中等程度的酶促放氢及还原氢化乙炔的活性，固氮催化活性却大大降低，N$_2$对乙炔还原氢化的竞争抑制也很弱，且放氢反应对CO的抑制敏感。从这些实验事实，他们推测，从P簇到M簇有两条质子传递链，质子传递可能是按同步位移接力传递方式进行的，才不致过分滞后于电子传递。除了进行实验研究外，蔡启瑞从一开始就指导他的团队同步开展固氮酶活性中心模式的量子化学理论计算研究，为固氮酶活性中心模型提供理论支持，为实验工作提供指导性的参考信息。

国内外关于化学模拟生物固氮的重大科学研究，始于六七十年代，至今已过半世纪，因其难度和复杂性，研究还远远没有结束。这一领域研究所积累的丰硕成果已大大促进了化学和生物等多学科相关领域基础研究的发展，其科学意义是无法估量的！当年三位挚友携手合作，在国内组织、领导，开展了化学模拟生物固氮研究。遗憾的是，卢嘉锡和唐敖庆先后于2001年和2008年去世。故友的离去更让蔡启瑞深感赋予自己的重任，他写道："新闻立项后争先，'基础''支农'宜两兼。固氮玄机凭巧探，'科坛奥运'盼加鞭！才人辈出风骚领，捷报频传心志坚。故友凋零情义在，岂甘衰朽惜残年！"

提出合成氨催化反应机理的创新见解

合成氨催化反应机理是仍未达成统一认识的百年催化难题。蔡启瑞不盲随大流，不迷信权威，通过对已知实验事实的认真分析考证，提出了过渡金属催化剂上氮加氢氢解成氨缔合式机理的合理见解，并指导完成系列实验和理论研究。

合成氨催化剂是世界范围内最早且最大规模实现工业化应用的多相

催化剂，围绕合成氨催化反应机理的研究又是多相催化领域涉足者众多、长久不衰的最重要的基础研究课题之一。近百年来，对于氮加氢合成氨（$N_2 + 3H_2 \rightarrow 2NH_3$）这一简单而典型的多相催化反应的大量、广泛和深入的基础与应用研究，已经积累了丰硕的成果。Mittasch、Frankenburg、Bokhoven、Nielsen、Vancini、Emmett、Shannon、Tamaru、Ozaki、Ertl、Boudart、Grunze和蔡启瑞等许多世界上著名的催化专家都发表了非常优秀的评论。可以说，合成氨催化作用研究奠定了多相催化的理论与实践的基础，并大大推动了整个催化学科及其相关学科的发展。

虽然，包括催化界一些权威学者在内的多数人赞同过渡金属催化剂上氮加氢合成氨反应是解离式机理的观点，但蔡启瑞从不迷信权威，他认真仔细地分析了现有的实验证据后发现，如果按照解离式机理，就不可能圆满地解释所有的重要实验现象。如，既要符合反应计量数为一，又要符合氘反同位素效应，以及吸附氢促进氮的吸附等重要实验事实。而如果按照缔合式机理，则可以较合理地同时解释这些已知的实验事实。随后蔡启瑞又通过相关键能值的估算，发现缔合式途径在反应能量上有利得多。

蔡启瑞指出，在清洁的铁单晶或多晶上、于超高真空等远离真实反应条件下氮分子迅速解离的检测结果并不能反映反应条件下的真实情况。事实表明，在高覆盖度和大量化学吸附氢存在时，氮分子的直接解离将更加困难。因此，涉及小分子的重要多相催化反应机理研究的关键是，反应条件下催化剂表面化学吸附物种和中间态物种及其配位模式的确定。1978年以来，蔡启瑞指导开展了采用原位动态激光拉曼光谱和傅立叶变换红外光谱互补方法、原位化学捕获方法和同位素示踪方法等检测催化剂表面化学吸附物种和中间态物种的研究工作，从实验结果出发，结合结构化学知识和原子簇模型的量子化学计算与反应能学分析，对催化剂表面化学吸附物种和中间态物种进行了正确的指认，进而对催化反应机理作了合理的阐释。这一实验与理论相结合的研究方法在氮加氢合成氨、一氧化碳加氢合成乙醇的催化反应研究中都取得了成功，并被广泛推广应用到其他分子催化反应机理的研究中。

在铁催化剂上合成氨的机理研究方面，已经积累了许多比较清楚的认识，例如：体心立方晶格的 α-Fe（111）晶面因 Fe_7 有效活性位（称为 C_7 位）最多，所以活性最高；合成气预处理可导致催化剂表面重构而提高活性；反应是结构敏感性的；氮与氢相互诱导吸附；反应对于 N_2 的化学计量数等于 1；氮的吸附与活化是速控步骤；低压下氨的生成速度与氢分压的一次方成正比；表现出氘比氢与氮反应来得快的反同位素效应等。但是，关于这一催化过程的催化作用机理在分子或原子水平上的认识至今仍未达成一致的见解，对于反应过程中催化剂结构的实际变化还不清楚，还没有一个足以关联和解释所有已知重要实验事实的统一机理，还有许多待解决的问题。

业已提出解离式和缔合式两种机理，并分别推导出了相应的动力学方程。两种机理的基本不同在于加氢的第一步是吸附氢与解离吸附的原子态氮（N_{ad}）反应还是与缔合式吸附的分子态氮（$N_{2,ad}$）反应，即对于氢解前驱态的含氮化学吸附物种的看法不同。已经有不少直接或间接的证据表明铁上原子态或分子态氮的存在，这就使得问题的解决更复杂化起来。特别是，已知的实验证据大多是在非真实反应条件下或使用非工业铁催化剂得到的，这些证据是可供参考的信息，但还不是充分的证据。蔡启瑞指出，圆满阐明机理的关键在于验证合成氨反应条件下铁催化剂上的化学吸附物种及其相对浓度。

为了阐明铁催化剂上的合成氨机理，国际上对铁上的化学吸附物种进行了广泛深入的研究。Ertl 和 Robert 等对单晶和多晶铁表面的化学吸附氮物种进行了光发射谱的研究，指出存在有分子态化学吸附氮物种，这一物种是原子态化学吸附氮的前驱态。Grunze 等通过 XPS 和 UPS 谱指出，化学吸附氮的弱成键的 γ- 态（$N_{2,ad}$）在 105K 时慢慢转化成与表面键合较强的 α- 态（$N_{2,ad}$），然后 α- 态再被解离为原子态化学吸附氮物种（N_{ad}）。蔡启瑞认为 γ- 态可能是在 α-Fe（111）晶面单端基垂直配位络合的 $N_{2,ad}$ 物种，而 α- 态则可能是双端基平躺式配位络合的 $N_{2,ad}$ 物种。这似乎是一个在低压或缺氢条件下，氮在铁上解离化学吸附过程的合理图像。但是，在高压高温的工业合成氨反应条件下，由于与超高真空或低压的能谱实验条件有非常大的压力差距，且还有大量化学吸附氢的存在，情况可能完全不同。例如，工业合成氨催化剂可以运行多年而不失活，但同样的催化剂若在低压（$\leqslant 133.322\times 10^{-4}$Pa）暴露于 $N_2/3H_2$ 中，就会因表面氮化物的形成而很快失活。Brill 对 N_2-$3H_2$/Fe-MgO 体系、Nakata 对 NH_3 或 N_2-H_2/Fe-SiO_2 体系、Tamaru 对 NH_3/Fe-MgO 或 Al_2O_3 体系以及 NH_3/Fe 蒸发膜体系分别进行了纯铁或单促进铁上化学吸附氮物种的红外光谱研究。Tamaru 等将 Fe/MgO 于 683K 暴露在流动的 NH_3 气流中，然后抽空冷至室温摄谱，观测到 $2200cm^{-1}$ 和 $2050cm^{-1}$ 的 FTIR 峰，并将这两个谱锋分别归属于单端基和双端基平躺式配位络合化学吸附 $N_{2,ad}$ 物种的 ν（N-N）。

现代高灵敏度和高分辨率的傅里叶变换红外光谱和激光拉曼光谱这两种可进行分子振动模式互补研究的分子光谱技术，为我们检测更微量更微弱的化学吸附物种提供了强有力的实验手段。只要设计和制作适合的动态样品池就可以在一般多相催化反应的温度、压力和一定空速的模拟反应条件下进行现场原位（*in-situ*）动态检测，这是一些目前只能在超高真空的非实际反应条件下进行检测的其他谱学技术所不及的。由于配位络合吸附模式的对称性与红外和拉曼活性的对应关系（振动引起的偶极矩变化表现出红外活性，而极化率变化表现出拉曼活性），以及同位素取代与振动频率位移的对应关系，通过红外和拉曼光谱的互补研究，就可以确定在反应条件下催化剂表面的化学吸附物种及其相对浓度和配位络合模式。同时，量子化学理论方法和计算机技术的发展也为表面化学吸附物种的配位络合吸附模式和反应机理的理论研究提供了有力的支持。

蔡启瑞指导研究生设计制作了适合于反应条件下进行红外和拉曼光谱检测的样品池，对铁催化剂上的化学吸附物种进行了较深入的实验与理论方法研究。包括同位素验证的实验结果表明，在合成氨反应条件下，工业合成氨铁催化剂上的主要含氮化学吸附物种不是解离态的 N_{ad} 或 NH_{ad}，而是非解离态的 $N_{2,ad}$，其 ν（N-N）比气相游离态 N_2 的 $2331cm^{-1}$ 减少相当多，且较之仅单端基配位络合所估计的氮氮键削弱来得大。因此，可能是多核配位络合活化。1935—1940cm^{-1} 的拉曼谱峰没有观测到对应的红外谱峰，因此，这一振动模式可能不是红外活性的或者至少是红外活性很弱的，其可能对应于分子轴平行于 α-Fe（111）面的双端基或双端基加侧基平躺式对称配位络合的分子态化学吸附氮物种。2013cm^{-1} 或 2040cm^{-1} 的拉曼谱峰相应的红外谱峰位于 2035cm^{-1}，这一振动是拉曼和红外活性的，其可能对应于单端基或准双端基加侧基斜插式配位络合的分子态化学吸附氮物种。在缺氢情况下可以观测到归属于原子态 N$_{ad}$ 或 NH$_{ad}$ 的 ν（Fe-N）谱峰的可能原因是因为在这种情况下，化学吸附的 N$_{2,ad}$ 从直插落位到斜插、再到平躺、直至解离的分子重新取向过程容易进行到底。但在 N$_2$/3H$_2$ 的情况下，这一过程进行到底的机会很小，因为足够活化的 N$_{2,ad}$ 本身就可以直接加氢，瞬即解离而成的 NH$_{ad}$ 又迅速逐步加氢至成氨，即使有少量的 N$_{2,ad}$ 在催化剂表面解离成 N$_{ad}$ 或 NH$_{ad}$，也立即加氢成氨。所以，催化剂表面的 N$_{ad}$ 或 NH$_{ad}$ 的浓度是非常小的，以致检测不出。而催化剂表面的化学吸附氢的浓度很大，可能是吸附氢物种或晶格间隙氢物种，由于氢原子体积很小，表面迁移性大，因此有可能单核或多核配位络合在各种铁原子上，因而可观测到多种吸附氢的 ν（Fe-H）或 δ（Fe-H）。此外，他们发现 ν（N-N）的振动频率与一些 ν（Fe-H）的振动频率相当接近，如，ν（N-N）的 1935-1940cm^{-1} 与 ν（Fe-H）的 1921-1952cm^{-1}，以及 ν（N-N）的 2013-2035cm^{-1} 与 ν（Fe-H）的 2056cm^{-1}，这可能是由于氮氢共吸附或诱导吸附而产生的频率共振分裂现象所致。这一研究成果发表在《中国科学》中英文版上[①]。

要符合合成氨反应的氮（N$_2$）化学计量数等于 1 的实验事实，解离式机理的速控步骤必须只能是 N$_2$ 的解离化学吸附这一步，但这样一来，其速控步骤的表示式就与氢无关，因此，就不能从动力学同位素效应来解释为何双促进催化剂上氘比氢与氮反应来得快，而只能从热力学同位素效应来解释。这就必须假设催化剂表面的最丰吸附中间态物种是 N$_{ad}$ 或 NH$_{ad}$，然而，上述的红外和拉曼光谱实验结果表明，这一假设是缺乏实验依据

---

① 廖代伟，张鸿斌，王仲权，蔡启瑞：《氨合成铁催化剂上化学吸附物种的激光拉曼光谱》，中国科学 B，1986 年第 29 卷第 7 期，第 673-680 页。Liao, D. W.; Zhang, H. B.; Wang, Z. Q.; Cai, Q. R., Raman-spectra of Chemisorbed Species on Ammonia-synthesis Iron Catalysts. *Scientia Sinica*, *Series B-Chemical Biological Agricultural Medical & Earth Sciences*, 1987, 30（3），246-255。

的。同时，因为速控步骤没有氢的参与，也就无法解释低压时合成氨速度与氢分压的一次方成正比的实验事实。但如果按照缔合式机理，就可以较好地解释以上三个重要实验事实。蔡启瑞指出，N_{ad}或NH_{ad}与H_{ad}的反应是快速且可逆的，在大量H_{ad}存在的情况下，N_{ad}或NH_{ad}必然很少，至少要比反应速控步骤这一瓶颈的始态物种、快速吸附的$N_{2,ad}$来得少。因为，即使是解离吸附，氮分子也必须先在活性位上站住脚、得到配位络合活化，然后才能产生键的断裂而解离。

关于合成氨反应的微观图像，蔡启瑞指出，气相氮分子可能从各个角度碰撞α-Fe(111)晶面，大部分的氮分子几乎同时被表面所散射开，只有小部分氮分子在表面停留得足够久，它们可能发生Grunze所描述的分子重新取向直至解离的过程。但在合成氨反应条件下，由于吸附氢或间隙氢的存在，这些$N_{2,ad}^{\delta-}$在重新取向直至解离前，有许多机会与近邻的氢物种反应，并瞬即解离成N_{ad}或NH_{ad}或$NH_{2,ad}$，然后进一步迅速加氢成氨。参与反应的氢物种可能主要是$H_{ad}^{\delta+}$，但$H_{2,ad}^{\delta+}$或$H_{2,ad}^{\delta-}$的可能性也不能排除。光谱实验没有检测出$H_{2,ad}$物种，可能是由于其覆盖度很小或者极化率变化很小而观测不到拉曼谱峰。这些$H_{2,ad}$物种除了与$N_{2,ad}$按缔合式机理加成反应外，很快就解离为H_{ad}。

蔡启瑞还指出，尽管固氮酶与铁催化剂的化学性质很不相同，但在氮的活化及其加氢成氨机理等方面仍有许多共同之处，特别是在活性中心上氮的配位活化模式以及电子与质子传递机理等方面有相似之处。因此，通过酶催化固氮成氨与非酶催化固氮成氨两个不同体系的活性中心及其作用机理的比较研究，可以为温和条件下合成氨催化剂的研制提供有用的信息，并有助于了解配位络合与催化作用的密切关系。

蔡启瑞认为，铁催化剂上的合成氨反应主要是经由缔合式途径进行的，次要或局部的过程有可能通过解离式途径进行，两种机理是互为竞争的途径。虽然合成氨铁催化剂已经工业化应用了近百年，但对这一典型多相催化反应机理的研究还远远没有走到尽头，还有许多重要和挑战性的问题需要深入研究和解决。在这个意义上，可以说，合成氨催化反应仍然是催化领域的世纪难题之一。

1987年，国家自然科学奖三等奖授予了"在固氮酶作用下和铁催化剂作用下固氮成氨的研究"（主要研究者：蔡启瑞、张鸿斌、万惠霖、林国栋），在国家自然科学奖励委员会办公室编的《1987年国家自然科学奖获奖项目简介》中对蔡启瑞团队在铁催化剂作用下固氮成氨方面所取得的成果给予了如下评价："工业铁催化剂上固氮成氨机理是多相催化的一个经典理论问题。过去由于未能获得氨合成反应条件下催化剂表面物种及其相对浓度的现场实验信息，半个多世纪以来此机理问题一直存在着争论。本工作采用现场激光拉曼光谱方法，测得并证实，氨合成反应条件下工业铁催化剂表面主要吸附物种是H（a）或N_2（a），而N（a）或NH（a）只在富氮或贫氢或纯氮气氛中才能检测到；由此指出，按解离式机理，为解释已知的氘反同位素效应，所做关于NH（a）或N（a）为主要含氮吸附物种的假设不符合本工作现场拉曼光谱实验事实，也不符合N（a）和NH（a）进一步加氢比N_2解离吸附快得多的已知实验事实。本工作进一步从原子簇活性位对N_2的多核络合活化以及对高位能中间态N_2H_x（a）的部分稳定化以及降低反应活化能的观点，并从反应能量学的角度说明N_2先部分加氢再断裂N—N键较直接断裂N≡N键来得省力，即缔合式反应途径乃主要反应途径；并按缔合式机理，从动力学观点合理地解释了已知的氘反同位素效应。""鉴于铁催化剂作用下和固氮酶作用下的固氮成氨同属缔合式机理，皆含有N_2的多核络合活化，同样都通过双端基络合以降低高位能中间态N_2H_x的位能，因而对这两者进行了深入的关联。由于C≡O与N≡N的电子结构有不少相似之处，均含有牢固的三重键，故本工作对过渡金属催化剂作用下CO的缔合式催化加氢机理的研究也有重要启发。"后续工作"铁催化剂上的合成氨反应机理研究"又获得1998年国家教育部科技进步奖三等奖（主要研究者：廖代伟，蔡启瑞，陈鸿博，黑美军，林贻基）。

近20年来氨合成催化剂经历了从第一代铁催化剂向第二代钌催化剂的发展。蔡启瑞指导他的学生在国内较早开展了第二代氨合成钌催化剂的研究。通过实验，确定了最佳钌含量，并采用多壁纳米碳管作为催化剂载体，为钌催化剂的制备作出了贡献，引起国内外的关注。同时，在钌催化

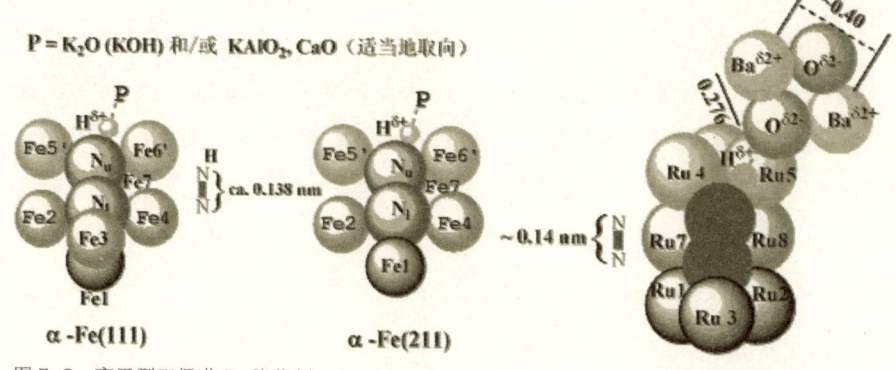

图7-3 离子型双促进 Fe 催化剂 α-Fe（111）或（211）面台阶活性位上 N_2 的多核配位活化及相应部分加氢过渡态中间物种 μ_7-NNH（ω_{3+1}，ω'_2）或 μ_6-NNH（ω_3，ω'_2）的生成模型

图7-4 离子型碱促进 BaO-Ru/MgO 催化剂 Ru（0001）B5-台阶活性位上 N_2 的多核配位活化及部分加氢过渡态物种 μ_5-NNH（ω'_3，ω'_2）或 μ_7-NNH（ω'_3，ω'_2）（包括 Ru_7 和 Ru_8）的生成模型

剂合成氨反应的机理研究方面也作了相当有成效的工作。在蔡启瑞亲自指导下，他的学生们精心设计和实施了氘反同位素效应实验。在 N_2/H_2（或 D_2）体积比 1/3、0.2MPa、633—733K 和 GHSV=24000 或 12000h^{-1} 的条件下，检测到了 Ru 基（纯 Ru、Ru/γ-Al_2O_3、K-Ru/γ-Al_2O_3、Ru/MgO、K-Ru/MgO 和 Ba-Ru/MgO）和 Fe 基（纯 Fe 和 A110-3）催化剂上强的氘反同位素效应（$r_D/r_H \approx 2$），其数值随催化剂和反应温度的变化而变化，这可能是动力学同位素效应与热力学同位素效应二者相互强竞争的结果。这一结果意味着氨合成催化反应中氢参与了反应速率控制步骤，为缔合式途径为主、解离式途径为辅、二者相互竞争的氨合成催化反应缔合式机理提供了又一个重要的实验依据[1]。

最近，蔡启瑞又指出，原本没有极性的分子态化学吸附氮，第一次加氢后就呈现出极性，氮负氢正，极性正端 H$^{\delta+}$ 在外，离子型助催剂 K_2O 或 KOH 通过负端，氧离子、或氢氧离子尽可能接近过渡态偶极的正端 H$^{\delta+}$ 来降低反应位能。而正离子则越大越好，越大越不能靠近反应过渡态偶极

[1] Lin, J. D.; Liao, D. W.; Zhang, H. B.; Wan, H. L.; Tsai, K. R., Deuterium Inverse Isotopic Effect in Ammonia Synthesis over Ru-Based and Fe-Based Catalysts. *Chinese Journal of Catalysis* 2010, 31（2），153-155.

的正端 $H^{δ+}$ 而相斥，越不会抵消正端与负离子相吸的助催化作用。90 多岁高寿的蔡启瑞还亲自用计算机画出了钌催化剂的电荷—偶极相互作用促进模型图。

领导碳一化学研究

1973 年开始出现的第一次石油危机催生了碳一化学，也引起了人们对于节能减排和低碳环保的注意，蔡启瑞参与领导了中国的碳一化学研究工作。他指导开展了合成气制乙醇、甲醇的催化机理研究，阐明了复合催化剂（金属催化剂—B 族过渡金属氧化物助催化剂—载体）中强相互作用的本质及合成气制乙醇催化作用机理，提出了铑与 B 族氧化物复合催化剂上合成气制乙醇的亚甲基—乙烯醛机理，指出因醛与烯醇的结构互变异构动态平衡，进一步加氢碳链不会再长。对复合催化剂中的金属活性中心—助催化剂—载体之间的强相互作用提出了创新性的独到见解。他深入能源与化工领域，提出化石资源（煤、天然气、石油）综合优化利用的重要学术见解，指导醇、醚、酯等清洁替代能源材料的催化合成和应用，为中国实现能源化工原料多样化和创建能源化工先进体系的战略决策作出了重要贡献。

1986 年，蔡启瑞亲自执笔给中国科学院山西煤炭化学研究所彭少逸写了一封长信，商讨组织"碳一化学的基础研究"国家自然科学基金重大项目的事宜，信中内容深刻体现了蔡启瑞先天下之忧而忧、一心为国、一心为公的科学远见精神。

过渡金属催化剂上合成气（$CO+H_2$）制乙醇是碳一化学中具有实用意义和理论意义的重要课题，是涉及优化利用煤、天然气资源，改变能源结构的重要课题之一。1987—1992 年"七五"期间，蔡启瑞和彭少逸一起主持了国家自然科学基金重大项目"碳一化学的基础研究"，并主编了《碳一化学中的催化作用》一书，反映了中国学者在这一领域的重要研究成果和进展，促进了碳一化学在中国的发展。因该项目取得了丰硕成果，具有指导性意义，而被收录作为国家自然科学基金重大项目案例材料之一。部分探索性强、显示出好苗头，或积累了部分数据、取得阶段性进展的课题，如南京大学的 Na_2WO_4/SiO_2 催化甲烷氧化偶联制 C_2 烃，清华大学的天然气直接催化转化制甲醇，厦门大学的甲烷氧化偶联和部分氧化催化剂表面氧物种的表征和作用机理研究等，经进一步优化、重组，转入下一期的国家自然科学基金重大项目"煤炭、石油、天然气优化利用的催化基础"。

碳一（C_1）化学主要是指含一个碳原子的反应分子（如 CO、CO_2，或 CH_4）与其他反应分子（如 H_2、O_2、H_2O、NH_3）在种种特选的催化剂作用下相互反应，经过种种中间态（多数是金属有机物种），转化为某些目标反应产物及副产物的极其丰富的反应化学，其中含有重要的催化原理。

碳一化学基础研究的另一重要意义在于它具有广阔的应用背景。人们预测，在人类可以大规模地使用再生新能源代替矿物能源之前，许多国家又将进入第二次以煤为主要能源和化工原料的时期。在我国，煤炭、石油、天然气这三种化石燃料资源的综合优化利用应该是相辅相成的。或由煤炭／天然气制合成气，或由天然气甲烷直接转化，或由碳一化学路线合成代用燃料（甲醇／二甲醚、混合醇、合成汽、柴油等）、重有机化学品、精细化工产品和合成高分子材料单体，将可分担石油基燃料化工的重负，对我国能源安全供应和经济保持竞争力与可持续发展，具有重要战略意义。

碳一化学中的关键性科学问题是催化剂的作用机理和催化理论。诸如催化剂中金属、原子簇、簇合物的电子结构和几何结构，与碳一主要反应物（CO、CO_2、或 CH_4）临氢、临水蒸气、或临氧催化转化中活性和选择性控制因数的关系，金属—载体或金属—促进剂的强相互作用（SMSI 或 SMPI）与协同催化作用，均相配位催化中配位体的调变作用和均相配位催化的固载化，多相—均相催化作用的关联（及其与金属酶催化作用的相互关联）等。对这些问题的研究是当今催化理论中最活跃的领域。通过对这些问题的研究,将为催化剂的选择和分子设计逐步积累科学基础。

"碳一化学的基础研究"项目围绕碳一化学中的重大理论和实践问题,开展基础研究、应用基础研究和开拓性探索工作。主要研究内容包括:①用现代先进的实验和理论方法,研究合成气制甲醇、乙醇及烃类的分子催化机理和金属—金属氧化物的协同催化作用机理,以及甲烷选择氧化和氧化脱氢催化作用机理;②在烯烃的氢甲酰化、甲醇或甲酯的羰基化、二烯类的羰基化等反应中,均相配位催化作用及其固载化研究;③有关小分子(CO、H_2、O_2、CH_4、CH_3OH 等)的催化活化和转化中的多相催化作用和均相催化作用的系统关联研究,发展碳一化学和催化理论;④碳一化学过程催化剂制备和新催化剂材料的开发研究,为煤、天然气用于能源和化工建设提供科学基础。

合成气制乙醇是涉及优化利用煤、天然气资源,改变能源结构的重要课题之一。该过程采用亲氧性金属促进的铑催化剂,助剂显著影响其活性和选择性。该体系是金属—助催化剂(载体)强相互作用(SMSI)的典型。十多年来许多实验室对这一多相多步骤催化作用进行了大量研究,但未能完全弄清其作用机理。

蔡启瑞认为合成气制乙醇的催化剂实际上是一种复合催化剂,其助催化剂与金属催化剂用量按克分子算大约相等,且每一轮都经过氧化还原催化循环;这与工业氨合成的金属催化剂不同,后者助催化剂用量很少,且在每一轮催化循环中助催化剂的化学状态基本不变。蔡启瑞认为合成气制乙醇的催化作用是按照亚甲基—乙烯酮(醛)机理进行的,生成乙烯醛或乙烯醛基后,碳链就不会再向上长了,因为氧上加氢(无论是溢流的氢,还是醇基的氢)就形成烯醇,烯醇快速异构化就形成乙醛或乙醛基,后者再加氢就产生乙醇或乙醛。一步或两步生成乙醛都算是原位的正常反应,因为催化剂表面存在大量的 C̲O、H̲ 和 HC̲O(下画线表示与催化剂活性中心金属原子配位键合的原子,下同)吸附物种。蔡启瑞指出,在酮(醛)与烯醇之间的结构互变异构化动态平衡可逆反应中,平衡点很靠近酮(醛)一边,烯醇仅占 1%—2% 或更少,这用氚示踪和原位红外光谱应能检测得出。

蔡启瑞领导的团队用化学捕获法、同位素法和 IR 法确定反应过程碳一物种 HCO 和 CH$_2$，C$_2$ 物种 H$_2$C＝C＝O 和 CH$_3$CO，首次发现后者为前者的加氢产物，反应经历甲酰基—卡宾—乙烯酮机理。为进一步加以证实，遂设计了以不转化 CO 为碳一物种的模型簇合物 Fe$_2$（μ-CH$_2$）（CO）$_8$/SiO$_2$ 代替催化剂进行相同的反应和捕获，得到相同的结果，确证上述结论，是首次用模型反应证实催化作用机理的例子。根据这些结果，提出如下独特见解：① CO 在氢存在下形成 HCO 中间态，而后氢解为 CH$_2$ 和 OH（而非如 Ichikawa 和 Sachtler 提出的 C≡O 先直接解离为 C 和 O 而后加氢）；② CH$_2$ 与 CO 偶合为 H$_2$C＝C＝O，接着加氢生成乙醇；③亲氧性促进剂金属阳离子 Mn^+（M=Mn 或 Nb、V、Ti 等）与 HCO 的 O- 端发生电荷—偶极相互作用，降低了 HCO 这一高位能中间体的生成活化能，同时削弱 HCO 的羰基双键，提高其反应活性；在后续反应阶段，促进剂金属阳离子由于一直被 OH 基束缚住而无法与烯酮—氧结合，使乙烯酮加氢生成乙醇的选择性大获提高；④提出羰基可逆的水合—脱水，合理解释氧同位素交混实验事实。在研究方法上，改进原位化学捕获法为竞争性原位化学捕获法；用负载型原子簇化合物中的 CH$_2$ 基团模拟反应中间物。这些都有突出创新性。

这一研究阐明了长期争论的 CO 转化为乙醇的催化反应机理，具有丰富催化理论的科学意义，也为研制优良催化剂提供科学依据，有其应用前景。事实上，在 CO 或 N$_2$ 等三键反应分子的配位催化加氢反应中，如关键步骤的中间态有较大的偶极矩变化，则偶极与电荷相互作用降低反应能垒往往是金属氧化物助催化剂作用的主要原理。此原理对于助催剂的选择具有普遍的指导意义。

蔡启瑞指导的现场中间物 HCO、CH$_2$、H$_2$C＝C＝O 和 CH$_3$CO 的检测以及 Rh—基催化剂上合成气制乙醇机理被评价为中国碳一化学最重要的进展之一[①]，并被国内外同行引述说明吸附中间态研究的重要性、稀土助剂的重要作用、化学捕获催化剂表面物种和簇合物模型反应研究催化反

---

① *Appl. Catal. A*：*General*，1993，94.

应机理的重要性。《合成气制乙醇催化作用机理的研究》获教育部科技进步奖一等奖（1994）和国家自然科学奖三等奖（1995）。这一成果原本推荐申请国家自然科学奖二等奖，但蔡启瑞觉得工作尚有美中不足之处，而主动改为申报三等奖。

随后，在蔡启瑞的离子掺杂价态补偿原理指导下和厦门大学的"甲醇合成Cu—ZnO—M$_2$O$_3$催化剂协同催化作用的微观本质研究"工作基础上，在铜基催化剂中引入某些M^{3+}金属离子，研制出一种适用于合成氨联醇流程的甲醇合成催化剂·NC208（获中国发明专利 ZL 1173393A），在南京催化剂厂投产并在20多家联醇厂应用，取得显著经济效益，鉴定专家评价其属国内首创，达到国际先进水平[1]。《NC208型甲醇合成催化剂》项目获教育部科技进步奖二等奖（1997）（主要完成者：杨意泉、车长针、张鸿斌、林国栋、蔡启瑞）。

蔡启瑞和彭少逸共同主持的"碳一化学的基础研究"项目的实施，

图7-5 80年代末，蔡启瑞与山西煤化所彭少逸教授（前排左二）、大连化物所林励吾教授（后排右四）等"一碳化学基础研究"项目组部分成员合影

---

[1] 引自教育部鉴字［教CW96］第020号。

缩小了我国碳一化学研究与国际发达国家的差距，其中一些领域已赶上国际先进水平。合成气制甲醇、乙醇催化作用机理研究，合成气制低碳混合醇钼硫基催化剂表征研究，氧化物组分间相互作用的"嵌入模型"，合成气经 MF 串联催化一体化合成甲醇等的研究论文分别被第九（1988）、第十（1992）和第十一（1996）前后三届国际催化大会（ICC）录取为口头报告。同时，建立并发展了一系列现代催化研究方法，包括：多种原位 / 现场谱学（如 *In-situ* IR 和 Raman 等）方法、化学捕获法、同位素标记法、瞬态应答法等，为开展分子—原子水平的催化研究提供了必要条件，大大增强了我们在催化学术前沿领域的开拓创新能力。

在"碳一化学的基础研究"项目实施期间，举办了第三届中日美催化学术讨论会（厦门，1987）。碳一化学研究是该次会议主题之一，为加强中日美催化学界的联系，促进彼此间的学术交流合作做出了积极贡献。蔡启瑞还在国际精细化工学术讨论会（1989，香港）作了专题报告，会后美国《化学与工程新闻》杂志刊登了与会记者对蔡的采访及对该报告观点的介绍和评述。[1]

丰富和发展配位催化理论概念

1957 年，Natta 首先使用了配位催化作用（coordination catalysis）一词，来阐明他们所发展的 α-烯烃定向聚合用的 Ziegler–Natta 催化剂和乙烯控制氧化用的钯—铜盐等催化剂的作用机理。60 年代，国际上发展了使均相催化"多相化"（或称固载化）的高分子载体和无机载体。随后，配位场理论和分子轨道能级图的发展，又为配位催化作用提供了理论基础。配位催化作用的催化剂主要是前线分子轨道中含有 d 轨道的过

---

[1] *Chemical & Engineering News*，68（6）8-9，February 5，1990。

渡金属配合物或盐类，因对称性匹配的 d 轨道与反应物分子（或基团）的反键 σ^* 轨道或反键 π^* 轨道相互作用，可有效地活化反应物分子中需破坏的 σ 键或多重键，且由于 d 轨道的参与，使得邻位插入、含金属的环状中间态的形成等基元步骤有可能变成对称性允许的、低位垒的反应途径。过渡金属元素价态变化的能量比较小，有利于作为氧化还原的电子传递中心。配位催化反应是在催化剂活性中心的配位范围内进行的，催化剂可通过电子因素和/或空间因素，（如定向络合、多核络合、配位体微环境的位阻效应或诱导效应等），对催化反应的中间体和产物结构起控制作用。

国内"配位催化"这一审定的专业术语以前被称为"络合催化"。同样地，"配位活化"以前被称为"络合活化"。即使是现在，在催化工作者中，还往往采用"络合"来代替"配位"，或者同时使用二词为"络合配位"或"配位络合"。

蔡启瑞回国主持领导催化研究的初期，就关注络合活化催化作用的研究。他在全国催化工作会议（1963 年 11 月，兰州）报告的基础上，撰写了"络合活化催化作用"一文[①]。同时，蔡启瑞将络合活化催化作用这一理论具体应用到他回国初期所发展的两个催化剂的研究中[②]。他指出，"在已知的这几种络合催化剂的作用下，炔类环聚芳构化反应看来都是按着基本上相似的反应机理进行的，即先在配位上二聚而成为顺式丁二烯基螯形配位体，然后再按 Diels-Alder 加成反应，或邻位嵌入反应，加上第三个炔分子"。

后来，在蔡启瑞为之奋斗一生的催化科学领域，都一直贯穿着配位催化理论这一中轴线，并具体和灵活地应用于催化反应的研究中。这从其后

---

① 蔡启瑞：《络合活化催化作用》，厦门大学学报（自然科学版），1964，11，（2），23-40. 全国高等学校学报化学化工版（试刊），1965 年，第 486 页。

② 厦门大学化学系催化教研室：《过渡金属化合物催化剂络合活化催化作用（I）- 附载型氧化铬和氧化铌催化剂的研究与炔类环聚芳构化催化反应机理》，中国科学，1973 年第 16 卷第 4 期，第 373-388 页。厦门冰醋酸厂，厦门橡胶厂，厦门大学化学系：《络合活化催化作用—Ⅱ．乙炔气相水合制乙醛锌系催化剂的研究》，化学学报，1975 年第 33 卷第 2 期，第 113-124 页。

陆续发表的论文中可见一斑[1]。

生物固氮反应中钼铁固氮酶的酶促机理是配位催化作用的典型例子。1963年全国催化工作会议在兰州召开，明确了厦门大学发展配位催化理论的方向。蔡启瑞将可在常温常压下固氮成氨的固氮酶的化学模拟与必须在高温高压下才能合成氨的氨合成催化剂的改进，有机地关联起来一起研究。1978年，蔡启瑞发表《生物固氮与络合催化》一文[2]，他指出"大量研究表明，固氮酶的作用机理是典型的配位络合催化作用"。"络合催化可有四种作用：①催化剂对反应物（底物）分子的络合活化作用；②对于反应方向和产物结构的控制作用（简称定向定构作用）；③通过配位体和价态可变的活性中心传递电子的作用；和④能量和电子偶联传递的作用。这四种作用在固氮酶的络合催化作用中都有体现。"这一领域的丰硕研究成果体现了配位催化作用可能产生的四种效应，丰富和发展了配位催化的

---

[1] Tsai, K. R., Correlation between chemisorption and coordination; Cluster approach to the nature of active sites on ammonia synthesis catalysts. *7th ICC Post Congr Symp on Nitrogen Fixation* (*Tokyo*) 1980, Invited lecture.; Tsai, K. R.; Wan, H. L., Coordination catalysis by transition metal complexes: Nitrogenase catalysis and its chemical modeling. *Fundamental Research in Organometallis Chemistry*, Tsutsui, M.; Ishi Y.; Huang, Y. Z. Eds., Unvi Park Press, Baltimore, USA, 1982, pp 1–12.; 万惠霖，张鸿斌，廖代伟，周泰锦，蔡启瑞：簇结构敏感型的过渡金属催化作用及其与原子簇络合物催化作用的关联。《厦门大学学报》（自然科学版），1984年第23卷第1期，第61–74页；Tsai, K. R.; Liao, D. W.; Wang, Z. Q.; Zhang, H. B., Coordination and catalysis on ammonia synthesis iron catalysts. *Book of Abstracts of the 23rd International Conference Coordination Chemistry* (ICCC, Colorado), 1984, p 277.; Xu, Z. W.; Lin, G. D.; Lin, S. T.; Zhang, H. T.; Yan, C. Z.; Xu, L. S.; Wu, M. G.; Tsai, K. R., Coordination catalysis by cluster complexes (I) Synthesis and catalytic properties of FeMo-co model compounds. *New Frontiers Organomet. & Inorg. Chem.* Huang, Y. Z.; Yamamoto, A.; Teo, B. K. Eds., Science Press, Beijing, China, 1984, p 9; 张鸿斌，蔡启瑞：F–T合成铁催化剂的配位催化作用。《厦门大学学报》（自然科学版）1986，25（6），658–665.; Wu, Y. F.; Chen, H. B.; Lin, G. D.; Yu, X. S.; Zhang, H. T.; Wan, H. L.; Tsai, K. R., Coordination and catalysis in coupled electron-transport & ATP hydrolysis by transition metal complexes. *25th ICCC* (Nanjing, China), 1987.; Chen, D. A.; Zhang, H. B.; Liu, J. P.; Tsai, K. R., Coordination and catalysis in syngas conversion to methanol and ethanol over metal-oxide promoted metal catalysts. *Proceedings of the 2nd Japan-China Bilateral Symposium on Utilization of CO and CO$_2$* (Osaka, Japan), 1988, p 61.; Tsai, K. R.; Zhang, H. B.; Wan, H. L.; Guo, X. X.; Lin, L. W.; Jiang, B. N., Molecular catalysis in hydrogenation of N$_2$ and of CO over metal catalysts. *The 2nd China-Japan-USA Symposium on Heterogeneous Catalysis* (Berkeley), 1985, Plenary presentation. 等等。

[2] 蔡启瑞：《生物固氮与络合催化》，化学通报，1978年第2期，第5–6页。

理论概念。

N₂ 与 CO 是电子数相同、均具三重键的同核与异核的双原子分子，二者的电子结构和配位化学行为应有可相比之意义。这两种似异兼具分子的加氢过程，一是固氮成氨，一是固碳成醇，其研究分别导致了氨合成（Haber—Bosch 过程）和费托合成（Fischer—Tropsch 过程）等重要化工过程的开发，大大推动了催化科学的发展。当时，关于 CO 加氢制乙醇这一反应的机理也还不清楚，同样存在着解离式机理与缔合式机理的争议。蔡启瑞基于配位催化理论概念，认为这两种双原子分子的加氢过程必存在相似和示异之处，应该将它们关联起来研究，彼此呼应，更有利于这两个重要催化反应机理的阐释。

在蔡启瑞指导下，厦门大学研究团队成功研发了硅胶负载型 Rh-MO$_x$（M 是 B 族过渡金属，如 Zr、Ti、Nb、Mn 等）催化剂，发现助催剂 MO$_x$ 对催化活性和选择性具有显著影响，是金属—氧化物助催剂—载体之间强相互作用（SMSI 或 SMPI）的典型。但这一多相多步骤催化作用机理仍未能得到圆满的阐释。1978—1988 年，国际上不少催化工作者都在钻研其机理，如：M. Ichikawa 等通过对以 B 族过渡金属（Mn^{II-IV}、Zr^{IV}、Ti^{IV}、Nb^{V-IV}）氧化物作为助催化剂的负载型铑催化剂上合成气制乙醇的研究，在第八届（1984，柏林）和第九届（1988，加拿大）国际催化会议上，提出了原子簇催化作用和 CO 解离式反应机理。但蔡启瑞比较了合成气制醇类反应与工业氨合成中的金属氧化物助催剂的作用机理，指出反应过渡态的偶极变化及正负端方向与助催剂的电荷或偶极方向对于降低反应活化能是很重要的因素。他提出，在上述（助催剂—催化剂）载体体系上 CO 加氢制乙醇、乙醛反应的第一步应该是先由溢出的 H 将 MO$_x$ 还原为 MO$_x$H，然后 RhCO 加氢生成甲酰基 H$\underline{C}$O，这是 CO 加氢的缔合式机理，MO$_x$H 对这一步有助催化作用。蔡启瑞认为，助催剂还协助甲酰基在 Rh 上加 H 转化为亚甲基（$\underline{C}$H$_2$），CH$_2$ 会快速吸附 CO 成烯酮基或烯醛基（H$_2\underline{C}=\underline{C}^{\delta+}=O^{\delta-}$），因为这是二价对二价的结合，应该比单价的 CH$_3$ 结合 CO 成乙酰基（CH$_3$CO）要快得多。蔡启瑞对 MO$_x$ 为 Nb$_2$O$_5$ 的负载型 Rh-MO$_x$ 体系制乙醇、乙醛反应中的助催剂状态和反应性能进行了仔细分析：参考有关手册，部分离子化的 Nb^V、Nb^{IV} 与 O^{II} 半径估计分别约为 0.069nm、0.074nm 与 0.132nm，阴阳离子体积相差近一个数量级，晶体中阳离子几乎为阴离子所包围，不必再考虑 H 能在 Rh 和 Nb^{IV} 之间搭桥；$Nb_2^{IV}O^{II}{}_5H_2$ 很可能是 $Nb_2^{IV}O^{II}{}_3(O^{\delta-}H^{\delta+})_2$，其偶极 $H^{\delta+}$ 端可比 Nb^{IV} 更靠近将要生成的烯醛基 $Rh-\underline{C}H_2=\underline{C}^{\delta+}=O^{\delta-}$ 的 $O^{\delta-}$ 端；如果 $O^{\delta-}H^{\delta+}$ 与将要生成的 $\underline{C}^{\delta+}=O^{\delta-}$ 几近直线地异极相向、形成接近氢键形式的相吸引，就能比较有效地促进乙烯醛的生成；这就是蔡启瑞所坚持的亚甲基—乙烯酮（醛）机理。这样一来，CO 加氢制乙醇的反应机理问题就完全可以得到合理的解决，因为只要记住物理有机反应机理所熟知的酮（或醛）—烯醇互变异构动态平衡可逆反应，就知道进一步加氢可得到乙酰基，再连续加氢就得到乙醇，而如只加 H 就得到乙醛，加甲醇则得到醋酸甲酯，乙醛与醋酸甲酯的相对得率取决于反应物中 H 与甲醇的原子／分子比。

蔡启瑞指导下的厦门大学研究团队用原位化学捕获法、同位素法和红外光谱法确定了反应过程 C_1 物种 $H\underline{C}O$ 和 $\underline{C}H_2$，C_2 物种 $H_2\underline{C}=\underline{C}=O$ 和 $CH_3\underline{C}O$，首次发现后者是前者的加氢产物，支持了蔡启瑞坚持的亚甲基—乙烯酮（醛）机理。为了进一步加以证实，他们改进了原位化学捕获法为竞争性原位化学捕获法，用负载型原子簇化合物中的 $\underline{C}H_2$ 基团模拟反应中间物，设计了以不转化 CO 为 C_1 物种的模型簇合物 $Fe_2(\mu\text{-}CH_2)(CO)_8/SiO_2$ 来代替催化剂进行相同的反应和捕获，得到相同的结果，从而用模型反应证实了上述的催化作用机理。

蔡启瑞指出，在 CO 或 N_2 等三键反应分子的配位催化加氢反应中，如关键步骤的中间态有较大的偶极矩变化，则偶极与电荷相互作用降低反应能垒往往是金属氧化物助催剂作用的主要原理，这原理对于助催剂的选择具有普遍的指导意义。合成气制乙醇反应的 CO 缔合式加氢机理与氨合成中的 N_2 缔合式加氢机理类似，金属氧化物助催剂都是通过偶极相互作用来起促进作用的。但 CO 第一次加氢后呈现出的极性是负端极性朝外，通过正端来降低反应位能，这与 N_2 加氢有所不同。蔡启瑞合理阐明了长期争论的氮加氢成氨与一氧化碳加氢制乙醇的催化反应机理，并为研制优良催化剂提供了科学依据。

50多年来，蔡启瑞致力于有关配位催化理论概念的系列研究和实践，并在分子水平上深入研究催化作用和催化机理，取得了丰硕成果，丰富和发展了配位催化的理论概念。其中，"络合催化理论的研究"获1982年全国自然科学奖三等奖，"络合催化理论与化学模拟生物固氮"获全国科学大会奖。蔡启瑞提出络合（今称配位）活化催化作用的理论概念，总结了配位催化作用可能产生的配位活化、结构定向、电子传递（后来又作了重要发展，总结为电子与质子传递或偶联传递）及其与能量偶联的传递等

图7-6 "络合催化理论的研究"获1982年全国自然科学奖三等奖

四种效应，将均相催化、多相催化和金属酶催化作用有机关联起来并精确示异，丰富和发展了配位催化的理论概念，奠定了中国在分子水平上研究催化作用和反应机理的理论基础和严谨思维方法，带动了中国催化学科的发展。

发展分子催化研究方法

蔡启瑞在化学学科各领域从事学习、教学和科学研究的经历，使他在化学研究方法和技巧上积累了丰富的经验。同时，蔡启瑞时刻关注国内外研究方法和仪器设备的最新发展动态，善于灵活思维的他率先将理论和实验上的新方法和新技术具体应用到分子催化研究中，运用原位化学捕获、同位素示踪、模型反应、原位分子光谱和量子化学计算，发展了分子催化

研究方法。特别是，蔡启瑞提出配位活化等四种配位催化作用效应；对酶促生物固氮、金属催化 N_2 加氢与金属催化 CO 加氢三类重要反应进行了广泛关联与精确示异，从某些类型离子晶体极化情况和极化能的系统研究出发，推广到反应过渡态出现极化情况的研究，提出偶极—离子电荷相互作用是离子型助催化剂的作用本质等新见解，为百年来争论不休的氨合成机理提供了合理解答，为 CO 加氢离子型助催化剂的选择指出方向；利用固氮酶底物的竞争抑制为化学探针，获得乙炔高顺式加氘的笼内配位模式，推断出固氮酶反应中 M 簇笼中心不可能有原子 x 存在；在碳一化学方面，提出铑与 B 族氧化物复合催化剂上合成气制乙醇的亚甲基—乙烯醛机理，指出因醛与烯醇的结构互变异构动态平衡，进一步加氢碳链不会再长。

20 世纪 70 年代，厦门大学较早引进了国际上先进的激光拉曼光谱仪和傅立叶变换红外光谱仪。蔡启瑞考虑到拉曼活性与红外活性的对称性示异，以及这两种分子光谱仪可以在催化反应条件下现场使用，就指导他的学生们设计和制作了原位动态样品池和可与光谱仪配合使用的催化反应系统，采用原位动态激光拉曼光谱和傅立叶变换红外光谱互补方法，对氨合成反应中铁催化剂上的化学吸附物种进行了实验研究，在国际上提供了第一个采用原位动态激光拉曼光谱和傅立叶变换红外光谱互补方法研究化学吸附物种的成功例子。从石英玻璃到不锈钢池体，经过多次改进演化，原位动态激光拉曼光谱池和傅立叶变换红外光谱池及二者为一体的综合池，引起国内外同行的关注和兴趣，并前来定购，以便应用于其他催化反应研究中。

在蔡启瑞指导下，原位动态激光拉曼光谱和傅立叶变换红外光谱证实了氨合成反应条件下铁催化剂表面主要的化学吸附物种是分子态氮而不是原子态氮。最近，在蔡启瑞指导下，他的学生们精心设计和制作了合理的氘同位素实验系统。实验证实了在铁基和钌基氨合成催化剂上，无论是否有促进剂，都存在强的氘反同位素效应。

在一氧化碳加氢合成乙醇的催化反应研究中，蔡启瑞指导下的厦门大学研究团队用原位化学捕获法、同位素法和红外光谱法确定了反应过程中的 C_1 物种和 C_2 物种，首次发现后者是前者的加氢产物。同时，他们将原位化学捕获法改进为竞争性原位化学捕获法，用负载型原子簇化合物中的 CH$_2$ 基团模拟反应中间物，以不转化 CO 为 C$_1$ 物种的模型簇合物来代替催化剂进行相同的反应和捕获，通过模型反应来进一步证实实验结果。

在分子和原子水平上研究催化作用，量子化学理论方法的重要性不可忽视。具有精深结构化学素养的蔡启瑞，从刚回国时期的晶体极化能计算到后来在重要的催化研究中，都注重采用原子簇模型的量子化学理论计算方法来进行理论研究。近 80 岁才学使用计算机的蔡启瑞，会用计算机画出很精确的模型图，标注上合理的键长和键角等参数，提供给进行计算的学生和同事参考。这一实验与理论相结合的研究方法在氮加氢合成氨、一氧化碳加氢合成乙醇、固氮酶活性中心等重要的催化反应研究中都取得了成功的经验，并被广泛推广应用到其他分子催化反应机理的研究中。

提出优化利用化石燃料资源创建能源化工先进体系的主张

蔡启瑞高深的学术造诣及其在催化科学领域所取得的丰硕研究成果，为他在更高的学术层面上思考国家能源化工的发展战略奠定了科学的基础。专门报道世界化学与工程领域最新进展和创新性成果的 *C&EN*（Chemical and Engineering News）和催化领域的权威刊物 *J. Catal.*（Journal of Catalysis）是蔡启瑞 1956 年回国后订阅并每期必看的主要刊物。思想活跃、勤于思考的蔡启瑞在领导和投入碳一化学研究的同时，在国内外的各种场合，对世界和我国能源化工的发展战略方向，都提出了切实可行的科学建议。他从我国煤炭资源丰富、而石油和天然气资源相对较少的国情出发，认为我国应尽可能绕过工业化国家燃化工业数十年来过分依靠石油为原料的老路，要及时走油（气）、煤并举，燃、化结合，优化和洁净利用我国化石燃料资源的途径，提出了优化利用化石燃料资源，创建能源化工先进体系的主张，建议发展煤集成气化联合循环发电、高效联产甲醇／二甲醚等，发展适合国情的甲醇汽车和甲醇燃料电池，分两步实现绿色能源和绿色汽车。

1997年3月，全国政协大会期间，蔡启瑞虽未与会，但他深思熟虑，郑重起草了题为"发展煤气化综合洁净利用；发展甲醇汽车和甲醇燃料电池"的提案传真给在北京参加会议的彭少逸院士，还附信作了更详细的说明，并请彭少逸征询卢嘉锡、唐敖庆、闵恩泽、张存浩、徐如人、田昭武、张乾二等与会院士和政协科技组之专家学者的意见。

随后，一贯认真推敲、一丝不苟的蔡启瑞又对此提案进行了修改，并给彭少逸附信："这基本是日前传真的翻件。原提案二页昨天请张鸿斌同志缩写为一页，已用传真寄上。今天我再做些修改，主要是应点出甲醇作为代用燃料，美国虽已知其可行，而因炼油工业、汽油汽车工业、和汽、柴油输配设施系统已经发展到顶，固定资产包袱沉重，一时还不容易大量推广代用燃料（虽然已有一些州在推广），而我国还无这种包袱，应及时轻装快步前进。附上一页的提案建议修改稿于下页，以供参考。"

2000年10月，在北京京西宾馆召开了由国家科委主办的21世纪新一代煤化工技术发展研讨会，蔡启瑞及其助手张鸿斌在会上作了题为"煤洁净发电联产甲醇燃料化工发展甲醇汽车及混合动力汽车"的发言，指出"为迎接新世纪的机遇与挑战，发展煤集成气化联合循环（CIGCC）发电联产甲醇／二甲醚和甲醇燃料化工，发展甲醇汽车及混合动力汽车；按系统工程组织全国有关的基础研究和应用研究，以提高创新能力，促进电力、燃料、化工联产产业体系的发展"。

2002年，由中国石油和化学工业协会、中国煤炭工业协会在北京联合举办的中国国际煤化工及煤转化高新技术研讨会后，蔡启瑞及其助手张鸿斌又应邀在中国化工报（2002年12月5日）上发表了题为"优化利用化石燃料资源，创建能源化工先进体系"的文章。

同时，蔡启瑞还撰写了题为"Catalysis in a Scheme of Clean Coal-Utilization Technologies"的英文稿，强调催化作用在煤洁净综合利用技术

中的重要性，呼吁国际社会重视优化利用煤资源，创建洁净、先进的能源化工综合产业体系。该文稿后经修改，正式发表[①]。

推动催化学科建设

1956年，蔡启瑞回到厦门大学担任结构化学的教学和科研工作。当时，卢嘉锡和傅鹰正在参加制订中国"十二年科学规划"，其主旨是"任务带学科"。蔡启瑞认识到，新中国百事待举，应根据国情，先完成国家需求的急要任务，然后在实践的基础上进行总结，提高理性认识，以促进学科的发展。

时任厦门大学理学院院长的卢嘉锡已培养了不少优秀人才，建立了物理化学二级学科中的物质结构三级学科。卢嘉锡的一名高徒田昭武已在开

图7-7 1965年，蔡启瑞与卢嘉锡（前排右四）及催化讨论班学员合影

---

① Energy Policy Restructuring and a Scheme of Clean Coal Technologies, *Coal Chem. Ind.* (Supp), Proc. '2002 CCCF, 2002, 177–179.

展电化学三级学科，正准备由卢嘉锡的另一名高徒张乾二发展量子化学—理论化学三级学科。蔡启瑞对结构化学和物理有机化学、反应机理都有兴趣，有先发展有机催化再转催化学科的想法。

蔡启瑞培养了一大批有理论基础和实践经验的催化研究人才。他1957年开始招收催化研究生。"文化大革命"期间停招。"文化大革命"后，于1978年招收首届硕士研究生。1981年获国务院批准成为首批博士研究生导师（厦门大学化学系仅蔡启瑞和田昭武二人），1982年4月首批博士研究生入学。1986年开始接受博士后研究人员。60年代后，蔡启瑞所领导的厦门大学催化团队，曾三次受原高教部、教育部和国家教委的委托，先后举办催化讨论班（1964—1966）、进修班（1979.10—1980.2）和现代催化研究方法研讨班，邀请了国内名师卢嘉锡、谢希德、邹承鲁、黄鸣龙等来厦授课，培养催化骨干力量，为全国有关高校和科研单位培养了大批催化科学领域的中、高级人才，有效促进了中国催化研究与应用及催化学科教育事业的发展。

关于蔡启瑞对厦门大学及兄弟单位化学一级学科、物理化学二级学科和催化三级学科发展的杰出贡献，我们可以从2011年厦门大学化学学科90华诞的有关资料中看到点点滴滴，这主要包括了蔡启瑞在中国科学院华东分院催化电化研究室、物理化学研究所（厦门大学）、固体表面物理化学国家重点实验室（厦门大学）和醇醚酯化工清洁生产国家工程实验室（厦门大学）的发展历程中的贡献。

"五六十年代之交，是化学系名师荟萃的好时期，当时有一级教授卢嘉锡，二级教授蔡启瑞，三级教授陈国珍、吴思敏、方锡畴，副教授六人。但是，为了支援兄弟单位，化学系输送了许多骨干。1960年，为筹办福州大学与物质结构研究所，卢嘉锡教授赴榕任职（化学一所也随之迁往福州）。1963年，陈国珍教授调任于二机部。而在此之前，为了发展我省的化学工业，江培萱于1958离开厦门抵三明。此后，中国科学院福建分院撤销，化学二所改属华东分院，全称为中国科学院华东分院催化电化研究室（蔡启瑞兼任室主任至1964年4月）。该室迁址在三明后，改称为中国科学院福建物质结构研究所二部。随着化学一所、二所和海洋研究室先后迁离厦门大学，分别发展为物质结构研究所和海洋三所海化室，化学系的一批优秀教师奔向福州大学、物质结构研究所与海洋三所，有些已成为这些单位的骨干。现在，中国科学院福建物质结构研究所已成为我国结构化学的重要研究基地之一。福州大学、海洋三所也已发展成国内有一定声望的教育、研究机构。三明化工厂则已成为我省最大的化工生产基地。"①

蔡启瑞十分注重多学科的团队合作，在蔡启瑞等的倡导和组织下，厦门大学先后建立了物理化学研究所、固体表面物理化学国家重点实验室和醇醚酯化工清洁生产国家工程实验室等教育部和国家级的研究机构。

在蔡启瑞的指导下，催化教研室和催化研究室已成为一个阵容强大、成果丰硕的教学、科研集体。70年代后，他们先后组建了烯烃聚合组、乙烯环氧化组、乙苯脱氢组、丙烯（氨）氧化组等科研小组，全面介入石油化工研发的主要领域。同时，先后还组建了固氮研究组、合成氨研究组、一氧化碳加氢研究组、低碳烷烃催化转化研究组等，进行重要催化反应的基础应用研究。1984和1996年，厦门大学催化学科分别承办了第二届和第八届全国催化会议。1987年，厦门大学催化学科承办了第三届中日美催化研讨会。

经过几代人的努力，特别是新中国成立后，在包括蔡启瑞在内的几位杰出学术带头人的卓越奉献下，厦门大学化学系已在全国高等院校和科研机构中占有重要的地位。其中，物理化学更是国内名列前茅的学科点之一，在国际上也有重要影响。1987年10月，诺贝尔化学奖获得者、美国加州大学伯克利分校教授李远哲博士来校访问时，通过参观和座谈，对化学系和物理化学研究所的工作给予很高评价。他说，厦门大学化学系在美国可以排在前20名之列。

蔡启瑞创办了厦门大学催化学科，并精心抚育其成长，使其发展成为国内外重要的催化研究基地之一。1999年，蔡启瑞应国际上重要的催化学

---

① 厦门大学化学化工学院编著：《任重道远，继往开来——纪念厦门大学化学学科创建90年暨化工系列创办20年》。厦门：厦门大学出版社，2011年。

术刊物《今日催化》之邀，撰写了"厦门大学应用催化研究50年及其与催化基础研究的关系"一文①，向国际同行介绍了厦门大学催化研究的硕果。

蔡启瑞的长子蔡俊修回忆说："彭少逸院士于上世纪90年代初在厦大化院报告厅郑重对众多听众说道，我国催化界不是没有领军人才，如果能够更早更好地发挥蔡启瑞先生的带领作用，我们的进展会更有成效"；"德国著名物理化学家克鲁靳格（H. Knözinger）教授访问厦大时也说蔡先生的作用是无可替代的"②。

促进国际催化学术交流

蔡启瑞1947年赴美留学、工作近十年，1956年回国后，坚持关注国际上相关学术界和产业界的研究发展动态。众所周知，在当时的大环境下，与美、欧、日等西方国家的国际学术交流处于停顿状态，国际学术刊物在我国难以公开发行，只能通过内部资料的复印制作形式，经批准供有关图书馆或资料室或个人订阅，且价格昂贵；直至改革开放前，国人的工资水平都很难承受得起个人订阅，而且，还有专业英文阅读的难度。

但蔡启瑞宁愿生活简陋，也要省下工资来订阅与研究工作相关的国际学术权威杂志，一直到今天。蔡启瑞的长子蔡俊修回忆说："他一直自费订《催化评论》（*Catal. Rev.*）、《催化杂志》（*J. Catal.*）和《化学研究报告》（*Acc. Chem. Res.*），它们代表着催化研究和化学学科研究的前沿。所有杂志他几乎都翻阅过，有的还仔细阅读并作了记号，它们都还整齐地排

---

① Tsai, K. R.; Chen, D. A.; Wan, H. L.; Zhang, H. B.; Lin, G. D.; Zhang, P. X., Forty years of applied catalysis research at Xiamen University and its interaction with fundamental catalysis research. *Catalysis Today* 1999, 51, （1），3-23.

② 蔡俊修访谈，2012年12月1日，厦门。资料存于采集工程数据库。

列在他办公室的书柜里。他有美国化学化工新闻（C & E News）的赠送本，由于它报道了世界各国化学化工的最新学术和产业动态，引起他的密切关注，并坚持仔细浏览。所以，每次听到他对学科发展的侃侃而谈和颇有见地的分析，实质上乃是来自比常人更多的耕耘和付出。"[1] 每当蔡启瑞看到与正在进行的研究有关的好文章，就会向他所指导的研究生或同事介绍推荐；蔡启瑞的研究生和同事经常向他借阅这些杂志。蔡启瑞活跃的思维和敏锐的洞察力，与其坚持不懈地阅读英文原文、关注国际最新研究成果和动态是分不开的。

作为学术领军人物，蔡启瑞希望从国内外的学术交流中得到新信息和启发，以便及时和更好地领导开展相关研究工作。在他回国后的第二年，1958年3月，蔡启瑞作为中国科学代表团团长，率团赴莫斯科参加全苏催化工作会议，并在莫斯科进行催化方面的参观访问。1963年，蔡启瑞参加在兰州召开的全国催化工作会议。1972年蔡启瑞乘火车硬席赴长春参加固氮会议，并参与固氮研究的项目规划工作。1973年2月，蔡启瑞又参加全国固氮会议。

改革开放后，我国与世界各国的学术交流逐步走上正轨，相互交流日益扩大。八九十年代是蔡启瑞开展国际学术交流最密集和频繁的岁月，这时蔡启瑞已经是七八十岁的高龄了，但英语口语娴熟的蔡启瑞仍甘当重任、不辞劳累、甘为孺子牛。1977年11月至12月，蔡启瑞参加我国理工科高校代表赴美考察团，考察了美国高等教育并进行学术交流。1978年6月，蔡启瑞到美国威斯康星大学参加第三届国际固氮会议。1980年7月，蔡启瑞赴日本参加第七届国际催化会议，会后在固氮专题讨论会上作了特邀报告。1980年7月15日，蔡启瑞被教育部派往美国、加拿大、日本、英国、西德、荷兰等国参加催化科学和化学模拟生物固氮考察。1980年12月，蔡启瑞赴澳大利亚堪培拉参加第四届国际固氮会议。1981年3月，蔡启瑞率厦门大学催化与固氮科学考察团访问日本、美国，并在麻省理工学院做客。1983年，蔡启瑞在福州举行的国际分子结构学术讨论会上

---

[1] 蔡俊修访谈，2012年12月1日，厦门。资料存于采集工程数据库。

图7-8 1981年，蔡启瑞等访问麻省理工学院［与该院 W. H. Orme-Johnson 教授（前排右二）讨论固氮研究］

作了学术报告。1982年11月，蔡启瑞邀请美国加州大学的缪特缇斯（E. L. Muetteties）教授来厦大讲学。1983年8月，蔡启瑞参加第186届美国化学会年会后赴西欧进行催化科学考察和学术交流。1984年7月，蔡启瑞赴联邦德国参加第八届国际催化会议及会后专题讨论会。1984年，蔡启瑞邀请美国斯坦福大学化学系的所罗门（E. I. Solomon）教授来厦大讲学。1985年8月，蔡启瑞赴美国参加第二届中、日、美催化学术讨论会；并作专题报告。1986年，蔡启瑞委派助手在24届国际配位化学会议上发言进行学术交流；同年，蔡启瑞在联合国UNDP赞助举行的电催化、光催化和金属仿生催化国际学术讨论会上作学术报告。1986年9月，蔡启瑞赴香港中文大学讲学三周。1987年，蔡启瑞在第三届中、日、美三国催化会议上作学术报告；同年，蔡启瑞参加第25届国际配位化学会议。1988年8月，蔡启瑞赴香港参加国际精细化工学术讨论会，并作专题报告；同年，蔡启瑞赴加拿大参加第九届国际催化会议。1989年3月，蔡启瑞应邀赴比利时作"催化与固氮的专题"的讲学；同年11月，蔡启瑞出席1989年太平洋化学会议；同年12月，蔡启瑞赴美国夏威夷，在亚太

图 7-9　1988 年，蔡启瑞参加第九届国际催化会议（会后卫星会的各国代表合影）

化学大会上作专题报告。1991 年 3 月，蔡启瑞应邀赴香港访问，并作固氮专题讲学；同年 5 月 9 日，蔡启瑞赴美国参加第五届中日美催化会议；同年 7 月 31 日，蔡启瑞赴苏联参加学术会议。1992 年 4 月，蔡启瑞赴美国旧金山参加第 203 届美国化学会年会。1994 年 3 月，蔡启瑞赴美国参加第 207 届美国化学会年会。

蔡启瑞的长子蔡俊修回忆说："1982 年，蔡启瑞第二次脾脏撕裂大出血，在厦门第一医院医生的果断决策下，再次化险为夷，并产生数位年轻解放军战士慷慨献血的佳话。病后不久，他就领着林国栋教授造访英国、法国、和德国，向同行讲述了以活化 N_2 为核心的厦门大学观点。欧洲归来，厦大的学术活动相当活跃，先后邀请了美国催化元老伯伟（R. L. Burwell）、斯坦福大学教务长所罗门、美国化学会志副主编 Jone·陈、化学群论大师科顿（F. A. Cotton）、德国知名物理化学家克鲁靳格、日本催化权威田丸谦二（K. Tamaru）等来校讲学，让国际主要科技群体加深了对厦门大学的印象。"[1]

蔡启瑞身体力行的"走出去加请进来"的国际学术交流模式取得了实效，让国际学术界对我国催化领域的发展有了更深刻的了解，也促进了我

---

[1]　蔡俊修访谈，2012 年 12 月 1 日，厦门。资料存于采集工程数据库。

国催化研究的发展和催化人才的培养，为厦门大学以及我国催化学术界的国际交流作出了杰出的贡献。蔡启瑞的长子蔡俊修回忆说："蔡启瑞和日本催化界名师田丸谦二师徒（Tamaru 教授和 Iwasawa 教授）保持着密切的学术往来和良好的个人情谊。"①

蔡启瑞之所以能在国际学术交流中如鱼得水，畅所欲言，除了他具有广袤精深的学识外，还在于他熟练的英语水平。1991 年 12 月 16 日，蔡启瑞被中国科学院成都有机化学研究所聘为《天然气化学》英文版顾问。几十年来，蔡启瑞接受过大量学术机构、学术刊物的聘请，担任委员、主任、编委、顾问等职务。但这次的聘任有点特别，是刊物的英文版顾问。因此，也特别引人注目。

蔡启瑞从小就很重视英语的学习，中学时各门功课优秀，英语学习也很努力，大学时代英语学习也特别下工夫。他到国外许多地方考察，国外学生也喜欢与他交谈；面对提问，他都应付自如。

关于英语学习，蔡启瑞在 1979 年出版的《青年思想漫谈：科学家谈攻关》书中写的《攻书莫畏难》一文中写道："学外语要弄通语法，多练习读、写。同时通过视觉和听觉，在脑子里留下比较深刻的印记。这样，既能较快提高浏览、阅读外文图书资料的能力，又能同时锻炼听、说外语的本领。"

身教言传培养研究生

1956 年，蔡启瑞回国后，卢嘉锡将其招收的结构化学研究生黄开辉和施彼得调整给蔡启瑞指导。1957 年，蔡启瑞自己正式招收了第一位催化化学研究生陈德安。"文化大革命"前，蔡启瑞共指导了 13 位研究生，这些研究生后来都成为教授、研究员或高级工程师，成为各自工作单位的学术

---

① 蔡俊修访谈，2012 年 12 月 1 日，厦门。资料存于采集工程数据库。

带头人和骨干力量。其中一位研究生万惠霖于 1997 年当选为中国科学院院士。

"文化大革命"后，恢复研究生招生制度并实行学位制。1978 年，蔡启瑞招收了首批 6 位物理化学专业的硕士研究生，研究方向为多相和络合催化理论。1981 年，经国务院批准，蔡启瑞成为我国首批博士研究生指导教师，并招收了首批物理化学专业的两位博士研究生，于 1982 年 4 月正式入学，研究方向为多相和络合催化理论。1985 年 4 月 20 日，蔡启瑞指导的博士研究生廖代伟通过博士学位论文答辩，获得厦门大学授予的理学博士学位，学位论文《铁催化剂上的化学吸附物种和固氮成氨》在蔡启瑞的精心指导下完成。廖代伟成为新中国成立以来厦门大学和福建省高校自己培养的第一位博士，同时，还是我国催化科学领域自己培养的第一位博士。

1985 年，美国斯坦福大学化学系霍奇逊（K. O. Hodgson）教授来厦门讲学，饶有兴趣地列席了蔡启瑞指导的两名硕士生的毕业论文答辩。返回美国后，他为联合国教科文组织写的一份报告中说，中国硕士生的水平之高，是他始料不及的。他认为，中国研究生的水平，完全可以和世界上任何好的大学相媲美。

1986 年，经国务院批准，蔡启瑞又成为我国首批招收博士后研究人员的教授。1978 年至今，蔡启瑞共指导了 47 位硕士研究生和 20 位博士研究生，以及六位博士后。蔡启瑞善于因材施教，充分启发和调动学生的主观能动性，教导学生要"大胆假设，小心求证"，让学生自由发挥创造性。蔡启瑞指导学生们在催化科学的基础研究和应用研究方面作出了重要贡献。同时，身教言教，特别重视对学生们的学

图 7-10　蔡启瑞与他的研究生们

第七章　领军催化科学研究五十五年

术道德和人品的培养教育。

下表列出蔡启瑞所指导的研究生及其研究方向或学位论文题目等，以便了解蔡启瑞所涉及的研究工作之概貌。

蔡启瑞所指导的研究生及其研究方向或学位论文题目

姓 名	入学—毕业/答辩时间	学位论文题目或研究方向、内容	学位或备注
黄开辉	1955—1958	乙炔二聚做乙烯基乙炔 乙烯基乙炔选择加氢做丁二烯	卢嘉锡调整来
施彼得	1955—1958	硫化物晶体结构	卢嘉锡调整来
陈德安	1957—1961	醇醛缩合催化研究——负载型氧化物催化剂	蔡启瑞招收的第一位催化研究生
肖漳龄	1959—	醇醛缩合催化研究——离子交换树脂催化剂	在职研究生
陈祖炳	1961—1963	丙烯氨氧化做丙烯腈	1963年转筹备讨论班工作
林国栋	1961—1966	乙炔水合	
陈守正	1961—1966	乙炔水合	
王秀丽	1961—1963	乙炔二聚	1963年转催化电化研究室工作
万惠霖	1962—1966	快速反应动力学	
张鸿斌	1962—1966	烯烃聚合催化剂	
高沈林	1964—		因1966年"文化大革命"未结业
林去存	1964—		因1966年"文化大革命"未结业
王镜和	1964—		因1966年"文化大革命"未结业
硕士研究生			
廖代伟	1978.10—1981.10.9	氨合成铁催化剂上氮吸附态的研究	理学硕士学位
陆维敏	1978.10—1981.10.9	负载型聚丙烯高效催化剂的研究	理学硕士学位
陈鸿博	1978.10—1981.10.9	$Fe_4S_4^*$原子簇与ATP的络合及电子传递与ATP水解的偶联	理学硕士学位
林建毅	1978.10—		被选派赴美留学

续表

姓　名	入学—毕业/答辩时间	学位论文题目或研究方向、内容	学位或备注
曾晓鸣	1978.10—1981.10.9	铁催化剂上氢的升温脱附谱和活化吸附态的研究	理学硕士学位
陈慧贞	1978.10—1982.10.22	乙苯脱氢制苯乙烯 11# 及无铬 210 催化剂的研究——晶格氧的作用	理学硕士学位
郁正伟	1979.9—1983.4.9	乙烯光电催化氧化的研究	理学硕士学位
吴也凡	1980.9—1983.10.21	$Fe_4S_4^*$ 原子簇与 ATP 的络合	理学硕士学位
刘敏敦	1980.3—1983.10.22	固氮酶活性中心模型化合物合成方法的探索——（K_2MoS_4–$FeCl_2$–KOR–NaHS）体系的电子光谱及其催化固氮酶的某些底物还原的性能	理学硕士学位
杨意泉	1980.9—1983.10.25	合成气制乙醇负载型铑催化剂——Rh–Nb_2O_5/SiO_2 催化剂活性位组成的研究	理学硕士学位
王耀华	1980.9—1983.11.2	反应法制备的聚丙烯负载型催化剂的研究	理学硕士学位
顾桂松	1982.2—1984.12.13	合成气制乙醇 Rh–Nb_2O_5/SiO_2 催化剂金属—助催化剂—载体相互作用机理的研究	理学硕士学位
陈建平	1982.2—1984.12.13	氧化铁系催化剂上乙苯脱氢反应机理的研究	理学硕士学位
宋　岩	1982.2—1985.1.28	固氮酶活性中心化学模拟合成体系研究	理学硕士学位
许颂临	1982.3—1985.1.28	等离子体聚合修饰半导体光电极的研究	理学硕士学位
洪　亮	1982.3—1985.1.31	负载型锰氧化物引发的丙二酸酯与端烯自由基加成反应的研究	理学硕士学位
钟传建	1982.3—1985.2.1	乙炔在铜/石墨阴极上的电催化还原加氢和电引发聚合	理学硕士学位
林　旭	1982.9—1985.6.24	不饱和酯类催化氢硅化的研究	理学硕士学位
翁维正	1982.9—1985.12.2	丙烯定向聚合负载型高效催化剂的研究	理学硕士学位
林建生	1982.9—1985.9.12	硝基苯与一氧化碳反应的催化剂与催化作用机理研究	理学硕士学位
王伟斌	1982.9—1985.11.4	在可见光照射下乙醇——水体系光催化脱氢的研究	理学硕士学位
杜玉华	1983.9—1986.8.4	合成气制乙醇负载型铑催化剂稀土金属氧化物助催化剂的促进作用研究	理学硕士学位
林　珊	1983.9—1986.8.27	光电极表面保护与催化双功能膜的研制	理学硕士学位

续表

姓　名	入学—毕业/ 答辩时间	学位论文题目或研究方向、内容	学位或备注
张兆龙	1983.9—1986.9.1	蒽醌磺酸盐—聚吡咯膜电极的制备、电化学性质及其应用的研究	理学硕士学位
朱爱民	1983.9—1986.9.4	负载型铑催化剂中金属——促进剂的相互作用及催化合成气制乙醇的研究	理学硕士学位
林　俊	1984.9—1987.6.24	一步法合成甲苯二异氰酸酯催化剂及催化作用机理的研究	理学硕士学位
林淑琼	1984.9—1987.7.6	钼系、钼铋系和三元钼铋基氧化物上氧吸附物种的 EPR 研究	理学硕士学位
何基良	1984.9—1987.9.18	$CO/H_2/NH_3$ 合成 CH_3CN 钼基催化剂的 XPS 表征和催化活性	理学硕士学位
汪海有	1985.9—1988.10.29	Rh 系催化剂上合成气转化为乙醇的反应机理、助剂作用及本质的研究	理学硕士学位
王京华	1986.9—1989.8.9	还原羰基化制备苯氨基甲酸乙酯钯催化剂研究	理学硕士学位
潘填元	1986.9—1989.9.7	醋酸甲酯羰基化制醋酐均相催化体系的助剂及其机理研究	理学硕士学位
周小平	1986.9—1989.9.13	$[NH_4]_2[FeMo-S_4Cl_2]$ 在 ATP 作用下电子传递的研究 固氮酶 FeMo-Co 模拟体系的活性评价和合成尝试	理学硕士学位
余云帆	1986.9—1989.9.23	丙烯选择（氨）氧化钼酸铋催化剂性能控制因素的研究	理学硕士学位
李　勇	1986.9—1989.9.29	负载型乙腈合成钼基催化剂研究——第二金属添加组分的作用及工作态催化剂的 ESR、XPS 和 LRS 表征	理学硕士学位
王凡成	1986.9—1989.11.3	甲烷氧化偶联制乙烯的研究	理学硕士学位
林玉琴	1986.9—1989.11.14	制甲醛新型催化剂的研制及其表征	理学硕士学位
龚永强	1987.9—1990.8.7	ZrO_2 体系上甲烷氧化偶联制乙烯乙烷及其机理的研究	理学硕士学位
李文莹	1987.9—1990.8.7	脉冲激光离子源直线式双电场飞行时间质谱计的研制及碳原子簇质谱研究	理学硕士学位
黄世转	1987.9—1990.9.11	铑/碘甲烷催化醋酸甲酯羰基化制醋酐的研究	理学硕士学位

续表

姓　名	入学—毕业／答辩时间	学位论文题目或研究方向、内容	学位或备注
游晨涛	1987.9—1990.10.8	甲醇在负载型氧化物催化剂上脱氢制甲醛的研究	理学硕士学位
邱育南	1987.9—1990.11.2	甲苯的电催化氧化	理学硕士学位
黄浩平	1987.9—1990.11.15	合成气制低碳混合醇硫化钼基催化剂研究	理学硕士学位
周水琴	1988.9—1991.9.11	固定载体高分子富氧膜研究——新型膜材料的合成与性能研究	理学硕士学位
王　炜	1988.9—1991.9.12	硝基苯还原羰基化合成苯氨基甲酸乙酯催化剂及其作用机理研究	理学硕士学位
马　坚	1989.9—1992.7.7	甲醇催化脱氢制无水甲醛的研究	理学硕士学位
王泉明	1989.9—1992.8.25	甲烷氧化偶联催化剂的研究	理学硕士学位
何小龙	1990.9—1993.8.22	铜锰复氧化物催化剂对芳烃的深度氧化作用	理学硕士学位
博士研究生				
廖代伟	1982.4—1985.4.20	铁催化剂上的化学吸附物种和固氮成氨	理学博士学位
陈鸿博	1982.4—1986.12.9	金属—金属氧化物助剂协和催化作用的研究——Cu/ZnO/M$_2$O$_3$甲醇合成催化剂的活性中心本质	理学博士学位
沈雁飞	1985.9—1988.6.14	A STUDY OF PROMOTER EFFECTS ON THE ACTIVE CENTERS AND THE MECHANISMS OF CO HYDROGENATION OVER SUPPORTED PALLADIUM CATALYSIS	理学博士学位
吴也凡	1984.3—1988.9.8	铁硫立方烷簇合物及聚硫醚金属配合物催化剂仿生配位催化研究	理学博士学位
洪　亮	1985.3—1988.12.27	麝香酮及环十五酮环合前体合成法的研究——过渡金属和元素有机化合物在合成中的应用	理学博士学位
陈建平	1985.3—1994.5.11	合成气在第Ⅷ族金属催化剂上的转化及其一些相关的基础问题的研究	理学博士学位
张兆龙	1986.9—1989.9.28	关于甲烷氧化偶联的表面科学与催化作用基础研究	理学博士学位
翁维正	1986.9—1989.11.26	钼铋铁系复氧化物催化剂组成、结构与性能关系和丙烯选择氧化、氨氧化反应主、副产物形成机理的研究	理学博士学位

第七章　领军催化科学研究五十五年

续表

姓　名	入学—毕业/答辩时间	学位论文题目或研究方向、内容	学位或备注
周朝晖	1986.9—1989.12.8	有关固氮酶模拟反应和铑催化乙醇合成模型反应的簇合物反应性能研究	理学博士学位
胡云行	1987.9—1990.12.24	AHTD 法铜基催化剂合成甲醇的研究	理学博士学位
汪海有	1988.9—1991.10.10	负载型铑基催化剂上合成气转化为乙醇的反应机理	理学博士学位
刘玉达	1989.9—1992.12.29	CATALYST DESIGN AND PREPARATION FOR METHANE OXIDATIVE COUPLING (MOC) REACTIONS	理学博士学位
周小平	1990.9—1993.12.23	氟离子调变的甲烷氧化偶联及乙烷氧化脱氢催化剂的研究	理学博士学位
黄静伟	1990.9—1994.4.11	THE CHEMICAL SIMULATION OF BIOLOGICAL NITROGEN FIXATION	理学博士学位
李海燕	1990.9—1995.10.24	合成气经甲酸甲酯制甲醇新催化过程和催化剂研究	理学博士学位
晁自胜	1992.9—1995.10.24	甲烷氧化偶联制碳二烃及乙烷氧化脱氢制乙烯	理学博士学位
方智敏	1990.9—1996.8.28	丙烷氧化脱氢 VMgO 催化剂双相协同催化作用和活性位的研究	理学博士学位
林海强	1996.9—1999.12.9	分子筛膜及纳米分子筛合成研究	理学博士学位
侯书雅	2001.9—2004.6.30	高柠檬酸钼及其同系物的研究	理学博士学位
陈洪斌	2002.9—2007.1.12	高柠檬酸同系物的合成及固氮酶催化反应中的质子传递研究	理学博士学位
博　士　后			
郑兰荪	1986.8—1988.8	铁原子簇羰基化合物的催化作用机理研究	博士后
杨建灵	1988.10—1990.10	配位络合分离膜和配位催化功能膜的研究	博士后
袁友珠	1990.8—1992.12	均相配位催化剂多相化	博士后
张伟德	1991.8—1993.10	低碳烷烃催化氧化脱氢制烯烃的研究	博士后
刘爱民	1992.2—1993.10	生物固氮及其化学模拟	博士后
高利珍	1994.8—1996.10.30	特殊聚集态催化剂的制备	博士后

重视基础与应用相结合

蔡启瑞认为，化学学科的性质决定了它必须与实际应用密切结合。他一贯主张既要重视基础研究，也要重视应用研究，要两条腿走路，为国家任务服务。蔡启瑞自己身体力行，在应用催化工作的最初十年，指导研发出负载型氧化锌和负载型氧化铌两种新催化剂，为乙炔路线制合成橡胶单体解决了关键技术问题。后来他指导研究生及同事们开展科学研究时，也都注意了有应用前景的研究成果的专利权申请。从下表的专利授权（ZL）或公开（CN）情况可见一斑。

蔡启瑞所获专利授权（ZL）或公开（CN）情况

名　称	专利号/公开号	授权日/公开日	发　明　人
甲烷氧化偶联制乙烯催化剂	ZL 91110922.6	1995年10月4日	刘玉达，林国栋，张鸿斌，蔡俊修，万惠霖，蔡启瑞
氧化钍—氧化钙—碳酸钡系甲烷氧化偶联制乙烯催化剂	CN 1074391A	1993年7月21日	刘玉达，林国栋，张鸿斌，蔡俊修，万惠霖，蔡启瑞
甲烷氧化偶联制碳二以上烃催化剂	ZL 92105258.8	1995年10月25日	周小平，万惠霖，蔡俊修，蔡启瑞
钍系甲烷氧化偶联制乙烯催化剂	CN 1081627A	1994年2月9日	刘玉达，林国栋，张鸿斌，蔡俊修，万惠霖，蔡启瑞
乙烷氧化脱氢制乙烯催化剂	ZL 92110008.6	1995年11月29日	周小平，万惠霖，蔡启瑞
丙烷氧化脱氢制丙烯催化剂	ZL 92111518.0	1995年10月4日	张伟德，周小平，万惠霖，蔡启瑞
高碳数端烯氢甲酰化制高碳醛负载型水溶性催化剂	ZL 93100802.6	1997年8月6日	袁友珠，蔡启瑞，张鸿斌，洪亮
异丁烷氧化脱氢制异丁烯催化剂及其制造方法	ZL 93115308.5	1999年8月25日	张伟德，汤丁亮，万惠霖，蔡启瑞
甲烷氧化偶联制碳二烃催化剂	ZL 94107757.8	1999年8月25日	晁自胜，周小平，万惠霖，蔡启瑞

续表

名　　称	专利号/公开号	授权日/公开日	发　明　人
无死体积流量调节阀	ZL 94216485.7	1996年1月31日	方智敏，万惠霖，蔡启瑞
一种用于气相色谱仪的单柱化双柱	ZL 94216622.1	1996年6月19日	方智敏，万惠霖，蔡启瑞
抗积炭甲烷部分氧化制合成气催化剂及其制造方法	ZL 96101766.X	1999年10月27日	陈萍，张鸿斌，林国栋，蔡启瑞
负载型强碱液膜甲醇羰化制甲酸甲脂催化剂及其制备方法	ZL 96103148.4	2000年1月26日	林国栋，李海燕，周金海，张鸿斌，刘玉达，蔡启瑞
过渡金属催化剂及用于制备均匀管径碳纳米管的方法	ZL 96110252.7	2000年11月1日	陈萍，张鸿斌，林国栋，蔡启瑞
合成气制低碳醇的铑基催化剂及其制备方法	CN 1179993A	1998年4月29日	汪海有，蔡启瑞，刘金波，傅锦坤，高景星
手性胺膦金属配合物及其制备方法和在不对称催化氢化的应用	ZL 97112606.2	1999年12月22日	高景星，许翩翩，黄培强，万惠霖，蔡启瑞
非氧化条件下甲烷脱氢芳构化催化剂	ZL 97100978.3	2000年11月29日	曾金龙，张鸿斌，林国栋，熊智涛，蔡启瑞
一种烯烃氢甲酰化制醛的淤浆型催化剂	ZL 01132718.9	2003年7月16日	袁友珠，李志华，彭庆蓉，蔡启瑞
碳纳米管促进铜—基甲醇合成催化剂及其制备方法	ZL 02102608.4	2003年10月22日	张鸿斌，董鑫，林国栋，蔡启瑞
氨合成催化剂及其制备方法	ZL 02142327.X	2005年3月23日	廖代伟，林敬东，王欣莹，陈鸿博，蔡启瑞
外消旋高柠檬酸内酯制备方法	ZL 200510108100.7	2009年5月13日	蔡启瑞，陈洪斌，黄培强，周朝晖

　　蔡启瑞精深的学识和点拨常常为后辈的疑难问题指明方向，使他们后来得到了很好的发展，并应用于实际中。如他的一个学生困惑于产物很臭，遂向蔡启瑞反映；蔡启瑞告诉他这是硫醇，硫醇可制蛋氨酸，后来他们成功研发了硫醇合成催化剂，并卖到德国。又如，他的一个学生困惑于多壁纳米碳管作载体效果不理想，蔡启瑞告诉他可用作促进剂试试，试过之后，效果显著，随后的研究创新了多壁纳米碳管的应用和理论。但蔡启瑞坚决拒绝在有关专利、论文、奖项等成就上署名，他认为这些指导都是他为人师所应该做的小事，不足挂齿。

第八章
百岁人品，一代楷模

中 国 心

蔡启瑞一生爱国爱乡，特别是新中国成立的那一年，他从俄亥俄州立大学发回的那份发自内心的电报"我怀念您啊！祖国！"更广为传诵。直到1956年，他多次申请回国终于获得批准，只专心整理科研资料后，就忙着乘船回国，他说："我已等了六年，现在一天也不能再等了！"回国途中想得最多的是："我现在已进入中年，今后如何报答祖国！"这一切，已是人们特别是厦门大学的人们所熟知的。

回国前，蔡启瑞在晶体结构的研究方面已取得相当成就，但回国后不久，他根据中国发展石油工业对催化科学的迫切需要，决定将研究重点转移到催化科学方面。根据"任务带学科"和"不能忽视基础研究，要求理论联系实际"的国家需求，蔡启瑞带领团队在最初的应用催化十年以及在催化科学基础研究55年中，为中国催化学科和队伍的发展，作出了杰出的贡献。

蔡启瑞一直关心国家各方面建设的发展，他积极参加人大、政协会议，参政议政，积极提出各项议案，给国家领导人写信提关于国家资源综合利用等建议。蔡启瑞还特别关心国家的统一，关心台湾问题的解决。为了推动两岸交流，2000年台湾地区举行催化会议，已多年未出远门的他特意决定前往参加。2004年台湾王永庆来厦门后石办电厂，他还特意邀几位助手一起去了解情况，主动提出帮助他们解决一些问题。他还经常与学校研究台湾问题的专家陈孔立交流探讨台湾问题。

在一些具体的生活小事上也充分表现他的一片爱国情怀。有一次到美国开会，女儿蔡维真正好在那里做访问学者，给他一些美元，让他买一台电视机回家用。他就强调买电视一定要买国产的，要支持我们自己的国家。最后就买了海尔电视。买软件他也一定要买中文之星。他经常说的一句话就是我们要支持自己的国家。

心 系 民 生

蔡启瑞出身贫苦家庭，从小对母亲、对家人亲友、家乡父老充满真情。事业有成以后，对社会建设、民生疾苦更倾注着深情。他作为全国人民代表大会代表、政协委员，了解民情更多。他在各种会议上提出的建议、提案，多与社会民生息息相关。1981年，在第五届全国人民代表大会第四次会议上，提出"关于发展可燃性矿物资源综合利用技术"、"关于利用外资和进口原油在厦门郊区或泉州建一个250万吨的炼油厂"、"建议在永安或漳平建个万吨电石厂"的三个提案；1990年，在海沧拟建大型石化项目的情况下，向福建省教委提交"关于联合办学增招石油加工专业本科生的报告"；1997年在全国政协开会期间，已不担任政协委员的蔡启瑞，还特地把提案传递给参加会议的彭少逸；2000年，在美国化工技术发展研讨会上"煤洁净发电联产甲醇燃料化工发展甲醇机车及混合动力汽车"的发言等，都和国计民生休戚相关。

蔡启瑞心系国家的可持续发展。蔡俊修回忆说："甲醇是化学工业的基石和重要燃料，所以，他（蔡启瑞）利用一切场合宣传'油、煤、电结合，燃化并举'，意思是我国石油较少，要合理利用，不要燃料

图 8-1　1998 年，蔡启瑞作"化石燃料优化利用"的报告

和化工利用都打石油的主意，应该充分发挥煤炭的作用；为此，建议把煤炭发电和化工结合起来，用电低峰时多产甲醇等化工品，并一再呼吁推广甲醇汽车，为节省汽油寻找出路。他和同事们几次向国家提交了相关的建议。""每年春节团拜过后，万惠霖等挚友总会到家中小聚，议论的话题总是围绕着国内外的大事展开，大家互相启发和勉励，过一个别开生面的新年，这样的聚会已经成为每年的固定安排。"[①]

蔡启瑞还特别关心与家乡厦门、福建有关的建设。他曾多次向有关领导建言，赶快修通厦门到龙岩经长汀、赣州转井冈山进入湖南，再取道怀化入重庆的铁路，并可连接兰渝铁路直指大西北。他认为这样的大动脉可以让西南、西北避开天津、上海、广州等繁忙的港口，找到新的合适的出海口，也可以扩大厦门的腹地，实现多赢。而且赣州可以直接连接京九铁路，也可以连接重庆、西北方向，还可以连接欧洲。

蔡启瑞心系人民疾苦。当一些地方发生自然灾害时，他每次都充满真情地捐款。1998 年，长江、嫩江、松花江发大水的第一天，他得到消息便急急地赶到捐款现场，捐款 3000 元；2008 年 5 月 12 日，四川汶川发生里氏八级强烈地震，这时已 95 岁高龄的蔡启瑞拄着拐杖赶到捐款现场，捐款一万元；2009 年，强台风"莫拉克"袭击台湾，蔡启瑞立即拿出一万

---

① 蔡俊修访谈，2012 年 12 月 3 日，厦门。资料存于采集工程数据库。

元，叮嘱助手尽快汇出。他动情地说："两岸同胞情同手足，看着他们遭灾，心里真不是滋味。希望这点钱能派上用场，能对台湾人民重建家园起点小作用。"那几天，他花不少时间守候电视新闻报道，了解灾情发展情况。嘴里还念叨着："我们能尽一点绵薄之力，能为他们做点什么呢？"

1999年，蔡启瑞向邵建寅等资深校友建立的萨本栋微电子中心科研基金会捐赠10万元人民币。

蔡启瑞在1999年4月获得"何梁何利基金科学与技术进步奖"时的奖金，当时有20万港币。时任厦大化学化工学院党委书记的林永生回忆说[①]，当时，拿到奖金，还没到家，蔡先生就直奔学院，提出要捐出奖金，用于人才引进。不过，蔡启瑞当时工资不高，居住条件十分简陋，又逢他的太太生病，需要昂贵的药费，林永生和同事商量后决定悄悄以蔡先生的名义将这笔钱先存起来，以备他急用。蔡启瑞有四个儿女，20世纪90年代，蔡启瑞一家还挤在一间小房子里。学校几次分配大些的房子，都被他谢绝，直到后来学校兴建大批教工宿舍，他才搬进新居。搬家时，学院把存着奖金的存折送还，蔡先生推辞不过，只得留下，却不肯动用一分。2013年5月，蔡启瑞在与家人商量一致后，委托万惠霖，再次向学院提出捐赠奖金的想法。学院最终决定接受这笔特殊的捐款。当年的存折，原封不动地被保留至今。按照蔡启瑞的意愿，家人将奖金兑换成人民币，加上利息所得，共计人民币21.6万元，全部捐出，用于支持化学化工学院人才培养和教学科研发展。

正 直 无 私

1971年，蔡启瑞任厦大革委会副主任，1978年任副校长。但蔡启瑞在这一领导岗位上却饱受煎熬，并不愉快。按规定，校领导必须在一些文

[①] 林永生访谈，2013年5月9日，厦门。资料存于采集工程数据库。

件或决定上签字。在当时的氛围下,一些明显不合理的决定却非要蔡启瑞签字认可,让蔡启瑞非常不安。那段时期,他时常提笔彻夜在房中走来走去,签不下去,甚至气得将手中的钢笔猛摔到地上。

蔡启瑞对自己要求十分严格,为人非常低调克己,这又是所有了解他的人赞赏不已的一个特点。1956年蔡启瑞刚回国时,学校评给他二级教授,他自己坚决要求降为三级;1960年福建省教育厅批准他为二级教授时,他不肯领取给他增加的工资;1980年,蔡启瑞被评为一级教授,他又不肯接受补发的工资,最后把钱上交给系里作为公益金。

蔡启瑞坚决不为子女亲属谋取个人利益,涉及子女亲属个人利益有关的事,他都主动回避。他的长子、长媳都在厦门大学化学系工作,平时,他没有外出开会办事等情况,每天必到化学馆、化学系、实验室。但是,如果遇到系里评职称,长子、长媳提出申请时,他就在评审职称那段时间的一两个星期里不到化学馆、化学系。甚至有时候听到评审的初步结果是儿子、媳妇排在前面时,还会对有关负责人说,不应该让他的子女排在前面,某某、某某比他们更优秀一些。负责人只好告诉他这是大家开会投票的结果,不能随意改变。1982年,系里有几名青年教师出国的名额,愿意到英语国家、尤其是美国的较多。蔡启瑞的长子蔡俊修也想到美国,但赴美留学的名额只有一个;蔡俊修的考试成绩好,系里初步拟定让蔡俊修去美国,可蔡启瑞不同意。他说某某青年教师更适合去美国,系里采纳了他的意见,结果蔡俊修去了德国。这类事传开来,让大家对蔡启瑞的人品倍加钦服。

蔡启瑞从国外回来后的头20年时间里,即从"反右"开始到粉碎"四人帮"之后的一段时间里,知识分子的生活待遇没有什么改善,住房一直处于紧张状态。20来年的时间里,蔡启瑞一家七八口人一直挤在不到30平方米的房子里,逢年过节在外地工作的子女、亲戚来,只好到其他老师家里借宿。过后的一段时间,他家虽有几次搬迁,但是条件都没有明显的改善,直到1997年学校通过集资的方式盖了300套面积较大的房子,只要大家自己出一部分钱就可按条件排队分到新房。按蔡启瑞的条件无疑是可以分到比原来住房宽裕得多的房子。但蔡启瑞却因为需要的人太多而暂不考虑。学校几次盖新房子，大家动员他搬，他都不肯，一再说有时间要花在工作上。他一直说，要写个像样的报告交给学院，对以后的工作要有个交代。每次有领导到他家里看他，谈得最多的是国家的科技发展、国家的规划、两岸的关系、学院的学科建设。一直到2008年年底，学校又盖了一幢新房，大家一再劝他，说无论如何要搬，因为这是学校盖的第一幢有电梯的房子，这时他走路已有些困难了，上那一级又一级的楼梯更是艰难。这次他才听从大家的意见，搬了新家。

改革开放后，蔡启瑞频繁参加国际学术会议。他经过多次手术，身体不好，胃切除四分之三，按规定出国的生活费可以超出常规。但他不仅不超支，而且每次都有节余。每次出国经费开支都精打细算，用节省下来的外汇为系、为实验室添买所需的微型电子计算机、打字机、照相机等器材和图书，从不为自己买一件东西。他钟爱的小女儿要他买一个简单的计算器，他也不肯。他在90多岁时，仍然自己拎包上班去。到市区办事，也是自己挤公交车。有关领导和办事人员一直对他说，外出要注意安全，院里派车没问题，学校也支持。可是他总说："我现在年纪大了，更要多走路。"有一些事，蔡启瑞对自己的要求严格到了人们不易理解的地步。如，有一次，蔡启瑞从北京开会返厦，他女儿在北京读书和他一道回来，到达厦门时，他却不让女儿一起坐上学校派来接他的小汽车，要她自己搭乘公交车回家。

一生最爱实验室

脚踏实地、认真做事，是长子蔡俊修评价蔡启瑞一生最常用的八个字。蔡启瑞的长媳陈笃慧回忆说："蔡先生是个极其不爱名利的人。改革开放后，厦门大学邀请他美国导师纽曼来访；公公告诉我，他在美国的论文，如申请专利是会成为百万富翁的。但他不重视这些，他要回国。20世纪80年代初，有一次他从北京开会回来，告诉我：'这次遇到方毅副总理，他要我当厦门大学校长,我一再谢绝了。'接着他很认真地对我说:'其实,我这一生最爱的只是一间实验室。'老科学家为科学的发展甘愿坐冷板凳的情操,至今仍然有现实意义,是后来学者的榜样。"[①]

蔡启瑞的一生,大量时间是在实验室里度过的。一直到九十七八岁了,他还拄着拐杖常到实验室来。在2011年年初摔倒住院之前,他还来过实验室。他在实验室,到了废寝忘餐的地步,有时要等到家里来人、来电话催促才回家用餐。有时从外地出差回来,不顾旅途疲劳,放下行李,直奔实验室;进了实验室便忘了时间,有时在实验室直至深夜,没有任何感觉。等想回家时,发现大楼外面的大门被关上了。他到阅览室看书,也有几次被锁在图书馆里。蔡启瑞每次出差到北京,都要抽出一些时间到中国科学院的图书馆里查看、收集有关资料。每次写论文、写材料,都要反复多次修改。他的论文在还没有发出之前,发言稿在还没有到讲台之前,他都要反复修改,总是力求完美。

蔡启瑞长期工作、阅读到深夜,他的同事、亲友、学生住处和他邻近的,半夜甚至下半夜都可以看到他的房间电灯亮着。加上他曾有几次生病住院,特别在他80岁以后,有人看到他还是那么勤奋地学习、工作,便劝他要多保重身体,晚上早些休息。

在2011年蔡启瑞住院治疗前,厦门大学化学楼仍经常出现近百岁高龄的蔡启瑞拄着拐杖的身影穿梭在各个实验室之间,跟他的学生和同事们讨论科研工作,关注着各个研究课题的进展。

爱 才 育 才

蔡启瑞1937年大学毕业后,开始担任厦门大学化学系物理化学和有机化学的助教;1940年晋升讲师后,又讲授分析化学课程,开设定性、定

[①] 陈笃慧访谈,2012年11月29日,厦门。资料存于采集工程数据库。

量分析课程，还担任过新生院的普通化学教学工作。他作为一名高等学校化学教师的起步阶段，几乎所有化学学科的基础课都教过。而且他的记忆力特强，化学方面大量的基础数据都牢牢记住，可以脱口而出。当时，学校的领导、师生有一个共同的感觉：蔡老师虽然普通话不标准，口才不算好，但是知识渊博、思维缜密，特别耐心细致，对学生态度极为和蔼可亲，指导学生做实验要求严格，常亲自动手示范，令人心服口服；批改作业、修改文章更是细致周密、不厌其烦。他自己也曾很自谦地说："我课堂教学的效果很不理想，自己引以为憾。只能在课外讨论时加以弥补，尽心指导，尽可能把一些新知识传授给学生，传授清楚。"

赴美留学深造回国后，1956 年蔡启瑞就承担培养结构化学研究生的工作，1957 年开始招收催化研究生，1978 年"文化大革命"后，先后招收硕士、博士研究生及博士后科研人员。数十年的教学工作，虽然学生的层次不同，但他都精心培育，对每个学生的长处和短处都了如指掌，根据学生的特点加以引导，使每个学生都能健康成长、德才兼备。他总是鼓励学生、助手，既要缜密思考，又要广开思路，敢想敢闯。既要大胆假设，又要小心求证。他一直相信科学在不断发展，青出于蓝而胜于蓝是事物发展的规律，衷心希望学生能超过自己。因此，他对学生没有任何保留，竭诚奖掖后学，永远诲人不倦。

蔡启瑞特别重视青年人才的培养。在第四届全国催化会议上，本来会议安排蔡启瑞作一个报告；但他为了提携年青一代的科学家，竭力推荐年青的万惠霖作报告，会议接受了他的建议。万惠霖作报告时，用的是幻灯片，蔡启瑞在一旁帮忙，为他一张一张地翻动幻灯片，这一场面给现场的与会者留下深刻印象。1982 年蔡启瑞病危手术后，在病床上还关心着博士生廖代伟到北京听当年诺贝尔化学奖得主霍夫曼（R. Hoffman）讲课的情况。

蔡启瑞爱护人才、推荐人才尽心尽力。萨本栋的儿子萨支唐是台湾中央研究院院士，办了一个微电子中心，是一位卓有建树的物理学家。蔡启瑞极力主张厦门大学引进萨支唐，他不仅给校领导、市领导写推荐信，还多次找市领导蔡望怀、物理系的老主任吴伯僖等人交谈、介绍萨支唐的学术成就，终于让萨支唐在厦门大学物理系的科研事业中发挥了作用。

蔡启瑞对一些业务上优秀的青年关爱有加，关心他们的学习、工作，从各方面帮助他们，把他们推荐给工作单位，推荐他们出国深造。蔡启瑞的子女也都很优秀，工作也都顺利，因此蔡启瑞很少为他的子女事操心，几乎没替他们办过事。看到蔡启瑞为一些青年人的事奔忙的情景，有人会对蔡启瑞的家属子女打趣说："看来，他们更像是他的子女哩。怎么费那么大的力气呢？"蔡启瑞与同事、学生一起共同署名发表的许多学术论文，有的是他亲自撰写的，有的是根据他提出来的主要论点写成的，有的是他手把手教学生写成的，但他经常坚持把自己的名字列在后面。

凡是蔡启瑞熟悉的出国留学深造的厦门大学老师们的子女，他总是尽力劝导他们完成后一定要回来，为发展我国的科学事业贡献力量。蔡启瑞的长子蔡俊修到德国进修，只差一年便可获得博士学位，但在蔡启瑞的动员下，还是如期返校工作。对一些同事、朋友的后辈在国外学习并初有所成的子女，蔡启瑞也同样十分关心。化学系退休教师江启温的儿子江绍毅在美国学习，即将取得博士学位，回国探亲时，蔡启瑞特地登门探望这位青年，了解他的学习情况，让他向他的导师范良增问好。后来范良增教授应邀来厦门大学讲学，蔡启瑞特意赶去听课，并认真记录，课后和范良增认真交流学术问题和对学生的培养情况。事后又认真和小江交流，鼓励他学成后一定要回来为祖国服务。这一切让江启温父子十分感动。

2008年，蔡启瑞的学生周泰锦的儿子周宇，大学毕业后创办了一个高新企业，并在全国造成一定的影响。蔡启瑞知道后，不顾年已近百岁，身体有恙，却多次提出要去实地看看。2010年10月，由长子蔡俊修陪同参观了周宇创办的厦门宇电自动化科技有限公司，对周宇和他的公司、他领导的团队多加褒奖，给年轻人以极大的鼓舞。

蔡启瑞对任何人都友好和善，常对青年人讲，要和谐相处、相互关照。他从来不严厉指责人，对实在有缺点错误的人他循循善诱，让人心服口服，乐于克服缺点，改正错误。更让人钦佩的是，他从来不在背后随便议论人。

蔡启瑞还特别会关心人，他的学生、助手身体欠安，他会登门探望慰问，有时还会带上他夫人亲自动手做的点心上门，让人感到亲切温馨。

蔡启瑞在组建队伍时特别注意争取选用多兵种人才，使队伍里各种特长的人才能够成龙配套。他领导的厦门大学催化研究团队中，除催化方面的人才外，还有物理学、电子学、有机化学、量子化学、结构化学等各方面人才，能各自发挥所长，协同作战。为了不断提高这支队伍的整体水平，蔡启瑞会根据科研事业发展的需要，适时地选派合适的人才赴美、英等国进修提高。

蔡启瑞充分认识到，目前是学科高度交叉、知识大爆炸的时代，一个人是不可能样样精通，要加强跨学科大协作的精神，善于与人合作共事，优势互补，实事求是地共同努力，共同分享科研成果。每一次为完成一个科研课题，做好某一种工作，建立某一个组织机构，蔡启瑞都认真周至地考虑成员如何组成，各个学科、各具特长的人员如何合理搭配，绝不带有任何个人偏见。1983年，蔡启瑞在《如何改革高等教育》一书中发表《要注意培养跨学科人才》一文，认为从1940年以来，人类经历了电子科学技术的大革命和生命科学的大革命；两场革命的共同特点，除了速度快以外，就是跨学科互相渗透，互相促进，要依靠"多兵种协同作战"才能有所突破。为了改变我国科技落后的局面，必须按照科学的规律，培养更多跨学科的"一专多能"的人才，并就在高等学校教育中如何实施，提出了一些很好的具体意见。

幸福家庭

蔡启瑞襁褓时丧父，生活困难；求学之路坎坷，身体也较为羸弱。但母亲陈软勤劳能干，对他呵护有加，精心照料，使他健康成长；青年时代充满活力，学业有成。特别是出国留学深造回国以后，老母亲操持一切家务，让他专心致志投入教学科研事业。1972年，蔡启瑞的母亲病重卧床以后，照顾母亲、照料蔡启瑞起居生活的重任落在蔡夫人陈金鸾的身上。温慧贤淑的陈金鸾，年轻时在全力投入教育事业的同时，在培育四个子女方面也尽职尽力，这时更是倾尽全力默默地为蔡启瑞、为子女成才做出贡献。蔡启瑞在耄耋之年还能负起教学、科研、社会工作的重任，与陈金鸾的全力支持是分不开的。但就在 2007 年的 7 月，比蔡启瑞小五岁的陈金鸾却无疾而终，享年 89 岁。与之携手度过近 70 年的蔡启瑞悲痛不已，但他没有因此停下脚步，仍然默默地继续奋发向前。

蔡启瑞育有子女四人，两子两女。蔡启瑞因为工作实在太忙，没有在教育子女上面花太多的时间精力，只是在关键的时候，适当地给子女一点帮助。如，1962 年，次子蔡维理高中毕业准备高考时，问他读什么专业好，他说："你去学物理，学半导体吧。"事实证明，他的看法是正确的，半导体确是当时很好的发展方向。虽然他花的时间精力不多，但榜样的力量是巨大的，在他的潜移默化、言传身教的作用下，他的四个子女都健康成长，工作顺利。长子蔡俊修夫妇都在厦门大学化学系工作，现已退休，长孙也已成家育有子女。长女蔡维真从中国科技大学毕业，与丈夫都在北京的中国科学院化学研究所工作，现已退休。次子蔡维理毕业于北京大学物理系，在中国科技大学工作，现也已退休。小女蔡小平学有机化学，福州大学毕业后参加工作，现与丈夫在美国工作。这一四世同堂的大家庭，家庭生活美满幸福。

图 8-2　全家福（80 年代摄于厦门植物园）

第九章
老而弥笃，壮心不已

八十岁学电脑

蔡启瑞 80 周岁以前所取得的巨大成就和他为人的高尚品德情操，理所当然为人们所称道。但特别为人称道的一件事是，从 80 周岁开始，蔡启瑞认识到电脑对于学术研究、信息沟通、论文写作的重要作用，于是他下决心学习电脑操作。一个 80 岁的老人，要学会熟练地操作电脑，需要克服多少困难，耗费多少精力啊。但这一切在蔡启瑞的面前，似乎都不成问题。

蔡启瑞开始学电脑时，电脑刚刚开始普及，用的是 DOS 系统，操作者需要一个命令接一个命令输入，进展非常缓慢，操作颇有困难。许多人劝他说："您年纪大了，眼力也不好，您就不要学了，反正您有助手可以帮忙，根本不用您亲手去敲电脑。"可是他坚持一定要学好电脑，一定要跟上时代发展。

开始学习电脑的几个月时间里，他不断地请教人家，不断地向他的学生、子女，向随时看到的年轻人询问。当然，年轻人深深被他的精神所感动，也乐意帮助他，主动到他身边教他。就这样，经过大约三个月时间，蔡启瑞逐步熟练地掌握电脑操作技术。此后，他每一次作学术

图9-1 蔡启瑞晚年学电脑绘制化学结构图

报告，每一次撰写文章，总是自己用电脑打字，经常到深夜一二点以后才停手。而且文字还要反复斟酌推敲，内容还要反复润饰、修改。

后来，蔡启瑞就能用电脑软件画出连年轻人也自叹不如的精致的化学模型结构图和反应机理图，仔细地说明原子与原子之间的距离是多少，键角、夹角是多少。如今，这些图都保留在蔡启瑞的电脑里。

蔡启瑞学会电脑后，经常上网，每次从网上获取国外最新的科技信息，他就摘录下来提供给老师们参考。特别是每一次诺贝尔奖揭晓，他马上把化学、物理、生物、医学等获奖项目的详细资料下载并打印出来，贴到催化教研室的布告栏上。

2011年3月，科学出版社正式出版发行了《20世纪中国知名科学家学术成就概览》化学卷第一分册，为了给该书中的"蔡启瑞"篇的撰写者、蔡启瑞在国内指导的第一位博士研究生廖代伟提供详细确切的有关资料，总结和确切表达他的学术思想以为后人所用，已97岁高龄的蔡启瑞常常半夜起来在电脑前打字到午夜，给撰写者提供了近三万字的科技成就参考资料的电子版，以致他双腿脚肿胀得让人不忍目睹！该文稿经他过目，共修改了27次之多，蔡启瑞一丝不苟的严谨学风在该文稿的完成过程中可足见一斑。他为人非常诚实低调，再三给撰写者强调：十分成就写六七分就好，不要把集体成绩归于他一个人，不要把别人成绩归于他，主要真实地写学术上的思想和见解，不要夸大其词。他说，他希望通过"概览"，

第九章 老而弥笃，壮心不已

对他的科学研究工作做个总结，成功的、失败的、未完的，都给后来人一个交代。他年事已高，今后不大可能介入具体的科学研究工作，可以交班了。

止于至善

蔡启瑞心系他为之奋斗 50 多年而至今国际上仍存争议的重要催化反应及其催化剂作用机理的研究，这包括氮加氢合成氨、化学模拟生物固氮、一氧化碳加氢合成甲醇和乙醇等重要科学问题。

对于合成氨催化反应机理的研究，虽然包括诺贝尔化学奖得主 G. Ertl 在内的国际主流学派根据高真空、高温下的单晶表面实验证据，主张解离式机理，但 G. Ertl 的实验室同行 R. Schlögl 在德国《应用化学》刊物上撰文直称氨的催化合成是一个绝未完结的研究课题，认为对于铁催化剂，有无添加离子型助催剂，其合成氨催化反应机理可能有所变化[1]。蔡启瑞不迷信权威、不随大流，而是尊重实验事实，根据真实反应条件下、真实催化剂上的实验证据，坚持主张缔合式机理。在他 90 多岁的时候，还亲自到实验室，亲自画结构图说明偶极相互作用，指导学生进行更科学合理的氘同位素实验，用实验结果[2] 来验证他的主张。他还多次强调，虽有不同看法，但最终如何定论，还要根据实验事实，要经得起检验。

在化学模拟生物固氮研究方面，特别是与生物相关的进展比较多。最近，一些课题组通过发射光谱或蛋白单晶衍射方法实验表明，一钼七铁九硫的铁钼辅基 M−簇（*Nif* DK 基因编码产物，MoFe$_7$S$_9$C（R−Homocit））的中心原子是碳，M−簇生物合成的前驱体八铁九硫 L−簇（*Nif* EN 基因

---

[1] Schlögl R., Catalytic Synthesis of Ammonia-A "Never-Ending Story?", *Angew. Chem. Int. Ed.* 2003, 42, 2004−2008.

[2] Lin, J. D.; Liao, D. W.; Zhang, H. B.; Wan, H. L.; Tsai, K. R., Deuterium Inverse Isotopic Effect in Ammonia Synthesis over Ru-Based and Fe-Based Catalysts. *Chinese Journal of Catalysis* 2010, 31,（2），153−155.

编码产物，Fe_8S_9C），同样含有中心原子，并认为也是碳原子[①]。最近报道的这些实验结果与蔡启瑞在1995年利用固氮酶底物的竞争抑制作为化学探针以获得乙炔高顺式加氘的配位模式、从而推断出固氮酶反应中M簇笼中心不可能有原子x存在[②]的预期相左。M簇笼中心究竟是否有x原子存在？若有，x原子是否就是碳原子？看来还需要更多的实验证据来判断。遗憾的是，上述这些论文发表时，蔡启瑞已因病重入院治疗而无法细阅，我们也无法知晓他的见解。但我们深知，蔡启瑞一直心系这些国际争议的重要课题。在蔡启瑞指导下进行固氮酶研究的周朝晖回忆说："实际上，根据Cramer和Hodgson等采用外延X射线吸收精细结构谱测定得到固氮酶铁钼辅基中钼的微环境数据[③]，不同课题组先后提出过近百个固氮酶催化活性中心的结构模式和作用机制，蔡先生（蔡启瑞）是唯一30年不间断在这方面持续探索并见文的学者，也是提出固氮酶催化活性中心结构模式和作用机制最多的一位。这体现了蔡先生对科学问题的执着和止于至善至高境界的追求。"[④]

蔡启瑞的长子蔡俊修撰文道："常温常压下生物固氮与高温加压下工业合成氨研究的相互关联、彼此促进。为了彻底揭开金属酶和双促进铁催化剂对N_2的配位活化、加氢和成氨的共同点及其差异的谜底，即使还未有穷期，但若取得令人信服的阶段性成果却同样能得到认可，其中厦门大

[①] Wiig, J. A.; Hu, Y. L.; Lee, C. C.; et al., Radical SAM-Dependent Carbon Insertion into the Nitrogenase M-Cluster, *Science*, 2012, 337, 1672-1675; Lancaster, K. M.; Roemelt, M.; Ettenhuber, P.; et al., X-ray Emission Spectroscopy Evidences a Central Carbon in the Nitrogenase Iron-Molybdenum Cofactor, *Science*, 2011, 334, 974-977; Kaiser, J. T.; Hu, Y. L.; Wiig, J. A.; et al., Structure of Precursor-Bound NifEN: A Nitrogenase FeMo Cofactor Maturase/Insertase, *Science*, 2011, 331, 91-94.

[②] Tsai, K. R.; Wan, H. L., New perspectives on the structures and functions of nitrogenase M-cluster and P-cluster pair. *Bioinorganic Chemistry* 1994.; Tsai, K. R.; Wan, H. L., On the structure-function relationship of nitrogenase M-cluster and P-cluster pairs. *J. Clust. Sci.*, 1995, 6, 485-501.

[③] Cramer, S. P.; Hodgson, K. O.; Gillum, W. O.; et al., The Molybdenum Site of Nitrogenase-Preliminary Structural Evidence from X-ray Absorption Spectroscopy, *J. Am. Chem. Soc.*, 1978, 100, 3398-3407.

[④] 周朝晖访谈，2012年10月15日，厦门。资料存于采集工程数据库。

学团队的工作颇具独创性。通过以实用的熔铁氨合成催化剂替换铁单晶样品，以加压（或常压）、高温的工业条件取代与之压力相差很大的表面科学条件，主要采用原位 Raman-FTIR 光谱而不是低温高真空氛围的 XPS 作为表征手段，并根据谱峰位置，结合是否同时具有 Raman 与 IR 活性，进而由对称性确定反应中间物种。这样就得到了与超高真空条件下不尽相同、更接近真实反应情况的结果，如表面最丰含氮化学吸附物种为 N_2 而不是 N 或 NH。有鉴于此，以蔡启瑞为代表的厦大团队合理地坚持认为：在高压、高表面覆盖度、尤其是在大量化学吸附氢 H（a）存在的条件下，N_2 的解离可能变得相当困难，缔合式机理，即 N_2 吸附、加氢和氢解成为反应的主要途径；其中 N_2 分子吸附态 N_2 的第一步部分加氢是反应的速率控制步骤，因其生成的部分加氢中间态 N_2H 吸热约 125kJ·mol^{-1} 而具有相当高的位能，对这一步的跨越很可能是因为上述加氢中间态的极性（$NN^{\delta-}$—$H^{\delta+}$）与离子型助剂（BaO，K_2O）氧阴离子间的偶极—电荷相互作用而降低了该中间态的位能和反应的活化能（约达 50kJ·mol^{-1}）。"

蔡俊修回忆说："蔡启瑞'老骥伏枥，壮心不已'，N_2、CO 三重键的活化事关活性中心的组成和结构，关联着助催的方式和助剂的选择，也牵带了优秀实用催化剂的整体设计以及开发，所有这些（姑且称之为'蔡氏猜想'）蔡先生为之奋斗了一生，即使到了耄耋之年，依然协同万惠霖、张鸿斌、廖代伟、陈洪斌、周泰锦、曹泽星、周朝晖等攻关不已。他殷切期望，厦大学子有朝一日能够完美地攻下这道难关，交出满意的答卷。"

蔡俊修还回忆说："但是，对十分稳定的 N_2 的活化，对生物界活化 N_2 的内在因素，有了深刻的理解，为此还引发了国际学术界关于 N_2 的活化到底是解离式或缔合式的论争，这些都是业界的共识。德国诺贝尔奖得主持解离式观点，以蔡先生为代表的厦大学派认为在高真空、高温下的行为不具备代表性，但是我们还没有充分说服力的证据。这是另一个'哥德巴赫猜想'，又一个'一加一等于二'的命题，相信我国的科技工作者会在该领域继续有所作为。""CO 活化的第一道关是加氢制甲醇，这里同样存在着解离与缔合机理的争论，其实质是怎样更有效果地活化 C 和 H 之间的三重键，其间他指导的博士生做出了让人眼前一亮的成果。乙醇的合成也有类似的学术问题，研究生在他的作用机理指导下，检测到意想中的大部分中间体，证实了该活化合成理论的可信性，并获得国家自然科学三等奖。"（蔡启瑞）关联生物固氮与煤炭化学的内在联系，架设基础研究与工业生产的桥梁：生物固氮关心的是对难激活之 N_2 的活化，蔡先生进而推广至对 CO 的活化，它们都有 14 个电子，前者同核，具备典型的三重键；后者异核，三重键略有变异。这样的相似和差别是科学研究的诱人课题，更因为 CO 活化紧密联系着我国最主要能源资源煤炭的优化利用，成为我国主流化学化工科技工作者无法推却的历史责任。"[1]

德 高 望 重

蔡启瑞一生平和朴实、谦逊礼让、学风正派、为人正直、淡泊名利，是学术界公认的德高望重学术大师，实例不胜枚举，电视、报纸多有报道。蔡俊修回忆说："'热爱诞下创造的婴孩，责任催生恒久的登攀'是蔡先生一生的写照。""在我们的印象中，他十分敬业，业务基础扎实，未出国前，几乎教过所有化学基础课。博士论文隶属有机化学，从教后改攻结构化学，回国后成为物理化学的中坚，并以催化学科作为终生的专业。大家对他的无机、有机、分析、物化的造诣，对许多基础数据的深刻记忆惊叹不已；他的文字功底也相当过关，亲朋们对他年轻时飘逸的文风倍加称赞，凡是经他把关的文字，始终精雕细刻，从不马虎了事，让他的研究生们收益匪浅；他的英语水准同样远非吾辈能够企及。从中人们可以得到启示，厚积薄发，全面发展是我们走向世界的必要和充分条件。""蔡先生多次提到如何培养造就领军的帅才和将才，他们应该高

---

[1] 蔡俊修访谈，2012 年 12 月 1 日，厦门。资料存于采集工程数据库。

瞻远瞩有大局观,基础厚实(就催化专业而言,最好融会贯通无机、有机、分析、物化,尤其应精于结构化学、理论化学、和计算机知识与技能),又专长突出,精准掌握一两项现代分析测试手段;还要会运营,建设齐整和有创造活力的学术梯队,物色造就一代新人,活跃学术气氛,良性循环,创下一个个成果和人才的高峰。蔡先生认为自己在这方面做得不够好,谨提出与后来者共勉。""他强调指出,尽量发表高质量、高影响力的学术论文还是很重要的,因为这是加强同行交流的主要途径,也是锻炼和提高的必由之路。他认为自己对此也有过教训,盼对年轻一代有所启迪。"[①]

新中国成立后即担任厦门大学化学系党总支书记,与蔡启瑞共事多年、友谊深厚的刘正坤回忆说:"我觉得蔡先生真正是宽宏大量,所有的教授中间,我觉得蔡先生对人最好。我在化学系这么几十年,这些教授每个人的脾气、个性、肚量,每个人的办事风格我都清楚,蔡先生最好,胸怀最宽广。他能包容很多事,所以他就建议说把老田(田昭武)老张(张乾二)全部组织起来,发挥物理化学的集体力量。"[②]

蔡俊修回忆说:"他(蔡启瑞)还和中科院山西煤炭化学研究所的彭少逸院士共同发起申请了煤炭化学催化专题的自然科学重大项目(上世纪90年代),共六个单位,60万元,还不如现在一个面上基金的钱多,很有巧妇与无米之炊的味道,连基金委的负责人都建议取消几个合作单位,以便让出主意的单位能够得到多一点的资助,但被蔡先生一再谢绝。没能赶上国家积累多了起来的班车,固然佳话不少,但人生几何,机会几何,难免令人感叹。这是旁观者的感受,却不一定得到蔡先生的认同。这样的事例还表现在,他总是拨出自己微薄的科研经费资助生命科学系的固氮研究组。我校固体表面物理化学国家重点实验室成立之初科研经费不足,人们建议蔡先生出面向当时的基金委主任、校友张存浩教授反映,蔡先生觉得实在难以启齿。""科研需要经费,有充裕的经费不保证就有一流的科研业绩,但没有经费科研也一定寸步难行,厦大催化很好地掌握了这个度。"

---

① 蔡俊修访谈,2012年12月1日,厦门。资料存于采集工程数据库。

② 刘正坤访谈,2012年11月13日和27日,厦门。存地同上。

不谋"权术"、不争"权""利"、不"霸道"、平和实在、毫不谋私利、一心为公的蔡启瑞的处事风格，也为他所带出的学生们仿效和继承。虽然，现在看来，这对厦门大学催化学科力量的发展似乎有些微不利影响，但蔡启瑞这种正直的学术道德和人品风尚正是每个人都应该学习和跟随的，只有这样，学术界才能正气常存！蔡俊修回忆说："不必讳言，厦大催化专业近年来进展步伐放慢了，究其原因，可能源于我们在理论基础研究，以及联系生产实际开发两条战线上，有点穷于应付，缺乏主动性；也表现在人才引进和争夺中吃了亏；加上材料学的迅速发展，催化材料没有放下昔日高贵身段。"[①]

当年，蔡启瑞与唐敖庆、卢嘉锡亲密合作，共同领导中国的化学模拟生物固氮研究，生动体现了三位化学大师生命不息科研不止的拼搏精神。蔡俊修回忆说："同辈大师和领导及同事的认可和赞许得之不易：卢嘉锡、唐敖庆都赠送过条幅对他的为人和学问加以肯定。卢先生的题词是'探赜索隐，老而弥笃'，唐先生则贺'学如行云流水，德比松劲柏青'；七十华诞时，连年长一辈的戴安邦院士也题词祝贺，让蔡先生很感不安。"科教界名流的题词嘉勉等是对蔡启瑞学识和师德的赞许，是对蔡启瑞的大胆假设、小心求证、不迷信权威、勇于创新的科学研究素质的评价，是对蔡启瑞学术道德和为人风范的写照。廖代伟回忆时感慨地说："如果现在所有的科学工作者都像蔡先生这样的话，就根本不会有学术腐败了。"[②] 陈懿回忆时评价说："蔡（启瑞）先生一生正气。"[③]

蔡启瑞百岁高寿的 2013 年，厦门大学在 4 月 6 日 92 周年校庆庆典上，将首次设立的厦门大学最高奖"南强杰出贡献奖"颁给了蔡启瑞，以表彰蔡启瑞为国家和人民以及学校和学科所作出的卓越贡献。颁奖辞赞曰："蔡启瑞先生，中国科学院院士，德高望重的物理化学家、分子催化专家。在他心里，国家民族为重，个人利益为轻。为了祖国的召唤，他执意回国；为了国家的需要，他毅然转行。催化学科，他是奠基人；物化研究，

---

① 蔡俊修访谈，2012 年 12 月 1 日，厦门。资料存于采集工程数据库。
② 廖代伟访谈，2013 年 5 月 30 日，厦门。存地同上。
③ 陈懿访谈，2013 年 12 月 2 日，厦门。存地同上。

他是引领者；工科发展，他是开拓者。他呕心沥血，携手攀登，他在厦大领衔创建了中国高校第一个催化教研室、厦大第一个国家重点实验室、福建省首个国家工程实验室，圆了几代人梦寐以求的'化学梦'，奠定了厦大化学学科的一流地位。他为人平和，谦逊礼让，如清泉般透彻。他以身作则，提携后辈，像泰山般厚道。古人赞曰：'仁者寿'！先生以百岁的实践证明古人之云然也！"

结 语
自强不息，止于至善

2013年是蔡启瑞的百岁华诞之年，蔡启瑞的百年人生完美演绎了"自强不息，止于至善"的厦门大学精神，是我们的光辉典范。

蔡启瑞出生于1913年12月3日（农历十一月初六），家庭贫寒，父亲在他不满一周岁时就病逝越南，从小由母亲和奶奶抚育长大。幼时体弱多病，初中三年级时曾患伤寒病而缺课一个多月，刚入学厦门大学又因肋膜炎休学两年，1979、1982、1984年三次病危动了大手术，2000、2006、2011年又三次不慎摔倒、住院治疗，断掉的髋骨拴了螺栓。2013年已是百岁高寿的蔡启瑞虽因2011年春摔倒住院卧床不起，但仍思维清晰，心系未竟的科学研究事业。他说："我还有很多事要做，可是现在身体不允许了。""我的手不灵了，今后不能打电脑了。"[1]

为了总结和确切表达他的学术思想以为后人所用，80岁才学电脑、2010年已97岁高龄的蔡启瑞常常半夜起来在电脑前打字到午夜，给《20世纪中国知名科学家学术成就概览》化学卷第一分册"蔡启瑞"篇的撰写者廖代伟提供了近三万字的科技成就参考资料的电子版，以致他双腿脚肿胀得让人不忍目睹！蔡启瑞再三对廖代伟强调：十分成就写六七分就

---

[1] 傅锦坤，书面回忆材料，2013年10月，厦门。资料存于采集工程数据库。

好，不要把集体成绩归到他一个人，不要把别人成绩归到他，主要真实地写学术上的思想和见解，不要夸大其词。他说，他希望通过"概览"，对他的科学研究工作做个总结，成功的、失败的、未完的，都给后来人一个交代，他年事已高，今后不大可能介入具体的科学研究工作，可以交班了。

蔡启瑞曾说："其实，我这一生最爱的只是一间实验室。"直到九十七八岁了，他还常拄着拐杖到化学楼三楼实验室来，跟同事和学生交谈，了解科研进展情况，指导如何进一步开展研究。就在2011年初摔倒住院之前他还来过实验室。

百寿人生古今稀，百岁科研更是奇！蔡启瑞在集美中学学习时确立了化学为主攻方向，在厦门大学化学系学习时即开始了他的化学研究工作，1937年毕业后留校任教，1940年晋升为讲师，担任过有机化学、分析化学、物理化学（包括结构化学等）和无机化学等化学各分支学科的教学工作，1947年34岁的蔡启瑞赴美留学，1950年获美国俄亥俄州立大学化学领域的哲学博士学位，后在该校从事晶体结构化学方向的博士后研究，并受聘为副研究员。1956年回国后在厦门大学工作至今。1958年45岁的蔡启瑞在厦门大学创建了中国高校第一个催化教研室，从此，领军我国催化研究55年。

通过采集与研究、写作，我们对蔡启瑞学术成长经历特点的认识简要归纳分析如下，希望能对读者有所启示。

学术成就之概述

有机酸混合物萃取分析

抗日战争期间，蔡启瑞在厦门大学内迁福建长汀山区极其艰苦的条件下，在傅鹰教授指导下，完成了有机酸混合物萃取分析的论文，发表于美国 *Analytical Chemistry*。张存浩曾评价认为，傅鹰和蔡启瑞在上个世纪30年代末从事液体色谱的研究，远在马丁（Martin）和辛格（Synge）的诺贝尔级工作之前，他们在当年极为困难的条件下成为世界色谱研究的先驱。

多亚甲基长链二元醇及二羧酸 L-B 膜以及铯氧化物晶体结构

留美攻读博士期间，蔡启瑞从事多亚甲基长链二元醇及二羧酸 L-B 膜方向的研究，后从事铯氧化物晶体结构方向的结构化学博士后研究，在 J. Phys. Chem. 上发表了 Cs_2O 和 Cs_3O 晶体结构的论文。曾用作夜明镜主要材料的夹心面包型的 Cs_2O（反 $CdCl_2$ 型晶体结构），表现出特殊的光学性能，且该晶体有相当大的极化能。对高极化率阳离子化合物结构化学的系列研究进一步提高了蔡启瑞在结构化学和物理有机化学等领域的精深素养，为他后来从事分子水平上的催化科学研究奠定了扎实的理论基础。

离子晶体极化现象

1956 年回国后的最初几年，蔡启瑞指导学生估算了钛酸钡晶体的天然极化、极化能和晶格能，以及 $\alpha-TiCl_3$ 晶体的极化能、晶格能和晶体场分裂等，在离子晶体极化现象等系统理论研究方面取得相当成就，并推广应用到后来的催化研究中，为离子型助催化剂的偶极—离子电荷作用本质和催化作用机理的阐释及离子型助催化剂的设计提供了新思路。

负载型氧化锌和负载型氧化铌两种新催化剂

蔡启瑞应用催化工作的最初十年，是任务带学科的阶段，即以国家任务带动学科建设。蔡启瑞带领催化团队，成功研制出负载型氧化锌和负载型氧化铌两种新催化剂，并实现了产业化，为乙炔路线制合成橡胶单体解决了关键技术问题。

化学模拟生物固氮

在理论联系实际的基础研究方面，蔡启瑞和唐敖庆、卢嘉锡一起合作领导我国化学模拟生物固氮跨学科大协作研究。蔡启瑞通过化学模拟研究，阐明了固氮酶催化反应中 ATP 驱动电子经由铁蛋白传递到钼铁蛋白的机理，对固氮酶活性中心结构及其参数进行了合理的描述。以已知的固氮酶底物的酶促催化反应为化学探针，并根据配位催化原理和结构化学理论，提出了多核原子簇结构的固氮酶活性中心模型（即厦门模型）。后经演化、改进，又与卢嘉锡提出的福州模型融合为福建模型。蔡启瑞及时跟踪国际上的最新晶体结构分析和化学探针等实验结果，对国际上陆续报道的实验和理论研究结果作了合理阐释，为模型化合物的设计合成及化学模拟指导了方向。蔡启瑞利用固氮酶底物与底物的竞争抑制为化学探针，提出乙炔高顺式加氘的笼内配位模式，从而推断固氮酶反应中 M 簇笼中心不可能有原子 x 存在。

合成氨催化反应机理

蔡启瑞不盲随大流，不迷信权威，通过对已知实验事实的认真分析考证，提出了过渡金属催化剂上氮加氢氢解成氨缔合式机理的合理见解，并指导完成系列实验和理论研究，提供了有力证据。过渡金属催化剂上氮加氢合成氨反应是奠定多相催化基础的重大研究课题，近百年来，关于其催化作用机理仍存争议，是一个还没有定论的充满了挑战性的课题。业已提出的见解大体可归纳为两种机理，即，分子态化学吸附氮解离为原子态化学吸附氮是速率控制步骤的解离式机理，和分子态化学吸附氮第一步加氢是速率控制步骤的缔合式机理。争论的焦点在于氢是否参与了速率控制步骤。蔡启瑞认为，足够活化的分子态化学吸附氮加氢氢解（hydrogenalysis）成氨的缔合式途径是值得加以考虑和验证的。蔡启瑞指导下的研究团队，用激光拉曼光谱和傅立叶变换红外光谱互补实验方法证实了氨合成反应条件下铁催化剂表面主要的化学吸附物种是分子态氮而不是原子态氮；用氘同位素实验方法证实了在铁基和钌基氨合成催化剂上，无论是否有促进剂，都存在强的氘反同位素效应，而且这种氘反同位素效应主要是动力学效应，说明氢/氘参与了速率控制步骤；这些实验事实都支持了蔡启瑞提出的缔合式机理。同时，蔡启瑞指出，原本没有极性的分子态化学吸附氮，第一次加氢后就呈现出极性，氮负氢正，极性正端 $H^{\delta+}$ 在外，离子型助催化剂 K_2O、或 KOH 通过负端，氧离子、或氢氧离子尽可能接近过渡态偶极的正端 $H^{\delta+}$ 来降低反应位能；而正离子则越大越好，越大越不能靠近反应过渡态偶极的正端 $H^{\delta+}$ 而相斥，越不会抵消正端与负离子相吸的助催化作用。

碳一化学新能源和复合催化剂

第一次石油危机的爆发催生了碳一（C_1）化学新能源和复合催化剂的研发，以及节能减排和低碳环保意识的增强。碳是地球能源资源的最重要元素。简言之，碳一化学就是 CO、CO_2 或 CH_4 等含一个碳原子的小分子为主要反应物的催化转化反应化学。碳一化学的基础研究在煤基能源代用燃料和化工材料方面具有极其重要的战略意义和广阔的应用背景。碳一化学的关键性科学问题是催化剂的作用机理和催化理论，如催化剂电子结构和几何结构与 C_1 主要反应物的临氢、临水蒸气、或临氧催化转化中活性和选择性控制因素的关系，金属—载体或金属—促进剂的强相互作用与协同催化作用等当今催化理论中最活跃的一些研究领域。蔡启瑞和彭少逸等领导中国的碳一化学研究，蔡启瑞指导催化团队阐明了复合催化剂（金属催化剂—B族过渡金属氧化物助催化剂—载体）中强相互作用的本质及合成气制乙醇催化作用机理，提出了铑与B族氧化物复合催化剂上合成气制乙醇的亚甲基—乙烯醛机理，指出因醛与烯醇的结构互变异构动态平衡，进一步加氢碳链不会再长。

配位催化作用理论概念

蔡启瑞深入催化机理研究，提出络合（今称配位）活化催化作用的理论概念，总结了配位催化作用可能产生的配位活化、结构定向、电子传递（后来又作了重要发展，总结为电子与质子传递或偶联传递）及其与能量偶联的传递等四种效应，将均相催化、多相催化和金属酶催化作用有机关联起来并精确示异，丰富和发展了配位催化的理论概念，奠定了中国在分子水平上研究催化作用和反应机理的理论基础和严谨思维方法，带动了中国催化学科的发展。

分子催化研究方法

蔡启瑞对酶促生物固氮、金属催化 N_2 加氢与金属催化 CO 加氢这三类重要反应进行广泛关联与精确示异，从某些类型离子晶体极化情况和极化能的系统研究出发，推广到反应过渡态出现极化情况的研究，提出偶极—离子电荷相互作用是离子型助催化剂的作用本质等新见解，为百年来争论不休的氨合成机理提供了合理解答，为 CO 加氢离子型助催化剂的选择指出方向；利用固氮酶底物的竞争抑制为化学探针，获得乙炔高顺式加氘的笼内配位模式，推断出固氮酶反应中 M 簇笼中心不可能有原子 x 存在；运用原位化学捕获、同位素示踪、模型反应、原位互补分子光谱和原子簇结构模型量子化学计算，发展了分子催化研究方法。

能源催化化工技术和化石资源综合优化利用

蔡启瑞致力于能源催化化工技术，指导化石资源综合优化利用。他围绕国家可持续发展战略目标，从我国煤炭资源丰富而石油和天然气资源相对较少的国情出发，认为我国应尽可能绕过工业化国家燃化工业数十年来过分依靠石油为原料的老路，要及时走油（气）、煤并举，燃、化结合，优化和洁净利用我国化石燃料资源的途径，提出了优化利用化石燃料资源，创建能源化工先进体系的主张；建议发展煤集成气化联合循环发电、高效联产甲醇/二甲醚等，发展适合国情的甲醇汽车和甲醇燃料电池，分两步实现绿色能源和绿色汽车。

催化研究队伍建设

蔡启瑞在厦门大学创建了中国高校的第一个催化教研室，开创了中国催化科学领域的教学与研究基地。曾三次受原高教部、教育部和国家教委的委托，先后举办催化讨论班、进修班和现代催化研究方法研讨班，为全国有关高校和科研单位培养了大批催化科学领域的中、高级人才，有效促进了中国催化研究与应用及催化学科教育事业的发展，为中国催化研究队伍建设作出了卓越贡献。

国际学术交流

蔡启瑞重视国内外学术交流，扩大厦门大学乃至我国催化学术界的学术影响力。他及时关注国际上的催化发展动态，多次带队参加有关代表团到国外访问或在国际会议上作报告，并邀请国际著名的相关领域专家到厦门大学访问、讲学，领导厦门大学催化学科多次主办了有关的国际会议，为厦门大学以及我国催化学术界的国际交流作出了杰出的贡献。

育才育人

蔡启瑞提倡"锐意创新、细心求是"、跨学科大协作团队精神，教导学生要"大胆假设，小心求证"，让学生自由发挥创造性，指导学生们在催化科学的基础研究和应用研究方面作出了重要贡献。同时，言传身教，特别重视对学生们的学术道德和人品的培养教育，培养和熏陶了大批催化人才。他曾对学生和同事说："我恨不得把全部知识都传授给你们。"

学术成长的特点

坚定的爱国心和献身科学的信念

蔡启瑞之所以能在学术成长道路上坚实地迈过百年，其中一个最重要的原因是，蔡启瑞跟所有的老一辈科学家一样，都有一颗永不停止跳动的爱国心，都有毕生献身科学研究和教育事业的坚定信念。

蔡启瑞在美国留学时完成的研究成果具有重大的应用价值，如果申请专利，很可能成为百万富翁。但他放弃了，而是连续六年申请离美，要回国报效祖国。回国途中，蔡启瑞思考最多的是"我现在已进入中年，今后如何报答祖国"，"我一定要根据国情和自己的能力，主动了解哪些急要任务是我最有可能效力承担的，以便事先做充分准备"。回国后，又根据国民经济发展的急需，主动转到催化科学方向，紧密结合"任务带学科"和"不能忽视基础研究，要求理论联系实际"等国家的发展战略，来开展科学研究和教育工作。

1971年，蔡启瑞担任厦大革委会副主任；1978年，担任副校长。1981年，他正式向组织提出辞去副校长职务，并竭力推荐田昭武担任校长，他说："田昭武年轻有为，身体好、有工作能力，应该让他担任校长。"蔡启瑞的辞职1984年获得批准。

蔡启瑞的长媳陈笃慧回忆说："上世纪80年代初，有一次他从北京开会回来，他告诉我：'这次遇到方毅副总理，他要我当厦门大学校长，我一再谢绝了。'接着他很认真地对我说：'其实，我这一生最爱的只是一间实验室。'"[①]

全面扎实的知识基础与实验技能和不断求知的学习态度

蔡启瑞之所以能在45岁时顺利地转到催化科学方向，并成为中国催化学科的领军者之一，这跟他具有全面扎实的知识基础与实验技能和"学到老、用到老"的求知态度是分不开的。

催化科学本身就是一个化学、材料、化工、环境、能源、物理等众多

---

① 陈笃慧访谈，2012年11月29日，厦门。资料存于采集工程数据库。

学科交叉的学科。既是一门基础学科，又是一门应用学科，并在国民经济的各个领域得到了广泛的应用，发挥着重要的关键作用。催化研究要求催化工作者具有尽可能多的相关学科的知识基础，如表面科学、界面化学、结构化学、配位化学、金属有机化学、合成化学、固体化学、量子化学、谱学分析、生物化学、仿生化学、材料科学、环境科学、分子反应动力学、物理化学、药物化学、化学工程学和计算机应用技术，等等。如果能灵活地将所学到的相关学科的知识基础应用到催化研究中，就有可能抓住机遇而做出创新性的贡献。

在这方面，蔡启瑞在厦门大学和美国俄亥俄州立大学学习、教学和研究工作的经历为他从事催化科学研究奠定了坚实的基础。大学毕业后，蔡启瑞在厦门大学担任过有机化学、分析化学、物理化学（包括结构化学等）和无机化学等化学各分支学科的理论和实验教学工作。留学美国时，蔡启瑞又丰富了其在物理有机化学、分子反应动力学和晶体结构化学等方面的知识基础和研究经验。

在不锈钢实验系统还未流行时，八九十年代以前的实验系统多是玻璃系统，往往需要请有经验的玻璃工师傅来现场吹接玻璃系统，因为吹接玻璃是项难度相当大的技能。1982年的夏天，蔡启瑞到实验室看到他指导的博士生廖代伟正在自己吹接玻璃系统，深感欣慰，说："我在俄亥俄时，也会吹（接玻璃系统）。"

蔡启瑞的长媳陈笃慧回忆说："上世纪70年代初，我刚从科学院调回厦大，当时蔡先生正在赶写一篇生物固氮的论文，整整一个多月，他窗前的灯光总是亮着。他夜以继日地奋战，晚上你要睡觉了，看到他在办公桌前忙，早上你起床后，仍然看到他坐在办公桌前，而这时他已是个60多岁的老人了。这篇论文后来引起世界40多个国家科学工作者强烈的反响。他是活到老学到老的典范，60多岁时为了固氮，他重修生物，80多岁时，为了跟上时代，他又学习计算机，到90多岁，也还是勤勤恳恳地忙着他的事业。"[①]

---

① 陈笃慧访谈，2012年11月29日，厦门。资料存于采集工程数据库。

在"地球村"的今天,国际学术交流需要熟练的国际交流语言。在蔡启瑞学术成长的征途上,一口流利的英语既是助力又是特色。蔡启瑞的理学学士毕业论文就是用英语撰写的。当然,高水平的英语能力也与他约十年在美国俄亥俄州立大学深造分不开。当年和蔡启瑞同在美国俄亥俄州立大学留学的闵恩泽回忆说:"那时的美国导师说蔡先生的英文写得比美国学生还好。蔡先生的英语修辞特别好,他到美国、日本,到哪个国家去考察,国外的专家接待他,他与人接触交谈,英语的流利程度让人叹服。"台湾的学者与蔡启瑞接触后也曾惊讶地说:"你们大陆怎么有这么好的英语人才啊。"蔡启瑞自己也曾笑言:"我普通话不好,英语还行。"

活跃的创新思维能力和严谨的科学态度

蔡启瑞的学术思想活跃和数据记忆力超强是人们所公认的。这也许跟他从小培养的下象棋、下围棋、打桥牌等能力和对诗词、音乐、体育等的多种爱好有关。还有人根据现代科学研究结果,认为蔡启瑞的聪明才智还可能跟他爱吃螃蟹等含锌多的海产品以及地瓜稀饭有关。

蔡启瑞的长媳陈笃慧回忆说:"蔡先生不是一个只会读书、科研的科学家,年轻时,他的兴趣是相当广阔的。只是这以后由于事业的繁忙,他有意把其他兴趣搁置起来。他热爱文学,在运动方面,他会乒乓、游泳、下棋、桥牌,他告诉我,在俄亥俄州立大学,他的桥牌打得很好,还得过奖。他还热爱音乐,从美国回国他除了带回大量书外,还有不少唱片,记得上世纪60年代有一天晚上,他邀请我到他住在东村的家,主要是去欣赏音乐。当动人的乐曲响起,随着那优美的旋律,他不断地给我指出那美妙之处,表达的是什么情感。我突然悟出那跳跃的音符和科学家那神奇的构思之间的内在联系。可能音乐是可以给他灵感的。"[①]

蔡启瑞活跃的创新思维和一丝不苟的严谨科学态度,始终贯穿在他所取得的每一项科研成果中,这种例子不胜枚举。

跟随蔡启瑞从事合成气制乙醇催化反应机理研究的厦门大学化学系教授刘金波回忆说:"蔡先生思维敏捷,善于从有机化学、结构化学角度剖

---

① 陈笃慧访谈,2012年11月29日,厦门。资料存于采集工程数据库。

析催化反应历程，巧妙设计实验方案，取得有价值的可靠结果。合成气制乙醇催化反应机理的研究就是其中的一个例子。"

乙醇是能源中的重要产品，各国研究活跃。Ichikawa 等用高压原位和 C^*H_3OH 为捕获剂进行捕获反应，证明乙酰基是中间体，机理为：CO 解离—乙酰基—醇（醛）。Katzer 等分析了 C^*O/CO^*——H_2 反应产物乙醇的同位素分布，数据表明：乙烯酮是中间体，但须假设它可逆形成含氧三元环异构体，进行同位素交换。

蔡启瑞归纳出：①该反应的催化剂 $Rh-M_xO_y/SiO_2$ 中氧化物的种类价态对催化性能影响很大，存在金属—助剂强相互作用。②反应产物中除乙醇外，几乎没有其他高碳醇。可能存在二碳的中间体。从有机化学角度看，很可能表面上的卡宾与一氧化碳偶联成乙烯酮中间体。

据此，采用 FTIR，XPS 等研究催化剂的各种状态（氧化态，还原态，反应现场），阐明其金属—助剂强相互作用本质，提出双中心协和作用形成 HCO，克服了这一步骤的能垒，显著提高活性。从能量角度（即上述的结构化学角度）来看问题。提出该反应历程：甲酰基—卡宾—乙烯酮—乙酰基—乙醇。选适当捕获剂进行化学捕获反应，并结合同位素交换，确定了上述各中间体及机理。Ichikawa 等以 C^*H_3OH 为捕获剂，只能检到乙酰基。蔡启瑞"巧妙"地用 CH_3OD 为捕获剂导入 H_2-CO 反应中，得到 $CH_2DCOOCH_3$ 和 CH_3COOCH_3，说明并没漏检，乙烯酮和乙酰基都是中间体。Katzer 等为了解释产物乙醇的同位素分布，假设中间体乙烯酮可逆形成含氧三元环，从能量角度来看，这是不合理的。蔡先生再次"巧妙"设计了 D_2O^* 的现场捕获和氧同位素交换反应。结果表明乙烯酮与 D_2O^* 进行氧同位素交换反应。乙烯酮是中间体，无须假设存在三元环。上面讨论催化剂的金属助剂强相互作用时，指出双中心协和作用生成 HCO，采用甲基化试剂 CH_3I 为捕获剂：在 D_2-CO 的反应过程中导入捕获剂 CH_3I，得到 CH_3CDO，说明甲酰基确为反应中间体。这些实验充分证明所提出的机理。该工作特点是结果可靠，用化学捕获法检测反应中间体，做到"证据确凿"。完整无漏，过程的中间体全都检测。论述严谨，没有不合能量原则的假设。论文的论述，推理符合逻辑。这一研究成果获得好评，1995

年5月获国家教委科技进步奖一等奖，1995年12月获国家自然科学奖三等奖。①

应用催化阶段，负载型氧化锌和负载型氧化铌两种新催化剂的成功研制过程，是蔡启瑞思想活跃的一个例子。1960年左右，化工部上海化工研究院发明了乙炔三聚成苯的负载型氧化铬催化剂，在乙炔气氛中，6价铬可能先被还原为5价，但该催化剂寿命太短，难以实现工业化。蔡启瑞认为5价铬的氧化物氧化能力可能还是太强，可按元素周期律试用周期表上与铬邻近的铌氧化物（Nb_2O_5）作催化剂，进而带领催化团队自主创新研发成功世界第一号的乙炔三聚成超纯苯的催化剂。

乙炔水合制乙醛原拟沿用德国的硫酸汞—酸液相催化剂，后改进到拟用磷酸镉钙和磷酸锌钙催化剂固定床催化剂。蔡启瑞考虑到，汞、镉、锌盐催化剂的毒性和催化活性高低顺序符合元素周期表规律，这些催化剂的催化作用显然主要是过渡金属阳离子对炔键的配位络合活化作用，因而可以试用氧化锌代替锌盐，要提高固体催化剂的活性和机械强度，可试用高强度和适当大比表面的硅胶小球，氧化锌略带碱性可较好地负载在硅胶小球上，从而革新解决了乙炔水合制乙醛的催化剂问题。

蔡启瑞活跃的思维还常常为后辈的疑难问题指明前进的方向。如，他的硕士毕业生杨意泉困惑于实验产物很臭，遂向蔡启瑞反映，蔡启瑞对杨意泉说，这是硫醇，硫醇可制蛋氨酸。后来杨意泉课题组成功研发了硫醇合成催化剂，转让给国内企业实现了产业化，专利技术还卖到德国。又如，他"文化大革命"前的研究生张鸿斌困惑于多壁纳米碳管作载体效果不理想，蔡启瑞对张鸿斌说，可用作促进剂试试，结果一试，效果显著，随后张鸿斌课题组的研究创新了多壁纳米碳管的应用和理论。

蔡启瑞提倡"锐意创新、细心求是"，教导学生要"大胆假设，小心求证"。他自己在科学研究工作中从实验事实和理论依据出发，认真仔细地思考各种可能性，提出可能的结构模型和反应模式，再先用他熟记的结构化学和物理化学数据来估算和比较各种模式和途径的能量合理性等，随

---

① 刘金波书面回忆材料，2012年9月27日，厦门。资料存于采集工程数据库。

后再巧妙设计各种实验方法来验证或改进他的想法。

例如，对于合成氨催化反应机理这一至今仍未达成共识的百年催化难题，虽然包括诺贝尔化学奖得主 Ertl 在内的国际主流学派根据高真空、高温下的单晶表面实验证据，主张解离式机理，但蔡启瑞不迷信权威、不盲随大流，而是尊重实验事实，根据真实反应条件下、真实催化剂上的实验证据，坚持主张缔合式机理。在他 90 多岁的时候，还亲自画结构图说明钌基氨合成催化剂上的偶极相互作用，或通过电话、电子邮件，或亲自到实验室，指导他的博士毕业生廖代伟课题组的在职博士生林敬东进行更科学合理的氘同位素实验，用实验结果来验证合成氨反应机理。他强调，虽有不同看法，但最终如何定论，还要根据实验事实，要经得起检验。

严谨的科学态度不仅反映在合理的实验设计和实事求是的实验结果上，还反映在论文的科学撰写上。对此，蔡启瑞的学生和同事们都深有体会：老先生的文章不到正式发表那一刻，都可能还要修改。有时候，都发出去排版了，老先生还要求寄回来修改。

跨学科大协作的团队精神

蔡启瑞本身具有多学科的精深知识素养。在科学研究工作中，他十分重视跨学科的团队大协作。蔡启瑞参与领导的全国化学模拟生物固氮跨学科大协作研究就是一个典型的例子，除了在国内与中国科学院和其他高校的研究人员合作外，在厦门大学校内还与生物系和物理系等同仁合作，并跟化学系内的量子化学与结构化学教研室的同事合作。蔡启瑞认识到"各种学科之间的相互渗透成为当代科学发展的巨大动力。在各学科交叉点上的突破，往往带动了原学科的发展。化学模拟生物固氮，就是在化学和生物学之间的一个活跃的生长点，正在酝酿着一个重要的突破，并且必将有力地推动络合催化研究的前进。"[①]

又如，蔡启瑞亲自写信给中国科学院山西煤炭化学研究所彭少逸，商讨跨单位、跨部门组织"碳一化学的基础研究"国家自然科学基金重大项目的事宜。后来，这一项目有清华大学等多单位参与。虽然厦门大学是项

---

① 蔡启瑞：《生物固氮与络合催化》，化学通报，1978 年第 2 期，第 5–6 页。

目主持单位，但蔡启瑞仍坚持将大部分经费分配给参加的单位。跨学科团队大协作的主要研究成果被汇集于蔡启瑞和彭少逸主编的《碳一化学的催化作用》一书中，促进了碳一化学的继续发展。

再如，蔡启瑞在推动中国科学院华东分院催化电化研究室、物理化学研究所（厦门大学）、固体表面物理化学国家重点实验室（厦门大学）和醇醚酯化工清洁生产国家工程实验室（厦门大学）的建立和发展历程中，都始终坚持多学科（催化化学、电化学、量子化学与结构化学、化工工艺等）的团队协作。

正直无私的学术道德

蔡启瑞一生平和朴实、尊师敬友、学风正派、实事求是、淡泊名利、为人低调、大爱无私、褒携后辈，是学术界公认的德高望重学术大师，实例不胜枚举，电视、报纸多有报道。但他对那些未经他过目的报纸报道很是反感，说那不是他说的。对于那些他没有直接指导和参与的有关专利、论文、奖项等，蔡启瑞坚决拒绝署名。蔡启瑞认为众多科教界名流的题词条幅是对他的嘉勉和鞭策。蔡启瑞主动自降职级、自降奖级、拒领增加的工资、全额捐出奖金、自辞校级领导职务、多次大额捐助灾区、匿名赞助贫困学生等大爱无私之义举，深刻体现了一个老科学家大海一般的豁达心怀。

学术成长的启示

勤奋成功

"成功的花儿，人们惊慕她现时的繁荣，谁知当初她的芽儿，洒遍了牺牲的血泪！"这也许是所有成功人士的写照。

蔡启瑞在同安县（现属福建省厦门市翔安区）马巷镇五甲尾这一贫穷乡村出生、成长，自幼丧父，母亲文盲，可以说既是独生子女，又是在"不识字"的"单亲"家庭中长大成人的，完全没有显赫富裕的家庭背景。蔡启瑞之所以能从乡村走出而成为中国著名的物理化学家、分子催化和配位催化的奠基者和领军者，究其原因，其一是他自身的勤奋努力，其二是深受校主陈嘉庚先生和校长萨本栋先生高尚品格的影响，其三是良师益友在学术上的熏陶互动。

蔡启瑞的小学教育是辗转于三所小学（马巷镇番薯市礼拜堂小学、马巷镇牖民小学和同安丙洲砥江小学）才完成的，最后在牖民小学学习，快毕业时小学停办，就到庆茂布店当了两个月学徒。后在老师的推荐下得以进入中华中学念初一上学期，再以中华中学第一学期全班第一名的优异成绩，被推荐进入陈嘉庚先生创办的集美中学。在初中一年级下学期插班学习，继而在集美中学完成初中的教育并读了一年高中。随后又到厦门大学预科组学习了两年，才顺利升入厦门大学化学系本科学习。刚入厦门大学不久就因肋膜炎、气管出血而休学两年，回到同安马巷五甲尾老家。治病期间，蔡启瑞在家里认真复习功课，时刻准备着复学，同时，还到同安洗墨池的集友小学代课，担任高小班的数理教员几个月，并在家乡发起组织了象棋比赛。在厦门大学学习的四年时间里，蔡启瑞多次获得陈嘉庚先生设立的"免费奖学金"和"陈嘉庚奖学金"。1937年，24岁的蔡启瑞成为厦门大学第十二届毕业生，因品学兼优而被聘留校任教。如此坎坷的求学经历，大浪淘沙，留下的是闪闪发光的金子。蔡启瑞正是在这样的逆境中，顽强拼搏，靠自身的勤奋努力，自强不息，以优异的成绩完成了各级教育，开始踏上为之奋斗终生的科学征途。蔡启瑞的这一教育经历，充分说明了"天才来自勤奋"的道理。

蔡启瑞人品和学问双修，他的为人处世，始终以陈嘉庚先生和萨本栋先生为楷模。蔡启瑞曾感恩地说："我读完集美初中，又读了一年集美高中第二组，后来到厦大预科继续学习。回顾我12岁起幸得进入集美中学就学三年半，找到了学习主攻方向，这是我一生最幸运、最重要的转折。没有陈嘉庚先生为开拓智力资源而倾资兴学的远见和义举，许多像我这样的穷孩子是没有可能受到中等、高等教育的。"[①]

蔡启瑞曾深情回忆陈嘉庚和萨本栋对他的终生影响："我对集美有不解的情结。陈嘉庚先生在社会黯淡，长夜漫漫中，看到开发智力资源的重要性，倾资兴学，在政治、经济、人文、科技各领域培养出如此众多出类拔萃的人才，实在功不可没；他亲手制定的校训'诚毅'是我们立身之本，

---

① 蔡启瑞：怀念在集美中学。见：《厦门市集美中学》，北京：人民教育出版社，1998年，第53-54页。

那自强不息的奋斗精神，激励着我们每一个校友。""萨本栋校长为弘扬嘉庚精神，鞠躬尽瘁，日夜操劳。他初来厦大，身体挺好的，常跟员工打网球。在八年的日日夜夜里，他除了肩负繁重的校务，还教了数门的学科，终于积劳成疾，离开厦大时是拄着拐杖走的。""萨校长是我的楷模。我开了几次刀，还能工作，完全是陈校主自强不息的精神的激励，也是受萨本栋校长的感染啊！"[①]

蔡启瑞常对学生们说，他大学毕业留校后，当过化学各科的助教，这对他以后开展科研工作帮助很大。蔡启瑞曾当过傅鹰教授的助教，他说："1938年秋，我大学刚毕业了一年，有幸当了傅鹰老师的助教，受到他的熏陶。当时我想进一步自修物理化学，就向他请教应该看什么参考书。他介绍给我一本美国加州大学Lewis教授著的《Chemical Principles》。这本书写法很有特色，每章只是简要地提一提本章内容，课文全在精心设计的习题和思考题之中。通过这些习题和思考题就容易牢牢掌握课程的内容及其原理。后来我和我同事们在教学工作中也很重视习题和思考题对于培养学生独立思考能力的作用。在抗战时期的长汀，教学和科研设备都很差。我请教傅老师如何开展科研工作，他建议我试用抽提法分析小分子脂肪酸混合物；利用水—油两相中一些脂肪酸组分分配常数的不同来进行分析，基本上不需要什么仪器设备。他还指出，当时气相色谱分析方法刚在萌芽，其原理是利用气相中待分析的一些组分在气—固两相中分配系数（吸附系数）的不同来实现分析。后来我们完成了一篇用抽提法分析脂肪酸混合物的论文，发表在 Ind. Eng. Chem. Anal. Ed.[②] 上。"[③]

蔡启瑞的长媳陈笃慧回忆说："蔡先生当助教时，傅鹰已经是相当有名的教授了，抗战时，萨校长请傅鹰来厦大任教。傅鹰提醒他的学生助手应该注意世界量子化学，量子力学的蓬勃发展趋势，他说化学正从经典的统计热力学逐渐深化为理论化学，结构化学，你们要跟上学科发展的

[①] 蔡鹤影：学如流水行云　德比松劲柏青——中科院院士蔡启瑞校友印象。《集美校友》2002年第2期，第16-18页。

[②] 该刊1947年起更名为 Analytical Chemistry。

[③] 蔡启瑞：缅怀傅鹰老师。见：《中国知识分子的光辉典范——傅鹰先生百年诞辰纪念文集》，2002年，第64-65页。

潮流。名师的指点，我想对蔡先生的影响是深远的。后来蔡先生告诉我美国的导师纽曼是从事有机化学的，蔡先生博士毕业后，纽曼问他是否继续从事有机化学，蔡先生回答：'不，我就像汽车一样，到了一站又将前行，我要搞物质结构。'多年后傅鹰一定也为他弟子的成就感到欣慰。"

蔡启瑞和卢嘉锡两位科学家一生结缘，论年龄蔡启瑞是兄长，论学龄卢嘉锡是学长，卢嘉锡还担任过蔡启瑞的大学辅导老师。卢嘉锡赴英留学时，蔡启瑞接替了卢嘉锡留下来的物理化学和有机化学的助教工作，蔡启瑞赴美学成要回国时，卢嘉锡向学校提出拟聘蔡启瑞教职时的评价是"研究成绩极优，教学富启发性"。

当年，蔡启瑞和唐敖庆、卢嘉锡三位化学大师联袂合作领导我国化学模拟生物固氮跨学科大协作研究，老一辈科学家之间的谦逊礼让、亲密合作令人印象深刻。在卢嘉锡和唐敖庆先后于2001年和2008年去世时，蔡启瑞深感赋予自己的重任，他赋诗明志曰："新闻立项后争先，'基础''支农'宜两兼。固氮玄机凭巧探，'科坛奥运'盼加鞭！才人辈出风骚领，捷报频传心志坚。故友凋零情义在，岂甘衰朽惜残年！"

厚积薄发

蔡启瑞早期的研究成果主要涉及分析化学、物理化学、有机化学和结构化学等各领域，45岁后才专注在物理化学（催化科学）领域，而大量的研究成果是在1978年改革开放后、他已65岁后完成的。这说明一个人只要坚持献身科学的信念，做好知识基础准备，在国家大环境和科研氛围的机遇到来时，就能迅速作出科学成果。

改革开放前，因众所周知的原因，国内仅有《中国科学》《科学通报》《化学通报》《化学学报》和《厦门大学学报》等寥寥无几的可以发表化学研究成果的学术刊物，而这些刊物在"文化大革命"十年期间都停办了，中国学者没有可以发表论文的正式刊物，更没有申请专利的概念。所以，在当时中国的那种大环境下，蔡启瑞在1965—1973年期间就没有论文可以在正式刊物上发表。但蔡启瑞领导研发的两种催化剂，还是写了下厂现场试验的报告。1938—1964年期间，蔡启瑞独自或与人合作，在 **Journal of Physical Chemistry**、**Analytical Chemistry** 和 **Scientia Sinica**（"中国科学"英文版）及《厦门大学学报》等国内外刊物上发表了 18 篇论文，而在 1974 年后，则在国内外刊物上发表了 366 篇论文，其中 1974—1993 年他 80 岁以前发表了 181 篇（仅 1987 年就发表了 19 篇，1988 年发表了 26 篇），1994 年 80 岁以后发表了 185 篇，还获 19 项发明专利授权。2013 年 11 月，厦门大学出版社正式出版发行了《蔡启瑞院士论文选集》，因篇幅所限，该文集仅是蔡启瑞部分学术成就的反映，文集的宗旨在于给后人以启示，为后人之所用。

温馨家庭

事业与家庭孰重孰轻？事业第一还是家庭第一？事业与家庭可以兼顾吗？这是人们经常讨论而答案不同的问题。但是，"每一个成功的男人身后都有一个默默支持他的女人"这一命题，却往往被许多事例所证实。蔡启瑞的学术成长经历跟他有一个温馨的家庭是紧密相连的。

蔡启瑞自幼丧父，在祖母和守寡的母亲的养育下长大，贫穷家庭的开支得到在新加坡打工的叔叔蔡世邪的接济。蔡启瑞的母亲陈软曾裹过脚，也不识字，但她勤劳能干，心灵手巧，尤其记忆力特别强。由于她的坚强，才让蔡启瑞有了继续求学的机会。后来，母亲又在媳妇陈金鸾的协助下，操劳一切家务，让蔡启瑞专心致志投入教学和科研工作。1972 年，蔡启瑞的母亲病重卧床以后，照顾母亲、照料蔡启瑞和子女生活的重任便全部落在蔡启瑞妻子陈金鸾的身上。

陈金鸾是小学老师，非常温慧贤淑。1938 年陈金鸾与蔡启瑞结婚后，成为支持蔡启瑞事业的终身伴侣。蔡启瑞在耄耋之年还能负担起教学、科研、社会工作的重任，与陈金鸾的全力支持是分不开的。2007 年 7 月，比蔡启瑞小五岁的陈金鸾无疾而终，享年 89 岁。他们育有子女四人，两子两女，都大学毕业，从事教学和科研工作，可以说是教育世家，2004 年被评为"厦门市十佳教育之家"。如今，这一四世同堂的大家庭，温馨同乐，美满幸福。

长寿秘诀

在庆贺蔡启瑞百岁华诞的时候，人们在钦羡的同时，自然会问，长寿的秘密何在？有人猜测是否是因为五位年轻战士的输血？这是一个医学生理上的问题，我们不得其解，还留待后人去研究。我们可以肯定的是，蔡启瑞的百岁长寿，源自于他坚持"自强不息，止于至善"的高尚精神境界。

蔡启瑞确有仙骨风范，他为人谦逊礼让、淡泊名利，正如唐敖庆先生题词"学如流水行云，德比松劲柏青。"、卢嘉锡先生题词"探赜索隐老而弥笃，立志创新志且益坚。"等所赞许和嘉勉的那样，蔡启瑞是一位学术界所公认的德高望重的化学大师。

蔡启瑞为人低调，与世无争，从不计较个人的得失，但在学术问题的不同见解上，蔡启瑞却可以用英语跟国际同行辩论数小时，可以说是"舌战群儒"。

蔡启瑞学到老，用到老，80岁后学会使用电脑，坚持查阅英文文献，不停地思考未解的科学问题。"生命源自于运动"，这运动当然也包括了脑细胞的运动。蔡启瑞的子女们回忆说，蔡启瑞生活简单，营养一般，脑力劳动的紧张或许减缓了大脑的衰老。蔡启瑞也认为自己的长寿得益于思索[①]。

蔡启瑞在化学楼的办公室和在家中的工作室都十分简陋，他喜欢吃地瓜稀饭。也许，简朴的生活和清淡的饮食也是他长寿的原因之一。

古人云"仁者寿"，今人亦云"智者寿"，蔡启瑞既是仁者亦是智者，或许这就是蔡启瑞先生百岁长寿的秘诀之所在。

---

① 蔡维真，许元泽，蔡维理，陈慧平，蔡小平，书面回忆材料，2013年11月，厦门。资料存于采集工程数据库。

附录一　蔡启瑞年表

1913 年

12月3日（农历十一月初六），出生于福建省同安县马巷镇五甲尾，祖籍金门琼林。祖父蔡永坑为越南华侨，在马巷经营糕饼店。

父亲蔡炎德在四个兄弟中排行第二，老大和老三先后传染鼠疫去世，老四蔡世邪在家务农。其时，蔡炎德在安南西贡（现越南胡志明市）当店员，因希望儿子给家里带来吉祥，取名"启瑞"。

启瑞出生时祖母陈氏还在世。母亲陈软出生于同安丙洲渔民家庭，吃苦耐劳，勤俭持家。

1914 年

父亲蔡炎德因甲状腺肿瘤在安南病故。

1915 年

依靠母亲陈软做裁缝工维持孤儿寡母的生活。

叔叔蔡世邪到新加坡谋生。

1919 年

祖母去世。

叔叔蔡世邪在新加坡承祖业经营糕饼店，谋生尚顺利，常寄钱资助家用。

是年，母亲领养小弟蔡晋南。

1921 年

2 月，进入马巷镇番薯市礼拜堂小学读书。

1922 年

于马巷镇番薯市礼拜堂小学完成初级小学的课程。

1923 年

2 月，通过口试转学到由集美教育推广部经费支持、教育质量较好的腩民小学学习。

2—7 月，在马巷镇腩民小学读书，成绩优良。

9 月，因避军阀内战寄读在外婆家的同安丙洲砥江小学，至 1924 年 1 月。

1924 年

2—7 月，在马巷镇腩民小学读书。

9 月至次年 1 月，在丙洲砥江小学读书。

1925 年

2—7 月，在马巷镇腩民小学高小二年级读书。

夏，因腩民小学所在班级生数不足停办，到庆茂布店当学徒两个月。

9 月，由腩民小学的班主任黄固吾老师带到好友王子欣家寄宿，并介绍进入中华中学读书至 1926 年 1 月。

1926 年

2 月，凭学习成绩单转入集美中学，为集美初级中学第 16 组学生。

1927 年

在集美中学读书，敬佩陈嘉庚先生倾资办学的精神。

受留学日本归国、执教集美中学的黄开城老师的化学启蒙教育，激起后来主修化学的意向。

1928 年

9 月，升入集美中学高中部学习，为高中二组学生，至 1929 年 7 月。成绩名列全班第一，担任班长。

1929 年

7 月，因学校闹学潮，高中二组被停办，肄业于集美中学。

9 月，考入厦门大学预科化学组学习。

1930 年

在厦门大学预科化学组学习，至次年 7 月。

1931 年

9 月，升入厦门大学化学系本科学习。

入学不久，因患肋膜炎，气管出血，休学回同安马巷番薯市老家养病。

1932 年

8 月以前在家养病。

9 月，到同安洗墨池的集友小学代课，任高小数理教员，至 1933 年 1 月。

1933 年

2—8 月，在马巷镇番薯市家里复习功课，准备复学。

9 月起复学，继续在厦门大学化学系学习。

1934 年

在厦门大学化学系学习,受集美教育推广部的经费补助,并多次获陈嘉庚设立的"免费奖学金"和"陈嘉庚奖学金"。

1937 年

6 月 11 日,在张怀朴教授的指导下完成理学学士论文:《Electrometric Determination of the Hydrolysis of Zinc and Cadmium Nitrates》(《硝酸锌和硝酸镉水解的量电法测定》)。

7 月,以优异成绩毕业于厦门大学化学系(厦门大学第十二届毕业生),获厦门大学理学学士学位。

8 月,赴省立龙溪中学(迁长泰)接洽教席,旋因母校厦门大学召回服务,未接受龙溪中学聘约。

9 月,任厦门大学化学系物理化学和有机化学助教。

"八一三"事变后,厦门遭日军轰炸,为避免战争破坏,萨本栋校长决定厦门大学内迁长汀。

12 月 24 日,厦门大学教职员工开始分批迁移,遂随学校迁往长汀,并接替时赴英国伦敦大学深造的卢嘉锡留下的助教工作。

1938 年

1 月 17 日,厦门大学在长汀开始上课。

8—9 月,经永安、南平、福州、泉州回同安马巷,与集美师范毕业的陈金鸾女士结婚。婚后,全家又回到长汀。

在张怀朴教授指导下,完成《电位法研究硝酸锌、硝酸镉的水解》(Ⅰ—Ⅱ)两篇论文,发表于《厦大理工论丛》。

1939 年

7 月 30 日,长子蔡俊修出生。

秋,担任刚到长汀厦门大学任教的著名化学家傅鹰教授的助教。

1940 年

8 月，晋升为讲师，讲授分析化学和物理化学。开设定性、定量分析课程。

8—9 月，赴重庆参加中美庚款留学考试，因考试科目是冶金学而非物理化学，故未能考取。

10 月底回到长汀，任厦门大学化学系分析化学和物理化学讲师，至 1945 年 9 月。

1941 年

任分析化学、物理化学讲师。

在长汀厦门大学化学系任教期间，深受萨本栋校长艰苦创业、自强不息精神的感染。

1942 年

2 月，长女蔡维真出生。

1944 年

6 月，指导学生林立炟完成毕业论文《蓖麻子解脂作用》。

11 月，次子蔡维理出生。

1945 年

6 月，指导学生高亚思完成毕业论文《呋喃甲醛之制备及其应用》。

6 月，指导学生程炳耀完成毕业论文《松香之提制及松脂酸之化学》。

7 月 26 日，厦门大学教师会成立，当选为九位理事之一。

抗战胜利后，10 月，随厦门大学师生从长汀经龙岩、漳州迁回厦门。

10 月起，在鼓浪屿的厦门大学新生院担任普通化学讲师，至 1946 年 7 月。

1946 年

5 月，指导学生林水莲完成毕业论文《固体有机酸混合物分配测定法》。

7月，经厦门大学推荐，获得美国国务院留美奖学金名额。

8月，担任厦门大学化学系物理化学讲师，至1947年2月。

1947年

2月，作为获得美国国务院留美奖学金、由中国政府选派赴美留学的20名学子之一，被厦门大学选派到美国俄亥俄州立大学攻读博士学位。

2—3月，先赴上海办理出国手续，后赴南京谒见萨本栋前校长。

3月28日，进入美国俄亥俄州立大学研究生院化学系当化学动力学研究生，至1950年3月。在导师马克（E. Mack, Jr）、哈里斯（P. M. Harris）和纽曼（M. S. Newman）三位教授指导下，从事多亚甲基长链二醇及二羧酸的L-B膜行为的研究。

1948年

在美国俄亥俄州立大学研究院化学系攻读研究生，从事化学动力学研究。

1949年

在长汀时由傅鹰教授指导完成的论文《有机酸混合物萃取分析》，发表于美国《分析化学》杂志。（Tsai, K. R.; Fu, Y., Analysis of Mixtures of Organic Acids by Extraction. *Analytical Chemistry* 1949，21，818-821.）

1950年

3月17日，获俄亥俄州立大学化学领域的哲学博士学位，学位论文题目为《多相反应中大环闭合的研究：高聚亚甲基二羧酸和二元醇的表面膜》（英文题名《A Study of Macro-Ring Closure in Heterogeneous Reactions: Surface Films of High Polymethylene Dicarboxylic Acids and Glycols》），指导教师为哈里斯（P. M. Harris）和马克（E. Mack, Jr）。

4月，因导师哈里斯的挽留，在俄亥俄州立大学从事铯氧化物晶体结构测定这一具有挑战性的结构化学博士后研究。

4月6日，时值厦门大学29年校庆，发回"我怀念您啊！祖国！"的电报。

11月30日，国立厦门大学理学院化学系拟聘蔡启瑞为化学专任教授兼化学研究所指导教授，时任理学院院长的卢嘉锡作为介绍人对其评价为"研究成绩极优，教学富启发性"。

因朝鲜战争爆发，回国申请未获批准，暂羁留美国。

1951年

在美国俄亥俄州立大学从事铯氧化物晶体结构测定的结构化学博士后研究。

1952年

受聘于俄亥俄州立大学，任无机结构化学、酶反应动力学方面的副研究员，至1956年3月。

1953年

在研究晶体构效关系方面有重要发现，指出极化率很高的阳离子化合物表现出的特殊性能与其夹心面包型晶体结构存在密切关系。

1955年

秋，在美国化学学会128次年会上宣读有关离子晶体极化现象的论文：Tsai, K. R.; Harris, P. M.; Lassettre, E. N., Polarization of the CdI_2-type, $CdCl_2$-type（Cs_2O-type）Layer Crystals. Preprint 2R-4, 128th ACS Meeting,（Sep. 1955），获得好评．

1956年

3月中旬，离美回国申请获得核准。

4—5月，乘戈登将军号轮船，经太平洋回到广州。

6—7月，经厦门马巷、福州、上海至北京留学生招待所报到，聆候分配工作。之后为进一步了解国情，到长春向唐敖庆教授请教，参观吉林大学和中科院长春应用化学所。后在北京参观访问后，回到母校厦门大学，担任结构化学的教学和研究工作。

8月，厦门大学给评二级教授，主动找王亚南校长要求降为三级教授。指导研究生黄开辉和施彼得。

在美国刊物发表晶体结构的两篇论文。

Tsai, K. R.; Harris, P. M.; Lassettre, E. N., Crystal Structure of Cs$_2$O. *Journal of Physical Chemistry* 1956, 60, 338-344.

Tsai, K. R.; Harris, P. M.; Lassettre, E. N., Crystal Structure of Cs$_3$O. *Journal of Physical Chemistry* 1956, 60, 345-347.

1957 年

3月，参加第二届全国政治协商会议。

夏，首次招收催化研究生陈德安，主要从事"醇醛缩合催化研究——负载型氧化物催化剂"的课题研究。

根据国家发展石油工业对催化科学的迫切需要，决定改行，把研究重点转移到催化化学。

在《厦门大学科学进展》上发表"近代接触催化理论的介绍"一文。

1958 年

1月，小女蔡小平出生。

3—4月，作为中国科学代表团团长，赴莫斯科参加全苏催化工作会议，并在莫斯科进行催化方面的参观访问。回北京后参加催化工作协调会议。

6月，与厦门大学化学系师生试制成功许多种合成纤维，合成橡胶和塑料的新产品，拉出尼龙丝，制得成块的聚丁二烯橡胶等。

7月，赴福州出席省青联代表大会，被选为福建省民主青年联合会副主席。

9月，在厦门大学创建中国高校第一个催化教研室，开创中国催化科学领域的教学与研究基地。

10—11月，参加省参观团赴北京参观全国科技、工交、教育跃进展览会。

提出入党申请。

1959 年

11 月，赴天津参加第一届的全国催化会议。

12 月，被厦门大学评为大跃进中先进人物。

任厦门大学化学系三级教授。

1960 年

3 月，经省教育厅批准，被评为厦门大学化学系二级教授。

5 月 7 日，担任与中科院福建分院合办的厦门大学化学研究所所长。

赴大连参加第二届全国催化会议。

承担化学工业部下达的国防科研任务"解决合成橡胶单体生产的催化剂问题"。

1961 年

下半年，学校机构变革，化学研究所另行分出，保留催化电化学研究室，任室主任。

1962 年

9 月，提议通过自主出题考试亲自选拔研究生，招收万惠霖和张鸿斌两名研究生，分别从事"快速反应动力学"和"烯烃聚合催化剂"的研究。

12 月，兼任华东物构所催化电化研究室主任，至 1964 年 4 月。

担任第三届全国政治协商会议特邀委员，赴京出席全国政协会议。

作为国家科委化学学科组成员，参与制订国家基础学科发展规划和国家重点科研项目研究规划，至 1965 年。

1963 年

11 月，参加在兰州召开的全国催化工作会议，提出络合催化原理的初步概念，进一步明确厦门大学发展配位催化理论的方向。

在《厦门大学学报》（自然科学版）发表研究论文《α-TiCl$_3$ 晶体的极化电场与 α- 烯烃在 Ziegler-Natta 催化剂上定向聚合的机理》。

1964 年

担任第三届全国人民代表大会代表。

承担国家重点科学研究项目第 29 项——催化和化学动力学研究。并由国家科委和高教部重点投资，在厦门大学建立高等学校催化研究中心。

12 月 7 日，国家高教部委托厦门大学举办全国性的催化学术讨论班开班，为期一年，为催化专门人才授课，至 1966 年 6 月。

在《厦门大学学报》（自然科学版）发表重要论文《络合活化催化作用》[《厦门大学学报》（自然科学版）1964，11（2），23-40]，在国内首先、在国际上较早提出络合活化催化理论。

在《中国科学》和《厦门大学学报》（自然科学版）发表结构化学领域的论文：Tsai, K. R., Estimation of Repulsive Exponents in the Calculation of Lattice Energies of Ionic Crystals. Scientia Sinica(*English Edition*) 1964, 13(1), 47-60.

周泰锦，万惠霖，蔡启瑞。α-TiCl$_3$ 电子能级的晶体场分裂。《厦门大学学报》（自然科学版）1964，11（2-3），1-8。

1965 年

在高教部于厦门大学举办的学术讨论会上提出"络合催化作用"的四种效应：配位活化作用、定向定位作用、电子传递作用、能量传递作用。

在《全国高等学校学报》（化学化工版试刊 1965.486）上再次刊载《络合活化催化作用》一文。"络合催化"成为国重 29 和国重 27（物质结构的研究）共同攻关的重点科学研究课题。

1966 年

和催化团队部分成员到厦门第三化工厂成功进行年产超纯苯 100 吨的生产试验。

5 月，"文化大革命"开始，学校停课，络合催化研究被迫中止。回同安马巷约半年时间。

1967 年

自费赴衢州化工厂参观考察磷酸镉钙、磷酸锌钙催化剂的试验，回校后指导研发出负载型氧化锌催化剂，解决了乙炔水合制乙醛的催化剂革新问题。

与同事利用"下厂学工"之便，到杏林醋酸厂顺利进行年产乙醛百吨级的流化床小型生产试验。

1968 年

指导厦门大学化工厂生产负载型氧化锌催化剂，供应国内十多个小醋酸厂达五六年之久。

1969 年

下农场劳动。

年底，到厦门电化厂进行教育革命调查，并参加硬化油车间的生产劳动。

1970 年

3 月上旬，随化学系师生到厦门市化工厂等单位开办教育革命实践试点班。

1971 年

12 月 28 日，经福建省革委会任命为厦门大学革委会副主任，至 1978 年。

1972 年

赴长春参加第一次全国化学模拟生物固氮会议，并与卢嘉锡一起参与吉林大学唐敖庆发起的化学模拟生物固氮跨学科大协作研究的项目规划工作。

1973 年

2 月，参加在鼓浪屿召开的由厦门大学承办的第二次全国化学模拟生物固氮会议，根据"络合催化作用"原理，对于固氮酶的活性中心模型和催化作用，首先提出"固氮酶两钼一铁三核活性中心结构"的见解。

在国际上最早提出一个具有微观结构参数的、多核原子簇结构、在钼上具有活动配位的固氮酶活性中心模型（被称为厦门模型），和已知的固氮底物的多核配位活化模式。稍后，又根据国际上有关固氮酶的科学实验进展，将这一模型作进一步演进，圆满地阐明了所有已知关于固氮酶的实验结果，并为设计合成模型化合物和开展化学模拟指出方向。在国际上较早提出该模型的研究见解。

以厦门大学化学系催化教研室在《中国科学》署名发表《过渡金属化合物催化剂络合活化催化作用（Ⅰ）——附载型氧化铬和氧化铌催化剂的研究与炔类环聚芳构化催化反应机理》[《中国科学》1973，16（4），373-388]。

1974 年

以厦门大学化学系固氮研究组署名，发表《关于固氮酶的作用机理和活性中心结构》一文[《厦门大学学报》（自然科学版）1974，13（1），111-126]。

9月，在"厦门大学革命委员会教育革命处"刊印的内部资料上发表由厦门醋酸厂和厦门大学化学系共同署名撰写的《络合催化作用（Ⅱ）——乙炔气相水合制乙醛负载型氧化锌催化剂的研究》一文。

1975 年

1月，赴北京出席第四届全国人民代表大会第一次会议，任第四届全国人民代表大会代表，任期至1978年。

以厦门冰醋酸厂、厦门橡胶厂、厦门大学化学系集体署名在《化学学报》上发表《络合活化催化作用——Ⅱ.乙炔气相水合制乙醛锌系催化剂的研究》一文[《化学学报》1975，33（2），113-124]。

夏，母亲陈软逝世，享年87岁。

1976 年

以厦门大学化学系催化教研室固氮研究组署名，分别在《中国科学》（中英文版）、《化学模拟生物固氮进展》上发表《固氮酶的活性中心模型和催化作用机理》、《A Model of Nitrogenase Active-Centre and Mechanism of Nitrogenase Catalysis》和《固氮酶的活性中心结构和化学模拟生物固氮的络合催化问题》三篇论文。《固氮酶的活性中心模型和催化作用机理》文中提出的固氮酶活性中心模型的设想，受到国内外有关科研人员的重视，收到 40 多个国家与地区的学者索取论文的来函。

1977 年

5 月，在北京参加全国工业学大庆会议，领受积极分子光荣册，获全国劳动模范称号。

10 月，到密执安大学参观，获知三十烷醇对提高农作物产量的作用，回国后与有机化学教研室主任郭奇珍投入三十烷醇的研究工作。

11—12 月，参加中国理工科高教赴美考察团，考察美国高等教育并进行学术交流。

1978 年

3 月 18—31 日，出席在北京召开的全国科学大会，被评为先进工作者。领导的《络合催化理论与化学模拟生物固氮》《石油化学中新型催化剂的研究》《乙炔催化加合聚合新型催化剂的研究》《高密度聚乙烯》集体科研工作成果获全国科学大会奖。

获福建省教育战线先进工作者光荣册。

4 月，学校实行校长制，任厦门大学副校长，至 1984 年。

5 月 22 日，加入中国共产党（预备党员）。

5 月底，厦门大学举行"文化大革命"后首届（即第七次）科学讨论会，同时成立哲学社会科学和自然科学两个学术委员会，担任厦门大学自然科学学术委员会主任（1984 年后改为学衔委员会）。正式恢复厦门大学自然辩证法研究会，兼任理事长。

6月，赴美国威斯康星大学参加第三届国际固氮会议，提交论文《固氮酶活性中心模型的演进和催化机理》受到与会学者的重视和好评。

9月28日至10月7日，教育部属重点大学校际催化学术讨论会在厦门大学召开。参会并作"催化科学的新成就和发展动向"的综述报告。会议决定成立"教育部直属重点大学催化学科协作组"，以厦门大学为牵头单位，按学科内容下设四个协作小组。

10月，招收"文化大革命"后首届硕士研究生（林建毅、廖代伟、陆维敏、陈慧贞、陈鸿博、曾晓鸣）。

获全国劳动模范称号。

任第五届全国人民代表大会代表。

被推选为国家科委化学学科组成员，至1982年。

在《化学通报》上发表《生物固氮与络合催化》[《化学通报》1978，（2），5-6]一文。

1979年

10月至次年2月，率领厦大催化团队举办催化进修班和现代催化研究方法研讨班。

6月26日，经厦门大学化学系催化教研室党支部会议讨论表决，按期转为中共正式党员。

12月，国务院授予全国劳动模范称号。

12月，福建省人民政府授予全省劳动模范称号，颁给金质奖章。

同年底因疑患胃癌，在手术前将教研室10名骨干教师召集到病榻前交代工作。实施胃切除手术后，在病榻上给党组织写信，对工作提建议。

《络合催化理论的研究》（1960—1977）、《化学模拟生物固氮》（1972—1977）、《聚乙烯高效催化剂的研究》（1971—1977）、《乙炔水合制乙醛磷酸镉钙催化剂》（1960—1966）、《乙炔合成苯氧化铌催化剂的研究》、《乙炔气相水合制乙醛氧化锌催化剂的研究》（1972—1977）获1979年福建省科学大会奖。

在《化学通报》(1979,(5),21-24)上发表《化学模拟生物固氮的新里程》一文；另以第一作者署名与林硕田、万惠霖合作论文《固氮酶活性中心模型的演进和酶催化机理》[《厦门大学学报》(自然科学版)1979,18(2),30-44]。

1980 年

获评一级教授。

4月2日，校庆前夕，厦门大学校友总会恢复活动，担任理事长。

4月，厦门大学固氮研究组蔡启瑞等完成的《化学模拟生物固氮研究——固氮酶活性中心模型和酶催化机理及模拟体的合成活性和选择性》的研究获1979年福建省科技成果奖二等奖。

6月，赴北京参加中、日、美三国金属有机化学讨论会。

6月30日至7月4日，赴日本东京参加第七届国际催化会议。任教育部代表团团长，会后在"固氮专题讨论会"上作特邀报告：Tsai, K. R., Correlation between Chemisorption and Coordination; Cluster Approach to the Nature of Active Sites on Ammonia Synthesis Catalysts. *7th ICC Post-Congress Symposium on Nitrogen Fixation* (*Tokyo*) 1980, Invited lecture. 提出与固氮酶活性中心模型相关联的关于氮的活化方式及加氢机理的新看法。

7月15日，受教育部委派，赴美国、加拿大、日本、英国、西德、荷兰等国参加催化科学和模拟生物固氮考察。

8月，在昆明召开固氮领导小组扩大会议，厦大化学模拟生物固氮协作组的论文《固氮酶铁钼辅基模拟物与UW45提取液的重组活性》获得到会专家的好评。

10月5日，当选"集美学校校友会"第一届理事会名誉理事长。连任八届名誉理事长。

11月，当选中国科学院化学部学部委员。

12月1—5日，赴澳大利亚堪培拉参加第四届国际固氮会议。会上对厦门大学化学模拟生物固氮协作组具有明显生物重组活性的模型化合物给予相当高的评价和重视。

"催化和固氮"的研究课题获联合国教科文组织开发计划署 40 万美元的资助。

继续从事酶催化和非酶催化固氮合成氨的关联研究。

独立发表论文：Tsai, K. R., Development of a Model of Nitrogenase Active-Center and Mechanism of Nitrogenase Catalysis. *Nitrogen Fixation*, Newton, W. E.; Orme-Johnson, W. H. Eds., Univ. Park Press, Baltimore, USA, 1980, 1, 373−387.

与导师纽曼合作发表论文：Tsai, K. R.; Newman, M. S., A Novel Synthesis of 1, 21-Heneicosanedioic Acid. *Journal of Organic Chemistry* 1980, 45, 4785−4786.

1981 年

2 月 26 日至 4 月 2 日，率厦门大学催化—固氮教育和科学研究考察团在日本、美国进行考察，共访问 11 所高校和两个工业研究所。

6 月 12 日，在北京召开的国务院学位委员会第二次会议上，当选国务院学位委员会第一届学科评议组成员（理学评议组），任期至 1985 年。

10 月，"文化大革命"后指导的首届硕士研究生（廖代伟、陆维敏、陈慧贞、陈鸿博、曾晓鸣）通过学位论文答辩（1982 年 3 月 26 日经校学位委员会评定，授予厦门大学首批理学硕士学位）。

11 月，经国务院学位委员会审批，增列为物理化学学科博士生指导教师。

11 月 30 日至 12 月 13 日，在第五届全国人民代表大会第四次会议上，提出"关于统一规划发展可燃性矿物资源综合利用技术"等提案。

是年底，开始面向全国招收首批博士研究生廖代伟、陈鸿博两人。该届博士研究生 1982 年 4 月入学。

"络合催化理论的研究"获国家教委科技进步奖二等奖（第 1 完成人）。

被厦门市人民政府评为 1981 年度厦门市特等劳动模范。

主动正式提出辞去厦门大学副校长职务，1984 年获得批准。

1982 年

3 月，厦门市人民政府授予市劳动模范称号。

3 月中旬，厦门大学学位评定委员会成立，当选第一届主席。

7 月，"络合催化理论的研究"获国家自然科学奖三等奖（第一完成人）。该成果在国际上较早地注意到络合活化概念对于关联均相催化、多相催化与金属酶催化三大领域的重要意义，全面总结出络合催化可能产生的四个效应。

7 月，因脾脏破裂大出血，施行脾切除手术。厦门市委书记陆自奋调动海军战士输血抢救。病情稍好转后，在病床上坚持画固氮反应的机理图。

由福建省人民政府授予省劳动模范称号。

在《自然杂志》上发表论文《我国催化研究五十年》（1982, 5（11），817−821）。

1983 年

1 月，因病在鼓浪屿医院住院。

8—9 月，赴华盛顿参加第186届美国化学会年会，在年会上发表论文：Tsai, K. R.; Zhang, H. T.; Lin, G. D.; Wu, M. G.; Han, G. B.; Yang, H. H.; Lai, W. J.; Liao, D. W., Unified Elucidation of N_2−ase−Catalyzed H_2−Evolution Reactions with Edge−Sharing Twin−Cubanes Model and Further−Studies on Synthesis of FeMo−Co Modeling Compounds. *Abstracts of Papers of the American Chemical Society* 1983, 186, （AUG），95−INOR. 后带助手林国栋教授赴荷兰、西德、比利时、瑞士、法国、英国进行催化科学考察和学术交流。

教育部正式批准在厦门大学成立物理化学研究所（该所 1978 年组建），担任首任所长。

带领团队研究甲烷氧化偶联及乙烷氧化脱氢的稀土—碱土基催化剂。

被评为厦门市劳动模范。

1984 年

2月，与厦门大学师生代表一起在邓小平同志视察厦门特区期间受到接见。

4月，被评为厦门市劳动模范。

7月，赴联邦德国参加第八届国际催化会议及会后专题讨论会。

7月，当选第八届国际催化大会理事会理事，任期至1988年。

8月11日，免去厦门大学副校长职务。

10月9—14日，厦大催化学科承办第四届全国催化会议及第二届全国催化科学学术报告会。

12月，与厦门大学领导和部分专家学者等在邓颖超视察厦门时受到接见。

被评为全国劳动模范。

担任厦门大学理科学衔委员会主任。

1985 年

1月，和时任校长的田昭武为厦门大学1979年启动兴建的19000平方米化学大楼的竣工典礼剪彩。

4月20日，指导的物理化学专业博士生廖代伟获理学博士学位，学位论文题目《铁催化剂上的化学吸附物种和固氮成氨》。该生为新中国成立以来厦门大学自己培养的第一位博士。

8月，赴美国加州大学伯克利分校参加第二届中、日、美催化学术讨论会，并作专题报告。

开始设计实验验证分子氢对二氘代乙炔（DC≡CD）的竞争抑制能明显降低底物顺式加氢的选择性。

担任中国化学会第二十二届理事会理事，至1990年。

担任福建化学学会名誉理事长。

经国家教委批准，厦门大学的催化、电化结构—量子化学为主攻方向的物理化学专业成为我国博士后科研流动站的首批建站单位之一，开展有关原子簇结构与催化性能的研究。

化学系 1941 届毕业生、旅菲校友庄汉卿捐资设立卢嘉锡 - 蔡启瑞奖学金。

1986 年

5 月，"在固氮酶作用下和铁催化剂作用下固氮成氨的研究"被授予 1985 年国家教委科技进步奖二等奖（第一完成人）。

6 月，担任博士后导师，开始接受博士后研究人员。指导第一位博士后郑兰荪从事"铁原子簇羰基化合物的催化作用机理研究"课题。

6 月 2 日，被中科院兰州化学物理研究所聘为《分子催化》杂志顾问。

8 月 24—29 日，委派助手张鸿斌赴希腊雅典参加第 24 届国际配位化学会议进行学术交流，提出在甲烷化和费托合成等反应中以缔合式机理为主要途径、解离式机理为次要途径，在缔合式机理中以一氧化碳的部分加氢或氢解作为速率控制步骤的独特见解。

Zhang, H. B.; Wan, H. L.; Tsai, K. R., Coordination and Catalysis in Hydrogenation of N_2 and of CO over Transition-Metal Catalysts. *Book of Abstracts*, 24*th* *ICCC*（Athens, Greece），1986, p 636.

在联合国 UNDP 赞助举行的电催化、光催化和金属仿生催化国际学术讨论会上作学术报告。

9 月，经教育部同意，赴香港中文大学讲学三周。

9 月 27 日，致信中国科学院山西煤炭研究所彭少逸院士，商讨组织国家自然科学基金重大项目"碳一化学基础研究"事宜。

11 月 12—15 日，由中国化学会等七个单位联合组织在厦门大学举行"祝贺卢嘉锡、蔡启瑞从事化学工作五十年学术讨论会"。

12 月 27 日，在厦门市科学技术协会三届代表大会上当选为市科协主席。

发表论文：Tsai, K. R., On the Complementary Utilization of Petroleum, Natural Gas, and Coal Resources and Coordinative Development of Synthetic Fuels & Chemical Industry. *Fujian Prov Assoc Sci Technol*, *Scientists' & Engineers' Proposals*, Circ. 1986, No. 41986。

1987 年

4月21日，厦门大学校务委员会成立，任委员。

在厦门举办的第三届中、日、美催化会议上作学术报告。

5月18日，国家计委和国家教委正式批准厦大建设固体表面物理化学国家重点实验室，担任实验室首任学术委员会主任，至1996年。

力主在能源化工建设中应当充分重视煤炭资源的开发利用，提出福建应实行"（石）油、煤（炭）并举，燃（料）、化（工）结合的方针"，在搞好煤油和石油化工的同时，组织碳一化学的基础研究。

"七五"期间（至1992年），与彭少逸院士共同主持国家"七五"自然科学基金重大项目"碳一化学基础研究"，促进了碳一化学在中国的发展。

1988 年

8月28日，"在固氮酶作用下和铁催化剂作用下固氮成氨的研究"被授予1987年国家自然科学奖三等奖（第1完成人）。

8月30日，被聘为福建省工程咨询总公司专家委员会顾问。

8月，赴香港参加国际精细化工学术讨论会，并作专题报告。

8月，赴加拿大参加第九届国际催化会议，在会上宣读论文。

主持的厦门大学物理化学专业被核准为首批高等学校重点学科。

1989 年

2月，中国大百科全书出版社编辑部出版《中国大百科全书》（化学Ⅰ），刊出《蔡启瑞》小传。

3月，应邀赴比利时作"催化与固氮的专题"讲学。

11—12月，赴美国夏威夷，在亚太化学大会上作专题报告。Tsai, K. R., Outlook of Industrial Development in Speciality and Petroleum-Based Chemical in China's Pacific Region. The 1989 International Chemical Congress of Pacific Basin（Honolulu, Hawaii, USA），1989, Info 140.

12月，在全国第四次侨代会上，被国务院侨务办公室、中华全国归国华侨联合会评为全国优秀归侨、侨眷知识分子。

赴香港参加国际精细化工学术讨论会并作专题报告，会后美国《化学与工程新闻》杂志刊登了与会记者的采访及对该报告观点的介绍和评述。

1990 年

3 月，被中科院兰州化学物理所聘为《分子催化》第二届编辑委员会顾问。

5 月，在海沧拟建大型石化项目的背景下，向福建省教委提交"关于 1990 年省联合办学增招石油加工专业 40 名本科生的报告"，推动了厦门大学化工学科的发展。

9 月 1 日，办理退休手续。

12 月，被国家教委和国家科委联合授予全国高等学校先进科技工作者称号。

12 月，从事高校科技工作 40 年，成绩显著。国家教委颁发荣誉证书，予以表彰。

12 月，被厦门大学归侨联合会聘为厦门大学侨联第四届委员会顾问。

发表《福建省发展特殊精细石油化工产品的前景和重要性》（福建科技特刊 1990）一文。

1991 年

3 月，应邀赴香港访问，作固氮专题讲学。

5 月，厦门大学化学化工学院正式挂牌成立，与卢嘉锡、田昭武一起为学院揭牌。

5 月 9 日，赴美国参加第五届中、日、美催化会议。

7 月 31 日，赴苏联参加学术会议。

12 月 16 日，被中科院成都有机化学研究所聘为《天然气化学》英文版顾问。

12 月，被中科院福建物质结构研究所聘为《结构化学》第三届编辑委员会顾问。

1992 年

3月28日，厦门大学校友总会举行全体理事会议，当选新一届理事会顾问。

4月5—10日，赴美国旧金山参加第203届美国化学会年会。

7月5日，被聘为福建省工程咨询总公司第二届专家委员会顾问。

7月23日，在厦门市科学技术协会四届一次全委会上当选为市科协名誉主席。

8月，经福建省留学生同学会第三次会员代表大会通过，当选该会名誉会长。

对固氮酶 M- 原子簇的结构与功能关系提出新见解，并设计一些关键性的化学探针验证实验。

以第一作者署名发表论文：Tsai, K. R.; Wan, H. L.; Zhang, H. T.; Xu, L. S., Studies on the Mechanism of Nitrogenase Catalysis-Substrates-Cluster-Coordination-Chemistry Approach. *The Nitrogen Fixation and its Research in China*, Hong, G. F. Ed., Springer-Verlag & Shanghai Scientific & Technical Publishers, 1992, 87-117.

1993 年

6月8—11日，赴北京参加在清华大学举办的第六届中日美催化会议。

8月15—20日，赴北京参加国际纯粹与应用化学联合会第34届学术大会（34th IUPAC Congress）。

9月23日，被国家教委科技司聘为《高等学校化学学报》第三届编委会顾问，任期五年。

12月25日，当选厦门市侨界知识分子联谊会名誉理事长，聘期三年。

12月，在编纂出版《中国大百科全书》工作中作出重要贡献，受到中华人民共和国新闻出版署的表彰。

协同主持国家"八五"973项目"煤炭、石油、天然气优化利用的催化基础"（1993—1997）。

在福州举行的国际分子结构学术讨论会上作学术报告。

1994 年

1993 年 11 月至 1994 年 1 月,卢嘉锡、唐敖庆、侯祥麟、吴征铠、张青莲、曾呈奎、王佛松、徐光宪、高小霞、陈国珍、中国化学会等题词祝贺蔡启瑞八十华诞。

1 月 7 日,蔡启瑞八秩华诞祝寿会暨学术研讨会召开。厦门市政协主席蔡望怀、校党委常委、常务副校长郑学檬出席祝寿会并致贺词。

3 月 13—17 日,与万惠霖赴美国圣地亚哥参加第 207 届美国化学会年会,并作口头报告《甲烷氧化偶联 Th-La-O$_x$/BaCO$_3$ 催化剂上含氧物种的现场拉曼光谱》。

6 月 18 日,在为实现"八五"计划和十年规划做贡献活动中,成绩突出,被中华全国归国华侨联合会评为先进个人。

10 月 18 日,经国务院学位委员会批准,担任厦门大学第四届学位评定委员会委员。

11 月 14 日,再次被聘任为《天然气化学》杂志(英文版)顾问。

11 月 19 日,被政协厦门市委员会聘为政协厦门市第八届委员会顾问。

11 月 26 日,被厦门市人民政府聘为厦门市科技中学名誉校长。

开始学习电脑操作,用电脑写文章、绘图。

1995 年

2 月 26 日,任厦大侨联第五届委员会顾问,聘期四年。

4 月 22 日,厦门市老教授协会成立,被聘为协会名誉会长。

5 月,"合成气制乙醇催化反应机理的研究"获国家教委科技进步奖一等奖(第 1 完成人)。

5 月,"群表示约化的方法、程序与应用"获国家教委科技进步奖二等奖(第 7 完成人)。

6 月 12 日,获陈嘉庚教育基金设立的、福建省国际文化交流中心组织实施的 1995 年度"集友科技成就奖"。

7 月 13 日,被国家碳一化学工程技术研究中心、化工部西南化工研究院聘为"国家碳一化学工程技术研究中心"工程技术委员会委员。

7月21日，被聘为厦门市专家协会顾问。

8月18日，被厦门市计划委员会聘为厦门市工程咨询专家委员会顾问。

9月6日，被厦门大学评为优秀研究生导师。

11月1日，"合成气制乙醇催化反应机理的研究"获福建省第六届王丹萍科学技术奖三等奖，奖金四万元。

12月，"合成气制乙醇催化机理的研究"获国家自然科学奖三等奖（第1完成人）。

与彭少逸合作主编的《碳一化学中的催化作用》一书出版。

以第一作者撰写的重要论文：

Tsai, K. R.; Wan, H. L., On the Structure-Function Relationship of Nitrogenase M-Cluster and P-Cluster Pairs. *Journal of Cluster Science*，1995，6（4），485-501.

Tsai, K. R.; Wan, H. L.; Huang, J. W.; Zhang, H. Z.; Xu, L. S.; Zhang, H. T., Molecular Recognition in Nitrogenase Catalysis. *Faseb Journal* 1995，9（6），A1460.

1996年

5月，中国科学院学部联合办公室编著的《中国科学院院士自述》一书出版，刊出《蔡启瑞》一篇自述。

10月18日，被评为厦门大学健康老人。

10月16—20日，带领厦门大学催化学科承办第八届全国催化会议。

10月20日，被聘为"固体表面物理化学国家重点实验室（厦门大学）"第二届学术委员会名誉主任，任期三年。

11月14日，经福建留学生同学会第四次会员代表大会决定，连任该会名誉会长。

11月，被中国科学技术大学聘为兼职教授，聘期至1999年11月。

12月22日，当选厦门市侨界知识分子联谊会第二届名誉理事长。

12月，被聘为《结构化学》第四届编辑委员会顾问。

1997 年

3 月 31 日,被中科院兰州化学物理研究所聘为羰基合成与选择氧化(OSSO)国家重点实验室第二届学术委员会名誉主任,聘期三年。

3 月,香港浸会大学授予荣誉理学博士。

3 月,全国政协大会期间,起草"发展煤气化综合洁净利用,发展甲醛汽车和甲醛燃料电池"的提案。

5 月,报送的信息《发展煤气化综合洁净利用、发展甲醇汽车和甲醇燃料电池》被评为 1996 年度厦门市政协优秀信息。

10 月 30 日,"NC208 型甲醇合成催化剂"获厦门市科技进步奖一等奖。

12 月,获 1997 年度光华科技基金奖二等奖。

12 月,获福建省优秀归侨侨眷知识分子称号。

1998 年

7 月 1 日起,国务院在中国科学院、中国工程院院士中实行"资深院士"制度,荣获首批"资深院士"称号。

作为中国科学院化学学部"绿色化学与科技"咨询组的六名成员之一,参加中科院向国务院提交咨询报告的工作。

于长江、嫩江、松花江发大水的第一天,捐款 3000 元赈灾。

1999 年

1 月 30 日,"甲烷氧化偶联含氟稀土基催化剂的研究"获教育部科技进步奖一等奖(第 5 完成人)。

1 月 30 日,"铁催化剂上的合成氨反应机理研究"获教育部科技进步奖三等奖(第 2 完成人)。

3 月 5 日,为厦门大学化学系《今日催化》系列讲座开第一讲。

9 月,向萨本栋教育科研基金会捐赠 10 万元人民币。

10 月 21 日,获何梁何利基金科学与技术进步奖。

12 月 25 日,被集美校友总会评为陈村牧基金首届获奖者。

与卢嘉锡、万惠霖等撰写《加强生物固氮基础研究的建议》一文，建议在国家重要基础研究发展规划中，列入"生物固氮及其化学模拟研究"项目，给予必要的经费支持，组织有关学科专家分工合作，联合攻关。此文收录于《中国科学院院士建议》1999年第2期。

应国际催化学术刊物《今日催化》之邀，撰写《厦门大学应用催化研究50年及其与催化基础研究的关系》一文。

Tsai, K. R.; Chen, D. A.; Wan, H. L.; Zhang, H. B.; Lin, G. D.; Zhang, P. X., Forty Years of Applied Catalysis Research at Xiamen University and Its Interaction with Fundamental Catalysis Research. *Catalysis Today* 1999, 51（1），3–23.

2000 年

6月19日，为推动两岸学术交流，赴台参加在台北举行的催化学科学术会议。

9月1日，被聘为《结构化学》第五届编辑委员会顾问委员。

10月，在北京京西宾馆召开由国家科委主办的21世纪新一代煤化工技术发展研讨会，与助手张鸿斌教授在会上作"煤洁净发电联产甲醇燃料化工发展甲醇汽车及混合动力汽车"的发言。

11月14日，在厦门市科学技术协会五届一次全委会上当选为市科协名誉主席。

经福建留学生同学会第五次会员代表大会决定，连任该会名誉会长。

2001 年

5月25日，"烯烃氢甲酰化负载型铑配合物催化剂的研究"获2000年中国高校科学技术奖二等奖（第5完成人）。

"铜基甲醇合成催化剂各组分的协同催化作用机理研究"获福建省科技进步奖三等奖（第2完成人）。

7月30日，被武夷山市人民政府聘为第十三届政府科技顾问。

12月18日，被厦门市政府聘为厦门市科学技术顾问。

2002 年

1月1日，被中国物理学会光散射专业委员会聘为《光散射学报》顾问，聘期四年。

4月5日，被聘为厦门大学纳米科技中心第一届学术委员会委员。

6月17日，被中共福建省委、福建省人民政府联合授予"福建省优秀专家"称号。

11月6—8日，参加中国石油和化学工业协会、中国煤炭工业协会在北京联合举办的首届"中国国际煤化工及煤转化高新技术研讨会"后，与助手张鸿斌教授应邀在《中国化工报》上发表《优化利用石油燃料资源，创建能源化工先进体系》的文章。

2003 年

2月28日，被厦门市知识创新与知识产权保护协会聘请为协会高级顾问。

2004 年

获评"厦门市十佳教育之家"。

2005 年

4月，撰写《我的物理化学工作》一文发表于《科学的道路》（上卷）。

5月21日，被聘请担任厦门市老教授协会第三届理事会名誉会长。

7月31日，给温家宝总理写信，从甲醇的广泛运用，谈我国科技工作如何为国家经济迅速发展、缓解能源瓶颈做出贡献。

2006 年

9月20日，福建省科学技术大会上，被授予2005年度福建省科学技术重大贡献奖。

11月30日，被福建省科学技术协会聘请担任《海峡科学》杂志顾问。

2007 年

1月15日，被聘为《结构化学》第六届编辑委员会顾问。

5月18日，被聘为《工业催化》编辑委员会特邀顾问。

7月，夫人陈金鸾逝世，享年89岁。

12月，获福建省老科学技术工作者协会颁发的"突出贡献奖"。

2008 年

5月12日，汶川地震，捐款一万元赈灾。

2009 年

2月，被福建省人民政府聘为省政府第三届经济社会发展顾问，聘期三年。

8月25日，为"莫拉克"台风造成的台湾受灾地区捐赈灾善款人民币一万元。

11月至次年6月，为《20世纪中国知名科学家学术成就概览》中《蔡启瑞》传文的撰写者廖代伟教授提供近三万字的电子版科技成就参考材料，并认真修改、核对27次。

国家发展改革委员会批准设立"醇醚酯化工清洁生产国家工程实验室（厦门大学）"，任第一届技术委员会名誉主任。任期至2012年。

2010 年

与林敬东、廖代伟等合作，在《催化学报》发表论文一篇。

Lin, J. D.; Liao, D. W.; Zhang, H. B.; Wan, H. L.; Tsai, K. R., Deuterium Inverse Isotopic Effect in Ammonia Synthesis over Ru-Based and Fe-Based Catalysts. *Chinese Journal of Catalysis* 2010, 31（2），153-155.

2011 年

2月4日，在家中不慎跌倒。不久因肺炎住院治疗。

5月，再次入院，在厦门市第一医院住院治疗。

5月20日，被聘为厦门市老教授协会第四届理事会名誉会长。

12月，被厦门市委、厦门市政府联合授予厦门经济特区建设30周年杰出建设者称号。

12月，厦大侨联成立30周年之际，被厦门大学归国华侨联合会授予荣誉证书，纪念从事侨联工作25年以上，不辞辛苦为广大归侨侨眷和海外侨胞服务。

2012年

在厦门市第一医院住院治疗。

2013年

4月6日，获厦门大学首届"南强杰出贡献奖"，为校级奖教最高奖项。

6月30日，在病榻前将1999年所获"何梁何利基金科学与技术进步奖"奖金20万港币，兑换为人民币21.6万元，全部捐赠厦门大学化学化工学院刘树杞教育发展基金。

8月，启动成立"厦门大学化学化工学院蔡启瑞教育发展基金"。

12月2—3日，蔡启瑞院士百岁生日暨厦门大学催化学科创立55周年庆祝大会和学术研讨会在厦门大学举行。庆祝活动包括出版《蔡启瑞院士论文选集》，发行蔡启瑞先生百岁生日纪念画册和《厦门大学报》专刊。

附录二 蔡启瑞主要论著目录

论文

[1] 蔡启瑞，张怀朴. 电位法研究硝酸锌、硝酸镉的水解 - Ⅰ [J]. 厦大理工论丛，1938.

[2] 张怀朴，蔡启瑞. 电位法研究硝酸锌、硝酸镉的水解 - Ⅱ [J]. 厦大理工论丛，1938.

[3] Tsai K R, Fu Y. Analysis of mixtures of organic acids by extraction [J]. Analytical Chemistry，1949，21：818-821.

[4] Tsai K R, Harris P M, Lassettre E N. Crystal structure of Cs_2O [J]. Journal of Physical Chemistry，1956，60：338-344.

[5] Tsai K R, Harris P M, Lassettre E N. Crystal structure of Cs_3O [J]. Journal of Physical Chemistry，1956，60：345-347.

[6] 蔡启瑞. 近代接触催化理论的介绍 [J]. 厦门大学科学进展，1957.

[7] 蔡启瑞. 多相催化理论的进展 [J]. 1959 年全国催化研究工作报告会会刊，中国科学院石油研究所编，北京：科学出版社，1962，pp 119-123.

[8] 蔡启瑞. 离子晶体晶格能的计算——Ⅱ. 排斥指数的估计 [J]. 厦门大学学报（自然科学版），1962，9（1）：1-12.

[9] 林建新，蔡启瑞. 钛酸钡晶体的天然极化、极化能和晶格能[J]. 厦门大学学报（自然科学版），1962，9（2）：79-86.

[10] 蔡启瑞. 络合活化催化作用[J]. 厦门大学学报（自然科学版），1964，11（2）：23-40. 全国高等学校学报化学化工版（试刊），1965：486.

[11] Tsai K R. Estimation of repulsive exponents in the calculation of lattice energies of ionic crystals[J]. Scientia Sinica（English Edition），1964，13（1）：47-60.

[12] 周泰锦，万惠霖，蔡启瑞. α-TiCl$_3$电子能级的晶体场分裂[J]. 厦门大学学报（自然科学版），1964，11（2-3）：1-8.

[13] 厦门大学化学系催化教研室. 过渡金属化合物催化剂络合活化催化作用（Ⅰ）-附载型氧化铬和氧化铌催化剂的研究与炔类环聚芳构化催化反应机理[J]. 中国科学，1973，16（4）：373-388.

[14] 厦门大学化学系固氮研究组. 关于固氮酶的作用机理和活性中心结构[J]. 厦门大学学报（自然科学版），1974，13（1）：111-126.

[15] 厦门冰醋酸厂，厦门橡胶厂，厦门大学化学系. 络合活化催化作用——Ⅱ. 乙炔气相水合制乙醛锌系催化剂的研究[J]. 化学学报，1975，33（2）：113-124.

[16] 厦门大学化学系催化教研室固氮研究组. 固氮酶的活性中心模型和催化作用机理[J]. 中国科学，A，1976，34（5）：479-491.

[17] Nitrogen-Fixation Research Group. A model of nitrogenase active-centre and mechanism of nitrogenase catalysis[J]. Scientia Sinica, 1976, 19（4）：460-474.

[18] 蔡启瑞. 生物固氮与络合催化[J]. 化学通报，1978，（2）：5-6.

[19] 蔡启瑞，林硕田，万惠霖. 固氮酶活性中心模型的演进和酶催化机理[J]. 厦门大学学报（自然科学版），1979，18（2）：30-44.

[20] 蔡启瑞. 化学模拟生物固氮的新里程[J]. 化学通报，1979，（5）：21-24.

[21] Tsai K R, Newman M S. A novel synthesis of 1, 21-heneicosanedioic

acid[J]. Journal of Organic Chemistry, 1980, 45: 4785-4786.

[22] Tsai K R. Correlation between chemisorption and coordination; Cluster approach to the nature of active sites on ammonia synthesis catalysts [R]. 7th ICC Post-Congress Symposiumon Nitrogen Fixation (Tokyo), 1980, Invited lecture.

[23] Tsai K R. Development of a model of nitrogenase active-center and mechanism of nitrogenase catalysis [J]. Nitrogen Fixation, Newton W E, Orme-Johnson W H Eds, Univ. Park Press, Baltimore, USA, 1980, 1, pp 373-387.

[24] 蔡启瑞. 催化科学的新成就和发展动向 [C].《中国化学会1978年年会学术报告集》中国化学会编, 北京: 科学出版社, 1981, pp 79-92.

[25] Tsai K R, Wan H L, Lin S T, Lin G D, Lai W J, Zeng D, Ding M T. Studies on the mechanism and chemical modeling of nitrogenase catalysis [J]. Current Perspectives in Nitrogen Fixation, Gibson A H, Newton W E Eds., Australian Academy Press, Camberra, Australia, 1981, pp 344.

[26] 厦门大学固氮研究组, 物理化学研究所. 酶催化与非酶催化固氮成氨[J]. 厦门大学学报（自然科学版）, 1982, 21 (4): 424-442.

[27] 张大煜, 蔡启瑞, 余祖熙, 闵恩泽. 我国催化研究五十年 [J]. 自然杂志, 1982, 5 (11): 817-821.

[28] Tsai K R, Wan H L. Coordination catalysis by transition metal complexes: nitrogenase catalysis and its chemical modeling [J]. Fundamental Research in Organometallic Chemistry. Tsutsui M, Ishii Y, Huang Y Z Eds., Van Nostrand Reinhold, New York; Science Press, Beijing, 1982, pp 1-12.

[29] Tsai K R, Xu Z W, Lin S T, Lin G D, Ding M T, Zeng D. Synthesis and catalytic activities of FeMo-co modeling compounds[J]. Fundamental Research in Organometallic Chemistry, Tsutsui M, Ishii Y, Huang Y Z Eds., Van Nostrand Reinhold, New York; Science Press, Beijing, 1982, pp 603-611.

[30] 万惠霖,张鸿斌,廖代伟,周泰锦,蔡启瑞. 簇结构敏感型的过渡金属催化作用及其与原子簇络合物催化作用的关联[J]. 厦门大学学报(自然科学版), 1984, 23 (1): 61-74.

[31] Tsai K R, Zhang H B, Wan H L, Guo X X, Lin L W, Jiang B N. Molecular catalysis in hydrogenation of N_2 and of CO over metal catalysts [J]. 2nd China-Japan-USA Symposium on Heterogeneous Catalysis (Berkeley), 1985, Plenary presentation.

[32] Tsai K R. On the complementary utilization of petroleum, natural gas, and coal resources and coordinative development of synthetic fuels & chemical industry [J]. Fujian Provincial Association of Science and Technology, Scientists' & Engineers' Proposals, Circ. 1986, No. 41986.

[33] 林建毅,顾桂松,刘金波,蔡启瑞,郭可珍. XPS 研究合成气制醇的 $Rh-Nb_2O_5/SiO_2$ 催化剂的金属—助催剂—载体的相互作用[J]. 催化学报, 1986, 7 (2): 118-123.

[34] Cai Q R, Zhang H B, Lin G D. Cluster catalysis in fixation of nitrogen to ammonia catalyzed by nitrogenase and by iron catalysts [J]. Advances in Science of China-Chemistry, 1987, 2: 125.

[35] Liao D W, Zhang H B, Wang Z Q, Cai Q R. Raman spectra of chemisorbed species on ammonia-synthesis iron catalysts [J]. Scientia Sinica Series B-Chemical Biological Agricultural Medical & Earth Sciences, 1987, 30 (3): 246-255.

[36] Tsai K R. Trends of development in chemical catalysis [J]. New Asia Life (a monthly periodical of the New Asia College, Chinese Univ. of Hong Kong), 1987, pp 2570-2574.

[37] Liu J P, Wang H Y, Fu J K, Li Y G, Tsai K R. In-situ chemical trapping of ketene intermediate in syngas conversion to ethanol over promoted rhodium catalysts [J], in Proc.-Int. Congr. Catal., 9th (1988), Phillips, M J and Ternan, M Eds., Chem. Inst. Can., Ottawa, 1988, 2: 735-742.

[38] 周朝晖,高景星,李玉桂,汪海有,蔡启瑞. 重氧水和合成气与卡宾簇合物的模型反应研究铑催化乙醇合成机理[J]. 分子催化,1990,4(4): 257-262.

[39] Wang H Y, Liu J P, Fu J K, Wan H L, Tsai K R. Study on the mechanism of ethanol synthesis from syngas by in-situ chemical trapping and isotopic exchange reactions [J]. Catalysis Letters, 1992, 12 (1-3): 87-96.

[40] Tsai K R, Wan H L. New perspectives on the structures and functions of nitrogenase M-cluster and P-cluster pair [J]. Bioinorganic Chemistry, 1994.

[41] Tsai K R, Wan H L. On the structure-function relationship of nitrogenase M-cluster and P-cluster pairs [J]. Journal of Cluster Science, 1995, 6 (4): 485-501.

[42] 闵恩泽,陈家镛,蔡启瑞,沈家聪,戴立信,胡英. 推进化工生产可持续发展的途径——绿色化学与技术[J]. 中国科学院院刊,1998,(6): 413-415.

[43] Wan H L, Huang J W, Zhang F Z, Wu Y, Xu L S, Li J L, Tsai K R. Molecular recognition in nitrogenase catalysis and two proton-relay pathways from P-cluster to M-center [J]. in Biological Nitrogen Fixation for the 21st Century (Proc. 11th ICNF, Elmerich, C, Kondorosi, A and Newton W E Eds., Paris, France, 1997), Kluwer Academic, 1998, 31: 78-79.

[44] Tsai K R, Chen D A, Wan H L, Zhang H B, Lin G D, Zhang P X. Forty years of applied catalysis research at Xiamen University and its interaction with fundamental catalysis research [J]. Catalysis Today, 1999, 51 (1): 3-23.

[45] Tsai K R, Zhang H B, Yuan Y Z. Energy policy restructuring and a scheme of clean coal technologies [J]. Proceeding of 2002' China International Hi-tech Symposium on Coal Chemical Industry and Conversion (Beijing, 2002, 11, 6-8), Oral presentation. 煤化工,

2002, 30 (Sup.): 177-179.

[46] Lin J D, Liao D W, Zhang H B, Wan H L, Tsai K R. Deuterium inverse isotopic effect in ammonia synthesis over Ru-based and Fe-based catalysts [J]. Chinese Journal of Catalysis, 2010, 31 (2): 153-155.

著作

[47] 厦门大学化学系催化教研室固氮小组. 固氮酶的活性中心结构和化学模拟生物固氮的络合催化物 [M]. 《化学模拟生物固氮进展》, 北京: 科学出版社, 1976: 163-209.

[48] 黄开辉, 万惠霖著, 蔡启瑞审. 催化原理 [M]. 北京: 科学出版社, 1983.

[49] 张大煜, 蔡启瑞, 余祖熙, 闵恩泽. 催化作用和化学动力学 [M]. 《中国化学50年》(中国化学会专论), 北京: 科学出版社, 1985: 123-140.

[50] 徐志固编著, 蔡启瑞, 张乾二主审. 现代配位化学 [M]. 北京: 化学工业出版社, 1987年12月.

[51] Tsai K R, Wan H L, Zhang H T, Xu L S. Studies on the mechanism of nitrogenase catalysis-substrates-cluster-coordination-chemistry approach (CHAPTER 4) [M]. The Nitrogen Fixation and its Research in China, Hong, G. F. Ed., Springer-Verlag & Shanghai Scientific & Technical Publishers, 1992: 87-117.

[52] You C B, Song W., Zeng D, Tsai K R. ATP binding to nitrogenase and ATP-driven electron transfer in nitrogen fixation (CHAPTER 5) [M]. The Nitrogen Fixation and its Research in China, Hong, G. F. Ed., Springer-Verlag & Shanghai Scientific & Technical Publishers, 1992: 120-150.

[53] 蔡启瑞, 彭少逸. 碳一化学中的催化作用 [M]. 北京: 化学工业出版社, 1995: 1-8.

[54] 袁友珠，杨意泉，林国栋，张鸿斌，蔡启瑞. 负载型水溶性膦铑配合物催化剂上气、液态烯烃氢甲酰化 [M].《羰基合成化学》，北京：化学工业出版社，1996：64-91.

[55] 高景星，万惠霖，蔡启瑞等著. 均相、多相及酶催化反应中的金属有机化学 [M].《金属有机化学与催化》，钱延龙，陈新滋主编，北京：化学工业出版社，1997.

[56] 张鸿斌，廖代伟，万惠霖，蔡启瑞. 金属催化剂上 N_2 加氢和 CO 加氢的机理及离子型助催化剂的作用本质 [M]. 固体表面物理化学若干研究前沿（第四章）. 厦门：厦门大学出版社，2006：96-131.

[57] 周朝晖，章慧，曹泽星，侯书雅，方智敏，蒋亚琪，万惠霖，蔡启瑞. 固氮酶与多相不对称催化的手性金属中心 [M]. 固体表面物理化学若干研究前沿（第十七章）厦门：厦门大学出版社，2006：568-590.

[58] "10000个科学难题"化学编委会. 过渡金属催化剂上 N_2 催化加氢的作用机理问题 [M]. 10000个科学难题. 北京：科学出版社，2009.

[59] 蔡启瑞院士论文选集（上下册）[M]. 厦门：厦门大学出版社，2013.11.

参考文献

[1] 厦门大学校友会总会编印. 《厦大通讯》第 1 卷第 9—10 期合刊 [M]. 1939 年 12 月 1 日.

[2] 厦门大学校友会总会编印. 《厦大通讯》第八卷第二期乙 [M]. 1948 年 2 月 22 日.

[3] 厦门大学校友会总会编印. 《厦大通讯》第八卷第五期 [M]. 1948 年 8 月 1 日.

[4] 蔡启瑞. 自传. 现存于厦门大学人事处档案室, 1958.

[5] 蔡启瑞. 热泪盈眶洒像台 [J]. 厦门大学学报（哲学社会科学版）, 1977, (1): 28.

[6] 蔡启瑞. 攻书莫畏难 [M]. 青年思想漫谈: 科学家谈攻关. 福州: 福建人民出版社, 1979, 28-30.

[7] 郑国汉（化工部第八设计院）. 乙炔水合制乙醛工业化前景的技术经济评价 [J]. 石油化工, 1980, 9: 594-598.

[8] 周公度. 无机结构化学（无机化学丛书第 11 卷第 31 专题）[M]. 北京: 科学出版社, 1982.

[9] 蔡启瑞, 黄厚哲, 陈碧玉, 陈孔立. 萨本栋与厦门大学 [M]. 《文史资料》丛刊第八辑, 文史资料出版社第 1 版, 1984.

[10] Sachtler W M H, Shriver D F, Ichikawa M. The formation of C_2-oxygenates from synthesis gas over oxide-supported rhodium [J]. Reply to van der Lee and

Ponec. Journal of Catalysis, 1986, 99（2）: 513-514.

[11] 卢嘉锡. 蔡启瑞教授从事化学工作五十年纪念册[M]. 厦门大学. 1986.

[12] Mak T C W, Zhou G. D. Crystallography in modern chemistry[J]. John Wiley Inc. press, New York, 1992.

[13] 庆贺蔡启瑞教授八秩华诞纪念册[M]. 厦门大学. 1994.

[14] 蔡启瑞. 怀念在集美中学[M].《厦门市集美中学》, 存于集美中学档案室, 1998.

[15] 政协厦门市同安区委员会文史资料委员会编. 同安文史资料——同安姓氏专辑[M]. 2000年10月: 66-71.

[16] 吴亦纯. 赤子之心[M].《教泽流芳》, 厦门市教育基金会编, 北京: 国际文化出版公司, 2001年, 第1版: 27-52.

[17] 蔡启瑞. 缅怀傅鹰老师[M].《中国知识分子的光辉典范—傅鹰先生百年诞辰纪念文集》, 2002, 64-65.

[18] 陈泗东著. 幸园笔耕录下[M]. 厦门: 鹭江出版社, 2003年1月: 648页.

[19] 蔡鹤影. 学如流水行云 德比松劲柏青——中科院院士蔡启瑞校友印象[M].《集美校友》, 2002,（2）: 16-18.

[20] 陈企沙. 平凡之中见高尚——记蔡启瑞教授的学习、工作、生活片段[M].《同安文史资料》(第六辑), 中国人民政治协商会议福建省同安县委员会文史资料工作组编, 1986年6月.

[21] 汪瑞林. 一切为了祖国的催化科学—记厦门大学教授、著名化学家蔡启瑞院士[N].《中国教育报》, 2008年9月25日, 第4版。

[22] Sumerlin B S, Vogt A P. Macromolecular engineering through click chemistry and other efficient transformations[J]. Macromolecules, 2010, 43: 1-13.

[23]《20世纪中国知名科学家学术成就概览·化学卷·第一分册》第1版[M]. 113-126, 北京: 科学出版社, 2011年.

[24] 厦门大学化学化工学院编著. 任重道远, 继往开来——纪念厦门大学化学学科创建90年暨化工系创办20年[M]. 厦门: 厦门大学出版社, 2011年4月.

[25] 李文轩, 卢志明. 墓主蔡氏后裔遍布厦金[N].《厦门日报》, 2011年12月30日.

[26] 蔡启瑞院士论文选集（上下册）[M]. 厦门: 厦门大学出版社, 2013年第1版.

［27］蔡启瑞. 回忆我在集美求学时［M］.《集美校友》纪念陈嘉庚先生创办集美学校七十周年专辑.

［28］蔡俊修. 乡镇走出的化学宗师. 交流文稿，2013.

［29］曾晶.《老骥伏枥　志在千里——蔡启瑞口述》［N］. 厦门电视台《沟通》栏目，2007年10月10日.

［30］厦门大学植物激素研究组. 新奇的植物激素——三十烷醇［N］.

［31］刘志成. 三十烷醇在农业上应用前景广阔——著名化学家蔡启瑞教授对本报记者发表谈话［N］. 厦门日报.

［32］厦门大学校史编委会. 厦大校史资料（第一辑）［M］. 厦门：厦门大学出版社，1987年12月，第1版.

［33］厦门大学校史编委会. 厦大校史资料（第二辑）［M］. 厦门：厦门大学出版社，1988年7月，第1版.

［34］厦门大学校史编委会. 厦大校史资料（第三辑）［M］. 厦门：厦门大学出版社，1989年1月，第1版.

［35］厦门大学校史编委会. 厦大校史资料（第四辑）［M］. 厦门：厦门大学出版社，1990年1月，第1版.

［36］厦门大学校史编委会. 厦门大学院系馆所简史（1921—1987）［M］. 厦门：厦门大学出版社，1990年10月，第1版.

［37］厦门大学校史编委会. 厦大校史资料（第五辑）：组织机构沿革暨教职员工名录（1921—1987）［M］. 厦门：厦门大学出版社，1990年10月，第1版.

［38］厦门大学校史编委会. 厦大校史资料（第六辑）：学生毕业生名录（1921—1987）［M］. 厦门：厦门大学出版社，1990年11月，第1版。

［39］厦门大学校史编委会. 厦大校史资料（第九辑）［M］. 厦门：厦门大学出版社，1996年11月，第1版.

［40］厦门大学档案馆，厦门大学校史研究室编. 厦门大学校史第二卷（1949—1991）［M］. 厦门：厦门大学出版社，2006年3月，第1版.

［41］邬大光，白锡能主编. 厦门大学大事记（1991—2010）［M］. 厦门：厦门大学出版社，2011年，第1版.

［42］蔡启瑞学术成长资料采集工程小组所采集到的文史、访谈、音像、实物等各种资料.

后记

本书是蔡启瑞学术成长资料采集工程采集小组的集体研究成果之一。在厦门大学老科学家采集工程采集小组和化学化工学院的领导下，2012年5月组建了蔡启瑞学术成长资料采集工程采集小组，采集小组的负责人是厦门大学物理化学（催化）专业的廖代伟教授（他是蔡启瑞指导的第一个博士研究生，物理化学研究所所长，曾任厦门大学化学化工学院副院长、厦门市化学学会理事长），主要成员有厦门大学汉语语言文学专业的郭启宗教授（他曾任厦门大学中文系系主任）、厦门大学物理化学（催化）专业的蔡俊修教授（他是蔡启瑞的长子）、蔡启瑞的院士助手黄桂玉（她是厦门大学工业催化专业的第一个硕士）、厦门大学中国近现代史专业的黄顺力教授、中央电视台影视专业的刘东方高级工程师、厦门大学化学生物学系研究生吴淑琪和中文系研究生周婧等。

根据中国科协和教育部老科学家学术成长资料采集工程领导小组对于项目研究报告的要求（15万字的报告正文，一万字以上的大事年表，一万字的中文详细摘要和英文摘要），我们认为研究报告的撰写要体现蔡启瑞为人朴实无华、低调谦逊的个人风格，计划分成成长经历篇（百岁人生，风范人品）、学术成就篇（学术硕果，领军催化）和老而弥笃篇（探赜索隐，止于至善）三个篇章来撰写。并且，在采集资料的基础上，经过夜以继日的勤奋努力，在 2013 年 6 月项目中期检查前，已经由廖代伟负责完成了一万多字的中文详细摘要和英文摘要定稿工作，由郭启宗和黄桂玉完成了一万字以上的大事年表的初定稿；同时，由郭启宗完成了五万多字的第一篇（成长经历篇，分为五章）的初稿撰写，由廖代伟完成了八万多字的第二篇（学术成就篇，分为 13 章）和第三篇（老而弥笃篇）的初稿撰写，蔡俊修也写了一万多字的"乡镇走出的一代化学宗师"的初稿，并由黄桂玉完成了拟插入书稿中的照片和图片等的收集整理。

　　但是，经过 2013 年 6 月 3 日项目的中期检查，特别是看到作为科学家传记、统一格式、已正式出版发行的十部其他老科学家学术成长资料采集工程的研究报告后，我们不得不紧急改变原先的研究报告撰写方案，决定按照已正式出版的科学家传记统一格式，在上述已完成初稿资料的基础上，来重新撰写研究报告，而这一统稿的艰巨任务落在廖代伟的肩上。经过近三个月的刻苦笔耕，特别是在 2013 年暑假和国庆七天假期的加班加点、几乎不眠不休的发奋努力下，历经 14 次修改稿，终于在 2013 年 10 月，由廖代伟按传记统一格式，完成了 15 万多字的本书文字电子版初稿（包括导言、分为 10 章 58 小节的传记正文、结语和后记）。

　　随后，又经过多次完善和修改，于 2013 年 12 月 20 日完成送交结题验收会议的研究报告（第 23 次修订的版本），研究报告总字数为 18.5 万多字，插图 60 幅，全文包括目录、图片目录、序、导言、正文、结语、附录（蔡启瑞年表、蔡启瑞主要论著目录、重要采集成果）、参考文献和后记。同时，还提交了已定稿的一万多字的中文详细摘要以及英文详细摘要。

　　根据中国科协和教育部的安排，在提交采集资料给馆藏基地收藏后，通过 2013 年 12 月 22 日结题验收会议的评审专家点评，验收意见为：采集"优"、写作"良+"。对研究报告的具体意见是："完成稿，较规范，结构设计好，行文流畅，内容充实，建议进一步加强对成长主线的梳理，使其更加清晰。"按照反馈的结题验收意见和要求，2014 年 3 月前，采集小组进行了采集资料的增补工作，同时，利用寒假和春节长假，由廖代伟负责再对研究报告内容和文字进行修改润笔，由黄桂玉负责再对年表和采集成果编目及文献条目等进行修改润笔，并将新增采集资料交给馆藏基地收藏。三个月整改后，于2014年3月提交的最后定稿研究报告是第28次修订的版本（总字数为18.6万多字）。

最后定稿的研究报告包括目录、图片目录、序、导言（传主简介、采集工作、研究报告）、正文（分为10章58小节）、结语、附录（蔡启瑞年表、蔡启瑞主要论著目录、重要采集成果）、参考文献和后记。其中，正文第一章"坎坷求学"，分为马巷蔡氏、孤儿寡母、三所小学、集美中学、病休两年、厦大本科和同窗好友等七个小节；第二章"厦大任教"，分为喜结良缘、厦大助教、厦大讲师和长汀八年等四个小节；第三章"留美十年"分为选派赴美、博士学位、三位导师、铯氧化物晶体结构和越洋回国等五个小节；第四章"回国初期"，分为回到厦大、自降职级、钛酸钡晶体极化现象、催化教研室、申请入党和络合活化催化作用等六个小节；第五章"应用催化十年"，分为负载型氧化锌和氧化铌两种新催化剂、"文化大革命"下厂坚持科研、三十烷醇、唐－卢－蔡联袂化学模拟生物固氮和痛别慈母等五个小节；第六章"科学的春天"，分为一九七八年、物理化学研究所、中国科学院化学部学部委员、博士生导师、固体表面物理化学国家重点实验室、物理化学博士后流动站、醇醚酯化工清洁生产国家工程实验室和分子催化的奠基者等八个小节；第七章"领军催化五十五年"，分为固氮酶的多核原子簇活性中心模型、合成氨催化反应机理、碳一化学、配位催化、分子催化研究方法、能源化工、催化学科建设、国际催化学术交流、研究生培养和重视应用等十个小节；第八章"病危忘我"，分为一九七九、一九八二、一九八四和二零零零四个小节；第九章"百岁人品"，分为中国心、心系民生、正直无私、一生最爱实验室、爱才育才和幸福家庭等六个小节；第十章"老而弥笃"，分为八十岁学电脑、止于至善和德高望重三个小节；研究报告的"结语"作为最后一章，以"自强不息，止于至善"作为副标题。

2014年7月底采集小组收到编辑关于蔡启瑞学术成长经历研究报告作为《探赜索隐　止于至善：蔡启瑞传》一书正式出版的修改意见，按照中国科学技术出版社关于文章主线、章节布局和标题、内容引文和启承、文字风格统一等的修改意见,由廖代伟利用暑假时间对研究报告正文进行了认真细致的全面修订,主要包括:①将研究报告的十章58小节改为本书的九章54小节,取消第八章,重新编目,将研究报告第八章"病危忘我"各小节的内容,修改后按时间顺序分插到第六章的相应小节中描述;②对本书章节的标题进行了修改,以便突出主线和一目了然,明确含义,提示内容;③对过长的引文进行了必要的删减,或者改为脚注;④对章节内容启承和文字风格统一欠妥之处进行了修订。然后由黄桂玉重新排版,于2014年8月初将本书版本提交给中国科学技术出版社编辑出版。

采集工作所获得的各种实物资料和访谈材料等为本书的撰写提供了充分的可靠素材。在这方面,由郭启宗、黄桂玉和蔡俊修主要负责的资料与实物收集和各种采访,是采集工作顺利完成的保证。

70多岁的郭启宗不辞辛苦地到北京培训,在档案室、档案馆等处手抄有关资料,编写访谈提纲,主持访谈,编写大事年表等。他不会用电脑打字,硬是用水笔在方格稿纸上工整地写下五万多字的书稿。在寒冬腊月,他跟蔡俊修和黄桂玉不顾舟车劳累,到蔡启瑞故乡和祖屋采访。其敬业精神实在感人。

采集小组的具体琐碎工作都是由黄桂玉负责的。可以说,她是最辛苦的一个人,如果没有她,采集工作是不可能顺利完成的。为了培训、观摩、汇报、交材料等,就跑了北京六趟、上海一趟、天津一趟,日夜加班整理汇报材料而顾不上照顾年幼的儿子,她家人都戏称她成劳模了。她还要参与编写年表,参与《蔡启瑞院士论文选集(上、下册)》的编辑出版工作,负责实物资料的采集和整理编目、资料的扫描、复印、打印等,所有访谈及口述文字资料的整理校对等,对外联系,参与采集工作的研究生具体工作的安排,研究报告的插图和排版,以及项目经费的管理等等。她的辛劳付出终于换来了采集的成果。

作为蔡启瑞的长子,蔡俊修为采集工作实物的收集提供了保证,为跟蔡启瑞子女亲属和老朋友的访谈提供了方便,让我们采集到许多珍贵的老照片。蔡启瑞的子女和亲属蔡俊修、陈笃慧、蔡维真、许元泽、蔡维理、陈惠平、蔡小平、钟传建等还为我们提供了很有价值的电子版书面回忆材料。没有他们的大力支持，采集工作也是不可能顺利完成的。

黄顺力对年表的写作规范方面做最后的审订并提供了宝贵的修改建议。

研究生吴淑琪和周婧参与资料的收集、数字化和整理归档，口述文字资料初稿的整理等具体工作，历时一年多，不辞辛苦，协助完成多项资料的采集。

访谈过程中，涌现出许多令人感动和难忘的场景。曾长期担任厦门大学化学系党总支书记、蔡启瑞的老领导和老同事、离休干部刘正坤，虽然已经80多岁，脑部动过三次外科手术且其爱人刚去世，但在视频访谈后，仍坚持要自己写出书面材料给我们。蔡启瑞同窗挚友陈泗传的妹妹陈碧玉已经90多岁了，在访谈中不顾劳累，侃侃而谈，意犹未尽，为我们提供了许多宝贵的素材。中国科学院院士张乾二数次接受采访，让我们知道了不少鲜为人知的细节资料。在谈及蔡启瑞老师时，中国科学院院士田昭武激情哽咽、热泪盈眶；蔡启瑞的学生廖代伟则情不自禁、流下了感恩的热泪。刘金波、赖伍江和陈祖炳等长期与蔡启瑞共同战斗在催化研究前线的老师，虽然都动过大手术，身体虚弱，但仍坚持自己打印电子回忆材料或在长时间访谈中不顾劳累。

蔡启瑞的学生和同事林国栋、周泰锦、刘金波、傅锦坤、周朝晖、廖代伟等提供了电子版书面回忆材料。傅锦坤协助联系厦大催化退休教师参与访谈，提供采集线索。刘金波、张藩贤、傅锦坤、王火、高景星、曾定等捐赠了珍贵的老照片或保存至少30余载的纸质资料。蔡启瑞的族亲蔡金博捐赠了珍藏的族谱和同安姓氏专辑史料。厦大催化所周朝晖阅读了学术成就篇的初稿和中、英文摘要，提供了有益的意见。英文摘要委托华侨大学厦门工学院的英语老师陈慧（她是厦门大学英语语言专业的硕士）翻译，她很尽力，还请了外籍老师审阅润笔。林敬东博士校阅了传记的电子版初稿，并与吴淑琪协助黄桂玉进行了版面的排版等工作。

在本书完成时，我们要衷心感谢所有接受访谈的蔡启瑞的亲属朋友、催化科学界同仁、蔡启瑞工作单位的领导和老同事以及蔡启瑞的学生们：蔡俊修（长子，厦门大学化学化工学院教授）、陈笃慧（长媳，厦门大学化学化工学院教授）、蔡维真（长女，中科院北京化学所研究员）、许元泽（女婿，厦门大学化学化工学院教授）、蔡维理（次子，中国科学技术大学材料系教授）、蔡小平（次女，现居美国纽约）、钟传建（女婿，美国纽约州立大学教授）、陈碧玉（挚友陈泗传的妹妹，厦门外国语学校名誉校长）、刘正坤（离休干部，新中国成立后长期担任厦门大学化学系党总支书记，曾任化学系系主任和校教务处处长）、王火（80年代化学系党总支书记）、黄如彬（90年代化学系党总支书记）、林永生（曾任厦门大学化学化工学院党委书记、校工会常务副主席）、田昭武（老同事，厦门大学化学系教授，中科院院士，曾任厦门大学校长）、张乾二（老同事，厦门大学化学系教授，中科院院士，曾任化学系系主任和物理化学研究所所长、化学化工学院院长）、黄本立（老同事，厦门大学化学系教授，中科院院士）、陈懿（中科院院士，曾任南京大学校长）、李灿（中科院大连化学物理研究所研究员，中科院院士）、周绍民（老同事，厦门大学化学系教授，曾任化学系系主任和物理化学研究所所长）、万惠霖（蔡启瑞"文化大革命"前的研究生，厦门大学化学系教授，中科院院士，厦门大学理（工）科学术委员会主任、自然科学学部主任，曾任固体表面物理化学国家重点实验室主任、厦门大学化学化工学院院长）、张鸿斌（蔡启瑞"文化大革命"前的研究生，厦门大学化学系教授，醇醚酯化工清洁生产国家工程实验室首任主任，曾任厦门大学科技处处长、福建省化学会理事长）、林国栋（蔡启瑞"文化大革命"前的研究生，厦门大学化工系教授，化工系首任系主任）、陈德安（蔡启瑞"文化大革命"前招收的第一个研究生，厦门大学化学系教授）、曾定（厦门大学生物系教授，曾任生物系系主任）、陈祖炳（蔡启瑞"文化大革命"前的研究生，厦门大学化学系教授，曾任化学系副系主任）、赖伍江（厦门大学化学系教授，曾任化学系副系主任）、傅锦坤（厦门大学化学系教授，曾任化学系催化教研室党支部书记）、张藩贤（厦门大学化学系教授，曾任化学系催化教研室室主任）、曾金龙（厦门大学化学系教授）、许翩翩（厦门大学化学系教授）、周朝晖（蔡启瑞指导的博士研究生，厦门大学化学系教授，厦门大学化学化工学院党委副书记）、曹泽星（厦门大学化学系教授）、陈洪斌（蔡启瑞指导的最后一个博士研究生，厦门大学化学系助理教授）和廖代伟（蔡启瑞指导的第一个博士研究生，厦门大学化学系教授）等。

我们也要衷心感谢中央电视台的刘东方，不辞辛苦地两次来厦门，为我们按质按量地完成了视频采集工作。

我们还要感谢孙世刚（厦门大学老科学家采集工程采集小组组长，厦门大学化学系教授、曾任厦门大学副校长）、金能明（原厦门大学化学化工学院党委书记，现任厦门大学副校长）、张昌胜（厦门大学老科学家采集工程采集小组副组长，厦门大学化学化工学院副院长）、毛通双（厦门大学老科学家采集工程采集小组副组长，厦门大学科技处副处长）、林辉（厦门大学化学化工学院党委书记）和江云宝（厦门大学化学系教授、化学化工学院院长）等对采集工作的大力支持。感谢厦大档案馆校史研究室捐赠了《厦大校史资料》丛书；厦大图书馆特藏部刘心舜主任协助扫描蔡启瑞的本科论文、民国时期所指导的本科生论文和特藏部书刊中的相关报道等重要资料，还热情提供图书馆藏资料采集的有价值线索。感谢辛勤参与资料数字化和归档编目等工作的研究生凡美婷、张盛钰、郑燕萍、杨宇惠、李林斌、王静静、李玲、蔡君瑶、李洋洋、蔡炎怀、秦丹丹、潘志生、许景敏和学校员工郭小惠等。感谢厦门大学老科学家（蔡启瑞、黄本立、田昭武、张乾二）学术成长资料采集工程四个采集小组同仁的交流合作、相互支持和帮助。

我们要特别感谢厦门大学美洲校友会的董事会主席傅志东和校友姚远先生，他们为我们自费向美国俄亥俄州立大学图书馆等单位索取蔡启瑞当年在美国留学时的博士学位论文、学习工作的资料、照片和三位导师等的珍贵材料，并委托我们将项目组要寄给他们的费用捐给厦门大学校友总会。

值得庆幸的是，2013年12月2—3日由厦门大学化学化工学院、固体表面物理化学国家重点实验室和醇醚酯化工清洁生产国家工程实验室主办的"庆祝蔡启瑞院士百岁生日暨厦门大学催化学科创立55周年"学术活动，为我们增添了一批珍贵的实物和访谈资料，其中包括：厦门大学出版社出版发行的《蔡启瑞院士论文选集（上、下册）》，主办单位编辑的《催化泰斗，松劲柏青——蔡启瑞先生百岁华诞》画册（包括题词、照片、回忆文章等），《厦门大学报》专刊等。在此，我们要特别感谢厦门大学出版社总编辑室的宋文艳主编的大力支持，衷心感谢厦门大学出版社、厦门大学报和该学术活动主办单位同仁们的辛勤工作以及各兄弟单位和催化科学界同仁们的积极参与和大力支持。

衷心感谢中国科协、教育部、馆藏基地和厦门大学等单位以及培训和评审专家等对我们采集工作的支持和指导。

特别感谢中国科学技术出版社编辑为本书出版所提的宝贵修改意见以及中国科学技术出版社同仁们为本书的出版所付出的辛勤工作。

蔡启瑞的学术成长及其学术成就之概貌已简明扼要地反映在《20世纪中国知名科学家学术成就概览》化学卷第一分册的"蔡启瑞"篇中，这是蔡启瑞身体健康时亲自审定的。现在，受中国科协的委托，通过采集工程，撰写本书。但此时，蔡启瑞已因身体不适，住院一年多了。虽然躺在病床上的蔡启瑞心中还惦记着他未竟的科学研究事业，但遵照医嘱和他亲属的意见，采集小组不能跟蔡启瑞谈及采集工程的事宜和让他亲自审定此稿，以免影响他的康复。采集小组只能以"概览"为基础，并根据所采集到的资料来撰写此报告，

希望能真实地反映出蔡启瑞的学术成长经历及其科学的一生，为后人留下宝贵的财富，以达到给后人以启示，为后人之所用的目的。

1978年起，学生跟随恩师蔡启瑞先生，从事催化科学研究36年，受益良多，特别是在撰写《20世纪中国知名科学家学术成就概览》化学卷第一分册的"蔡启瑞"篇的过程中，亲聆恩师的孜孜教诲，深刻体会恩师的良苦用心。但因学识水平和文学修养有限，在统稿撰写中，难免有错误和不妥之处，还请不吝指正。

廖代伟
2014年8月于厦门大学化学楼

老科学家学术成长资料采集工程丛书
已出版（50 种）

《卷舒开合任天真：何泽慧传》　　　《此生情怀寄树草：张宏达传》
《从红壤到黄土：朱显谟传》　　　　《梦里麦田是金黄：庄巧生传》
《山水人生：陈梦熊传》　　　　　　《大音希声：应崇福传》
《做一辈子研究生：林为干传》　　　《寻找地层深处的光：田在艺传》
《剑指苍穹：陈士橹传》　　　　　　《举重若重：徐光宪传》

《情系山河：张光斗传》　　　　　　《魂牵心系原子梦：钱三强传》
《金霉素·牛棚·生物固氮：沈善炯传》《往事皆烟：朱尊权传》
《胸怀大气：陶诗言传》　　　　　　《智者乐水：林秉南传》
《本然化成：谢毓元传》　　　　　　《远望情怀：许学彦传》
《一个共产党员的数学人生：谷超豪传》《没有盲区的天空：王越传》

《含章可贞：秦含章传》　　　　　　《行有则　知无涯：罗沛霖传》
《精业济群：彭司勋传》　　　　　　《为了孩子的明天：张金哲传》
《肝胆相照：吴孟超传》　　　　　　《梦想成真：张树政传》
《新青胜蓝惟所盼：陆婉珍传》　　　《情系粱菽：卢良恕传》
《核动力道路上的垦荒牛：彭士禄传》《笺草释木六十年：王文采传》

《探赜索隐　止于至善：蔡启瑞传》　《妙手生花：张涤生传》
《碧空丹心：李敏华传》　　　　　　《硅芯筑梦：王守武传》
《仁术宏愿：盛志勇传》　　　　　　《云卷云舒：黄士松传》
《踏遍青山矿业新：裴荣富传》　　　《让核技术接地气：陈子元传》
《求索军事医学之路：程天民传》　　《论文写在大地上：徐锦堂传》

《一心向学：陈清如传》　　　　　　《铃记：张兴铃传》
《许身为国最难忘：陈能宽传》　　　《寻找沃土：赵其国传》
《钢锁苍龙　霸贯九州：方秦汉传》　《虚怀若谷：黄维垣传》
《一丝一世界：郁铭芳传》　　　　　《乐在图书山水间：常印佛传》
《宏才大略：严东生传》　　　　　　《碧水丹心：刘建康传》